Aufbauwortschatz

# Deutsch als Fremdsprache
## nach Themen

Erwin Tschirner

Nicole Mackus

Jupp Möhring

Fleur Pfeifer

Aufbauwortschatz
Deutsch als Fremdsprache nach Themen – Übungsbuch
von Erwin Tschirner, Nicole Mackus, Jupp Möhring und Fleur Pfeifer

Redaktion: Sinéad Butler
Bildredaktion: Christina Wurst
Umschlaggestaltung: Cornelsen Verlag Design
Umschlagfoto: JUNOPHOTO
Layout und technische Umsetzung:
Buch und Gestaltung, Britta Dieterle
Illustrationen: Oleg Assadulin, Dörthe Brandt, Laurent Lalo und Detlev Schüler

Weitere Titel in dieser Reihe:
ISBN 978-3-589-01559-7  Grund- und Aufbauwortschatz Deutsch als Fremdsprache
  nach Themen
ISBN 978-3-589-01560-3  Grundwortschatz Deutsch als Fremdsprache
  nach Themen – Übungsbuch

sowie weitere Grund- und Aufbauwortschätze nach Themen für die Sprachen
Englisch, Französisch, Italienisch, Portugiesisch, Russisch und Spanisch

www.lextra.de
www.cornelsen.de

1. Auflage, 1. Druck 2012

Alle Drucke dieser Auflage sind inhaltlich unverändert und
können im Unterricht nebeneinander verwendet werden.

© 2012 Cornelsen Verlag, Berlin

Das Werk und seine Teile sind urheberrechtlich geschützt.
Jede Nutzung in anderen als den gesetzlich zugelassenen Fällen bedarf
der vorherigen schriftlichen Einwilligung des Verlages.
Hinweis zu den §§ 46, 52a UrhG: Weder das Werk noch seine Teile dürfen
ohne eine solche Einwilligung eingescannt und in ein Netzwerk eingestellt
oder sonst öffentlich zugänglich gemacht werden. Das gilt auch für
Intranets von Schulen und sonstigen Bildungseinrichtungen.

Druck: Himmer AG, Augsburg

ISBN 978-3-589-01690-7

Inhalt gedruckt auf säurefreiem Papier aus nachhaltiger
Forstwirtschaft.

## Vorwort

Das Übungsbuch Aufbauwortschatz Deutsch als Fremdsprache nach Themen hilft Ihnen beim Lernen des deutschen Aufbauwortschatzes. Es präsentiert und übt die häufigsten 2000 bis 4000 Wörter, die im Lernwörterbuch Grund- und Aufbauwortschatz Deutsch als Fremdsprache nach Themen enthalten sind. Der Lextra Grund-und Aufbauwortschatz nach Themen ist eine neue Generation von Grund- und Aufbauwortschätzen, die das lexikalische Minimum, das notwendig ist für erfolgreiches produktives wie rezeptives Sprachhandeln, aufgrund neuester empirischer Studien erfassen. Der Grundwortschatz Deutsch basiert auf einer aktuellen Auszählung des deutschen Wortschatzes (Jones & Tschirner 2006).

Das Übungsbuch Aufbauwortschatz Deutsch als Fremdsprache nach Themen fasst den Aufbauwortschatz des Deutschen in 77 übersichtlichen, nach Kategorien geordneten Kapiteln zusammen. Jedes Kapitel präsentiert und übt ca. 25 neue Wörter. Auf der linken Seite eines Kapitels werden die neuen Wörter vorgestellt und auf der rechten Seite Übungen dazu angeboten. Neue Wörter werden visuell und in Satzzusammenhängen in drei bis vier inhaltlich zusammengehörigen Abschnitten präsentiert. Viele Zeichnungen klären die Bedeutungen der neuen Wörter. Wörter, die nicht visualisiert werden können, werden in einfachen Sätzen (Dialoge, kurze Erzählungen, Definitionen und Erklärungen) eingeführt. Die Sätze enthalten nur die Wörter des Grund- und Aufbauwortschatzes sowie Internationalismen und andere Wörter, die sich leicht erschließen lassen.

Jedes Kapitel enthält vier bis fünf Übungen, von leichten Zuordnungs- und Kategorisierungsaufgaben über anspruchsvollere Lückentexte bis zu produktiven Schreib- und Sprechaufgaben. Es werden abwechslungsreiche Aufgabentypen verwendet, um unterschiedliche Arten von Wortwissen zu festigen. Alle Aufgaben werden über eine inhaltlich orientierte Kurzüberschrift kontextualisiert, um bedeutungsorientiertes, inhaltliches Lernen zu garantieren. Die Aufgabe selbst wird durch eine einfache standardisierte Aufforderung gestellt. Diese Aufforderungen sind auf Deutsch formuliert, um eine konsequente Zielsprachenorientierung zu gewährleisten.

Die Aufgaben haben das Ziel, die Bedeutung von Wörtern sowohl selbstständig als auch in Satzzusammenhängen einzuprägen. Viele Kapitel schließen mit einer Aufgabe, die die neuen Wörter in Ihre Lebenswelt einbettet und Sie bittet, mit diesen Wörtern auf persönliche Fragen zu antworten, um sie relevanter und einprägsamer für Sie zu machen. Diese Antworten sollten abwechselnd schriftlich und mündlich formuliert werden. Das mündliche Formulieren hilft als Vorbereitung für echte kommunikative Situationen, indem Sprechroutinen automatisiert werden. Das schriftliche Formulieren fördert die Genauigkeit und eine größere Ausdrucksfähigkeit.

Die besten Lernresultate erzielen Sie auf folgende Weise:

- Lesen Sie den Aufbauwortschatz des Kapitels in dem entsprechenden Kapitel des Grund- und Aufbauwortschatzes Deutsch als Fremdsprache nach Themen und überprüfen Sie ein erstes Lernen, indem Sie die Übersetzung und den Beispielsatz dort abdecken und versuchen, sich an die Bedeutung des Wortes zu erinnern.
- Arbeiten Sie sich dann durch den Präsentationsteil des Übungsbuches und versuchen Sie, alle Sätze zu verstehen. Schlagen Sie unbekannte Wörter im Grund-und Aufbauwortschatz nach.
- Machen Sie dann die Übungen im Aufgabenteil. Schlagen Sie auch hier Wörter, an die Sie sich nicht erinnern können, nach.
- Wiederholen Sie Ihre Vokabeln in regelmäßigen Abständen. Wenn Sie zum Beispiel zehn Kapitel durchgearbeitet haben, lesen Sie noch einmal die Präsentationsseiten dieser zehn Kapitel, markieren Sie alle Wörter, an die Sie sich nicht mehr erinnern und schreiben Sie diese Wörter mit Übersetzungen und Beispielsätzen in ein Vokabelheft. Beantworten Sie die Fragen der produktiven Aufgabe auf der rechten Seite des Kapitels, wenn vorhanden.
- Beschäftigen Sie sich zusätzlich mit Ihrer Fremdsprache, indem Sie leichte Texte lesen, leichte Hörtexte hören und Gelegenheiten wahrnehmen, mit Muttersprachlern Ihrer Zielsprache zu kommunizieren.

Bedanken möchten wir uns bei Helga Holtkamp und Sinéad Butler vom Cornelsen Verlag, die dieses Projekt geleitet und tatkräftig unterstützt haben, sowie bei den vielen Mitarbeitern des Cornelsen Verlags, die aus diesem Projekt ein so schönes Buch gemacht haben.

Wir wünschen Ihnen viel Spaß beim Lernen und hoffen, dass Ihnen das Übungsbuch Aufbauwortschatz Deutsch als Fremdsprache nach Themen hilft, Ihre Sprachlernziele zu erreichen.

Erwin Tschirner, Nicole Mackus, Jupp Möhring
und Fleur Pfeifer, Leipzig im Winter 2011

# Inhalt

**1 Personalien, Informationen zur Person**
1.01 Persönliche Angaben ▪
    1.02 Staatsangehörigkeit und
    Nationalitäten ...................... 6
1.03 Familie............................ 8
1.04 Äußeres Erscheinungsbild ▪
    1.05 Charakter und Temperament I ...... 10
1.05 Charakter und Temperament II........ 12
1.06 Freizeitbeschäftigung, Interessen
    und Hobbys ...................... 14
1.07 Religion .......................... 16

**2 Wohnen**
2.01 Haus I............................ 18
2.01 Haus II ▪
    2.02 Haushalt I ..................... 20
2.02 Haushalt II......................... 22
2.03 Räume und Einrichtung ............. 24

**3 Umwelt**
3.01 Stadt und Land ▪
    3.02 Landschaft I.................... 26
3.02 Landschaft II....................... 28
3.03 Klima und Wetter .................. 30
3.04 Pflanzen und Tiere ................ 32

**4 Reisen und Verkehr**
4.01 Wegbeschreibung ▪
    4.02 Tourismus I .................... 34
4.02 Tourismus II ....................... 36
4.03 Verkehr............................ 38
4.04 Fahrzeug........................... 40

**5 Verpflegung**
5.01 Lebensmittel ▪
    5.02 Essen und Trinken I ............. 42
5.02 Essen und Trinken II................ 44

**6 Einkaufen**
6.01 Kaufen und Verkaufen .............. 46
6.02 Preise und Geldverkehr............. 48
6.03 Geschäft .......................... 50
6.04 Kleidung und Accessoires .......... 52

**7 Öffentliche und privateDienstleistungen**
7.01 Ämter und Verwaltung .............. 54
7.02 Öffentliche und soziale Dienstleistungen 56
7.03 Telekommunikation ................. 58
7.04 Polizei ........................... 60
7.05 Kriminalität ...................... 62

**8 Körper und Gesundheit**
8.01 Körper ▪
    8.02 Gesundheit und Krankheit I........ 64
8.02 Gesundheit und Krankheit II ........ 66
8.02 Gesundheit und Krankheit III ▪
    8.03 Physisches Befinden und
    Bedürfnisse I..................... 68
8.03 Physisches Befinden und
    Bedürfnisse II ▪
    8.04 Medizin und medizinische
    Versorgung....................... 70

**9 Wahrnehmung und Bewegung**
9.01 Sinneswahrnehmung und -äußerung ▪
    9.02 Psychisches Befinden und Emotionen I.. 72
9.02 Psychisches Befinden und Emotionen II . 74
9.03 Körperliche Tätigkeiten I ▪
    9.04 Sensorische Eigenschaften I ........ 76
9.03 Körperliche Tätigkeiten II ▪
    9.04 Sensorische Eigenschaften II ....... 78

## 10 Ausbildung
10.01 Schule I ▪
    10.02 Unterricht I . . . . . . . . . . . . . . . . . . . . 80
10.01 Schule II ▪
    10.02 Unterricht II . . . . . . . . . . . . . . . . . . . . 82
10.03 Studium . . . . . . . . . . . . . . . . . . . . . . . 84
10.04 Berufsausbildung . . . . . . . . . . . . . . . 86
10.05 Prüfungen . . . . . . . . . . . . . . . . . . . . . . 88

## 11 Arbeitswelt
11.01 Berufsbezeichnungen I . . . . . . . . . . . . 90
11.01 Berufsbezeichnungen II ▪
    11.02 Berufliche Aufgaben und
    Tätigkeiten I . . . . . . . . . . . . . . . . . . . . . 92
11.02 Berufliche Aufgaben und
Tätigkeiten II . . . . . . . . . . . . . . . . . . . . 94
11.03 Arbeitsplatz und Arbeitsbedingungen . . 96

## 12 Sprache
12.01 Spracherwerb und Sprache allgemein . . 98
12.02 Sprechhandlungen . . . . . . . . . . . . . . . 100
12.03 Diskussions- und Redemittel I ▪
    12.04 Meinung I . . . . . . . . . . . . . . . . . . . . 102
12.03 Diskussions- und Redemittel II ▪
    12.04 Meinung II . . . . . . . . . . . . . . . . . . . 104
12.05 Wahrscheinlichkeit . . . . . . . . . . . . . . 106

## 13 Freizeit und Unterhaltung
13.01 Veranstaltungen . . . . . . . . . . . . . . . . 108
13.02 Gesellige Anlässe . . . . . . . . . . . . . . . . 110
13.03 Museum, Ausstellungen und
Sehenswürdigkeiten . . . . . . . . . . . . . . 112
13.04 Theater, Kino und Konzert . . . . . . . . . 114
13.05 Radio und Fernsehen . . . . . . . . . . . . 116
13.06 Lektüre und Presse . . . . . . . . . . . . . . 118
13.07 Sport . . . . . . . . . . . . . . . . . . . . . . . . 120
13.08 Wettkampf . . . . . . . . . . . . . . . . . . . . 122

## 14 Persönliche Beziehungen und Kontakte
14.01 Art der persönlichen Beziehung I ▪
    14.02 Liebe und Trennung I . . . . . . . . . . . 124
14.01 Art der persönlichen Beziehung II ▪
    14.02 Liebe und Trennung II . . . . . . . . . . 126
14.03 Einladungen und Verabredungen . . . . . 128

## 15 Politik und Gesellschaft
15.01 Aktuelles Geschehen . . . . . . . . . . . . . . 130
15.02 Gesellschaft . . . . . . . . . . . . . . . . . . . . 132
15.03 Innenpolitik . . . . . . . . . . . . . . . . . . . 134
15.04 Politik, Staat und Internationales . . . . . 136
15.05 Krieg und Frieden . . . . . . . . . . . . . . . 138
15.06 Wirtschaft . . . . . . . . . . . . . . . . . . . . . 140
15.07 Recht . . . . . . . . . . . . . . . . . . . . . . . . 142

## 16 Allgemeine Begriffe
16.01 Zeit allgemein ▪
    16.02 Zeiteinteilungen . . . . . . . . . . . . . . . 144
16.03 Zeitangaben . . . . . . . . . . . . . . . . . . . 146
16.04 Mengenangaben . . . . . . . . . . . . . . . . 148
16.05 Mengeneinteilung . . . . . . . . . . . . . . . 150
16.06 Eigenschaften, Art und Weise . . . . . . . 152
16.07 Raum . . . . . . . . . . . . . . . . . . . . . . . . 154
16.08 Farben/Formen ▪
    16.09 Gemeinsamkeiten/Unterschiede ▪
    16.10 Häufigkeit/Reihen . . . . . . . . . . . . . . 156

## 17 Strukturwörter
17.01 Pronomen, Adverbien und Artikel ▪
    17.02 Konjunktionen und Partikel . . . . . . . 158

Lösungen . . . . . . . . . . . . . . . . . . . . . . . . . . . 160

## Ein Besuch im Museum

Paul führt Besucher durch die aktuelle Ausstellung im Deutschen Historischen Museum in Berlin. Der Schwerpunkt der Ausstellung liegt auf der Zeit zwischen 1949 und 1990. Das ist die Zeit, als Deutschland in einen *ostdeutschen* und einen *westdeutschen* Staat geteilt war. Heute erklärt Paul fünf Gruppen die Ausstellung: einer *chinesischen* Gruppe aus Peking, einer *japanischen* Gruppe aus Tokio, einer *griechischen* Gruppe aus Athen, einer *polnischen* Gruppe aus Warschau und einer *niederländischen* Gruppe aus Amsterdam.

## Auf dem Flughafen Frankfurt/Main

- Prabha aus Neu-Dehli trägt traditionelle *indische* Kleidung: einen Sari. Sie wartet auf ihre Eltern, die sie in Deutschland besuchen kommen. Ihre Eltern wohnen nicht in Neu-Delhi, sondern in einer Stadt *namens* Amritsar ca. 500 km weiter nordwestlich nahe der *pakistanischen* Grenze.
- Elia wartet auf seine Schwester Salma. Elia und Salma sind *Araber* und in Ramallah im heutigen *palästinensischen* Gebiet Westjordanland aufgewachsen. Wie viele andere *Palästinenser* haben sie aufgrund des *israelisch-palästinensischen* Konflikts ihre Heimat verlassen. Elia lebt nun schon seit 19 Jahren in Frankfurt. Trotz der langen Zeit nennt Elia Frankfurt nicht seine Heimat – er fühlt sich dort nicht *heimisch*. Er träumt oft von der Zeit als Kind in Ramallah. Er würde gern dorthin zurückgehen – an den Ort seiner *Kindheit*.
- Pierre telefoniert mit jemandem in Französisch. Valeria denkt, dass er *Franzose* ist und fragt sich, ob er wohl aus Paris kommt. Aber Pierre ist kein *Franzose* – er stammt aus Liège in Wallonien. Wallonien ist eine der drei Regionen Belgiens. Es ist jene *belgische* Region, in der vorwiegend Französisch gesprochen wird.
- Valeria selbst spricht Italienisch. Aber so wie Pierre kein *Franzose* ist, so ist Valeria keine *Italienerin*. Sie stammt aus Lugano in der Schweiz – genauer einer Stadt im *schweizerischen* Kanton Tessin.
- Das *Ehepaar* Galina und Michael Serow ist seit 41 Jahren verheiratet und lebt in Moskau. Galina und Michael haben von 1980–84 in der *sowjetischen* Botschaft der UdSSR in Berlin sowie in anderen *sowjetischen* Botschaften Europas gearbeitet. Ihr Sohn Alexander ist in Moskau geboren und seine Muttersprache ist Russisch. Also ist er russischer *Herkunft*. Aber nach den vielen Jahren mit seinen Eltern im europäischen Ausland fühlt er sich eher als *Europäer* als allein als *Russe*.
- Maja fliegt mit ihrem Sohn Tom nach Stockholm. Da Majas Ehe nicht funktioniert hat, hat sie sich *scheiden* lassen. Nun lebt ihr Sohn Tom immer ein Jahr bei seiner Mutter und ein Jahr bei seinem Vater. Maja erklärt Tom gerade den Unterschied zwischen *Indianern* und den Einwohnern Indiens: 1492 entdeckte Kolumbus Amerika. Er wusste jedoch nichts von diesem Kontinent und dachte, es sei Indien. Somit nannte er die Einwohner Amerikas ‚*Indianer*'. Damit kennt Tom nun den *Ursprung* des Wortes ‚*Indianer*'.

## Der Unfall auf der Straße

Auf der Autobahn A 11 in der Höhe von Prenzlau gab es einen Unfall mit zwei schwer verletzten Personen. Gemäß den Angaben der Polizei handelt es sich um eine *weibliche* und eine *männliche* Person zwischen 40 und 50 Jahren. Außer Alter und *Geschlecht* ist über die genaue *Identität*, d. h. über Namen und Wohnort der Personen noch nichts bekannt.

**A** Hauptstädte. Ordnen Sie die Hauptstädte den richtigen Adjektiven zu.

| | | | | |
|---|---|---|---|---|
| 1 | Amsterdam | a | griechisch |
| 2 | Warschau | b | chinesisch |
| 3 | Islamabad | c | polnisch |
| 4 | Jerusalem | d | indisch |
| 5 | Bern | e | belgisch |
| 6 | Tokio | f | pakistanisch |
| 7 | Athen | g | schweizerisch |
| 8 | Neu Delhi | h | japanisch |
| 9 | Peking | i | israelisch |
| 10 | Brüssel | j | niederländisch |

**B** Wer lebt wo? Ergänzen Sie die Sätze mit folgenden Wörtern.

sowjetischen ■ Araber ■ namens ■ Italiener ■ heimisch ■ Europäer ■ Franzosen ■ Indianer ■ Palästinenser

1  In Europa leben mehr als 700 Millionen _____ .

2  Als Christoph Kolumbus Amerika entdeckte, nannte er die Einwohner _____ .

3  Die Bewohner Frankreichs werden _____ und die Bewohner

   Italiens _____ genannt.

4  In Nordafrika und im Nahen Osten leben vorwiegend _____ .

5  Russland ist eine der ehemaligen _____ Republiken.

6  Im Gazastreifen und im Westjordanland leben vorwiegend _____ .

7  Hamburg ist seit sieben Jahren meine Heimat. Ich fühle mich hier _____ .

8  Herta Müller wurde in einem kleinen Ort _____ Nitzkydorf geboren.

**C** Fragen zur Sprache. Ordnen Sie ähnliche Fragen einander zu.

1  Seit wann sprechen wir und wie entstand die Sprache?  
2  Was beeinflusst die Entstehung von Wörtern?  
3  Wie erforscht man, woher die Wörter einer Sprache kommen?  
4  Welcher Zusammenhang besteht zwischen Sprache und Erinnerung?  

a  Wie kann man die Herkunft von Wörtern erforschen?  
b  Wo oder was ist der Ursprung von Sprache?  
c  Welcher Zusammenhang besteht zwischen Sprache und der Identität eines Menschen?  
d  Wie entstehen Wörter wie z. B. ‚ostdeutsch' und ‚westdeutsch'?  

**D** Nationalitäten und Identität. Beantworten Sie die Fragen. Benutzen Sie dafür die Wörter dieses Kapitels.

Welche Teams waren bei der letzten Fußball-WM dabei, welche nicht?
Welche Bedeutung haben für Sie Begriffe wie ‚heimisch', ‚Herkunft', ‚Identität'?
Was denken Sie, wenn Sie ein Ehepaar treffen, das seit 41 Jahren verheiratet ist?

## 1.03 Familie

### Das Familienfoto

Das Mädchen mit der blauen Hose bin ich. Die anderen Personen auf dem Foto gehören alle zur Familie. Es sind meine *Verwandten*. Links neben mir steht mein Bruder Paul, rechts neben mir meine Schwester Eva. Wir sind *Geschwister*. Der Mann mit dem blauen Pullover hinter uns ist unser *Vater*. Wir sagen lieber *Papa* zu ihm. Neben ihm stehen seine Eltern – unser *Großvater* und unsere *Großmutter*. ‚Großmutter' klingt ihr immer zu streng – wir sagen stattdessen *Oma* zu ihr. Ganz rechts steht der Bruder meines Vaters, unser *Onkel* Hans.

### In der Schule

- Katja hat Probleme in Mathematik. Wenn sie eine Aufgabe nicht sofort lösen kann, gibt sie schnell auf. Sie muss beim Lösen der Aufgaben mehr Geduld *aufbringen*.
- In Deutschland kostet der Besuch der Schule nichts. Aber die Eltern müssen für die Kosten von Büchern und anderen Materialien *aufkommen*.
- Die Lehrer ärgern sich oft über Thomas, weil er ihnen gegenüber keinen Respekt zeigt. Seine Eltern sollten ihn besser *erziehen*.
- Alle mögen Gerd. Er ist immer höflich und nett und hilft anderen gerne. Er hat eine gute *Erziehung*.
- Wir sind umgezogen. Unserer Tochter gefällt die neue Wohnung und auch in der Schule versteht sie sich gut mit den anderen Kindern. Sie fühlt sich wohl in ihrem neuen *Umfeld*.

### Die Familie wächst

Bisher waren wir in unserer Familie vier Personen – meine Mutter, mein Vater und wir zwei Schwestern. Aber bald bekommt meine Mutter noch ein *Baby*. Unsere Familie bekommt *Nachwuchs*. Wenn es soweit ist, wollen wir alle zusammen ins Krankenhaus fahren, um bei der *Geburt* dabei zu sein. Meine Schwester und ich hoffen, dass es diesmal ein Junge wird. Wenn unsere Eltern später einmal keine Zeit haben, können wir uns zusammen um den kleinen *Buben* kümmern und auf ihn *aufpassen*.

### Vor Gericht

- Frau Meier, beschreiben Sie uns bitte das Verhältnis zu Ihrem Mann? Ist er ein guter *Ehegatte*? – Auf keinen Fall. Es ist eine Katastrophe! Wir streiten uns fast jeden Tag und dann fängt er an zu trinken. Ich will nicht länger mit ihm zusammen leben. Ich will die *Scheidung*.
- Herr Vogel war ein reicher Mann. Nach seinem Tod hat er eine große Menge Geld *hinterlassen*. Wer soll das Geld bekommen? Hat er eine Frau, Kinder oder andere *Angehörige*? – Es gibt nur seine Frau. Sie ist krank und kann sich nicht mehr alleine *versorgen*. Sie sollte das Geld bekommen.

**A** In der Familie. Welches Wort passt nicht dazu? Unterstreichen Sie dieses Wort.

1. Baby – Bube – Arzt – Kind
2. Papa – Vater – Mama – Oma
3. Onkel – Großmutter – Oma – Großvater
4. Verwandte – Geschwister – Angehörige – Angestellte

**B** Teile eines Lebens. Welches Wort passt zu welcher Erklärung?

1. Die Eltern bringen den Kindern bei, wie man sich verhalten soll.
2. Die soziale Umgebung, in der man lebt und arbeitet.
3. Zu diesem Zeitpunkt kommt man auf die Welt.
4. An diesem Punkt endet die Ehe.
5. Zu solchen Personen habe ich ein besonders enges Verhältnis.
6. Mit diesem Menschen bin ich verheiratet.

a Umfeld
b Ehegatte
c Angehörige
d Erziehung
e Geburt
f Scheidung

**C** Nachwuchs bei Familie Krause. Ergänzen Sie den Text mit den folgenden Wörtern.

aufpassen ▪ aufbringen ▪ Bube ▪ erziehen ▪ aufkommen

Familie Krause hat Nachwuchs bekommen. Mittlerweile ist der kleine _____

schon ziemlich gewachsen und kann laufen und sprechen. Leider können die Eltern nicht für die Kosten des

Kindergartens _____, weshalb manchmal die beiden Töchter auf den Kleinen

_____ müssen. Dann gibt es oft Streit, weil sie ihren Bruder

_____ möchten, dieser aber nicht auf sie hört. Dann sagen die Eltern: „Ihr müsst mehr

Verständnis für euren kleinen Bruder _____. Er ist eben noch ein kleines Kind."

**D** Alles eine Frage des Geldes. Ergänzen Sie die Sätze mit den folgenden Wörtern.

Nachwuchs ▪ hinterlassen ▪ aufpassen ▪ versorgen ▪ aufkommen ▪ aufbringen

1. Paul ist jetzt reich, weil seine Tante ihm eine Menge Geld _____ hat.
2. Meine Eltern haben mir gesagt, ich soll mich jetzt endlich mal selbst _____.
3. Allein kann ich das Geld für ein Studium in Amerika nicht _____.
4. Mein Geld ist schon wieder alle. Ich muss wirklich besser _____,
   dass ich nicht so viel ausgebe.
5. Warum seid ihr umgezogen? Wir bekommen _____ und brauchen mehr Platz.
6. Der Nachbar hat unser Auto beschädigt und muss nun für den Schaden _____.

**E** Ihre Familie. Beantworten Sie die Fragen. Benutzen Sie dafür die Wörter dieses Kapitels.

Was ist wichtig bei der Erziehung der Kinder?
Welche Probleme mit dem Geld in der Familie kennen Sie selbst?

## Maria und die rote Jacke

Mama, ich will die rote Jacke nicht anziehen. Sie gefällt mir nicht. Ich finde sie *hässlich*. – Aber Maria, die Jacke sieht doch gut aus. Sie ist sehr *hübsch*. Außerdem ist die Jacke sehr warm. Sei *vernünftig* und zieh die Jacke an. Es ist sehr kalt draußen. – Aber ich will nicht. – Jetzt sei doch nicht *dumm*. Du wirst sonst noch krank. – Aber mir gefällt die Jacke nicht. – Maria, es ist jetzt schon ziemlich spät und ich verliere langsam die *Geduld*. Wenn du nicht bald die Jacke anziehst, darfst du heute nicht fernsehen.

## Eine schöne Frau

Claudia Schiffer ist berühmt für ihre *Schönheit*. Sie gilt weltweit als eine schöne, *attraktive* Frau. Sie ist groß, besitzt eine *schlanke* Figur und hat lange *blonde* Haare. Überall, wo sie auftaucht, fällt sie auf. Sie ist eine *auffällige Erscheinung*.

## Interview mit Prof. Klee über die äußere Erscheinung und menschliche Eigenschaften

Journalist: Herr Klee, was genau haben Sie in Ihrer Untersuchung gemacht?
Prof. Klee: Wir haben unseren Studierenden sechs Gesichter gezeigt. Sie sollten zuerst sagen, welche Gesichter sie *attraktiv* und welche sie nicht *attraktiv* finden. Dann sollten sie allen Gesichtern Eigenschaften wie z. B. nett, böse, erfolgreich, ehrlich zuordnen.

fröhlich

Journalist: Ah, also positive und negative Eigenschaften. Das ist interessant. Nun bin ich natürlich *neugierig*. Was war denn das Ergebnis?
Prof. Klee: Das Ergebnis war, dass attraktive Menschen positiver *charakterisiert* werden als unattraktive Menschen. Man schätzt sie als *klüger* und *intelligenter* ein. Man denkt, dass sie mehr wissen als andere Menschen. Man denkt auch, dass sie *dynamischer*, aktiver sind. Außerdem scheinen sie häufiger gute Laune zu haben, d. h. *fröhlicher* zu sein.

böse

Journalist: Das ist ja wirklich interessant!
Prof. Klee: Ja. Somit konnten wir zeigen, dass jeder von uns mit dem Gesicht eines Menschen typische, d. h. *charakteristische* menschliche Eigenschaften verbindet. Das bedeutet wiederum, dass zwischen der äußeren Erscheinung einer Person und der Einschätzung ihres *Charakters* ein Zusammenhang besteht.

klug

## Lisa, Tom und Lea unterhalten sich über Menschen mit Brille

Lisa: Ich finde, dass eine Brille ein Zeichen für *Intelligenz* ist. Natürlich weiß ich, dass Menschen mit Brille nicht automatisch *intelligent* sind. Aber eine Brille lässt sie so aussehen.
Tom: Ja, mir geht es ähnlich. Auf mich wirken Menschen mit Brille oft *intellektuell* und ich traue ihnen zu, dass sie kluge Dinge zu gesellschaftlichen Problemen sagen können.
Lea: Also, ich weiß nicht. Momentan sind ja diese riesigen Brillen modern. Ich finde die eher *merkwürdig* und verstehe nicht, was daran schön sein soll. Auf mich wirkt das *übertrieben*. Manche Leute sehen damit einfach nur komisch aus. Aber vielleicht hat das ja auch mit der *Persönlichkeit* zu tun, mit dem Charakter der Person.
Lisa: Ja, das kann sein. Manchmal habe ich den Eindruck, hinter diesen Brillen verstecken sich vor allem *unsichere* Menschen – Menschen, die sich ihrer selbst nicht sicher sind. Meine Oma mag so was auch nicht. Sie sagt immer, Menschen mit großen Brillen benehmen sich *merkwürdig* – sie *führen* sich komisch *auf*.

**A** So oder so? Finden Sie die Antonyme.

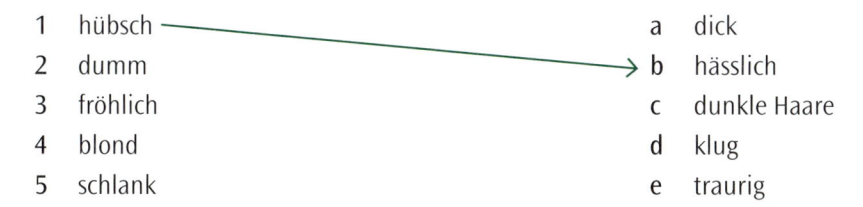

| | | | | |
|---|---|---|---|---|
| 1 | hübsch | a | dick |
| 2 | dumm | b | hässlich |
| 3 | fröhlich | c | dunkle Haare |
| 4 | blond | d | klug |
| 5 | schlank | e | traurig |

**B** Heide Krug. Ergänzen Sie den Text mit folgenden Wörtern.

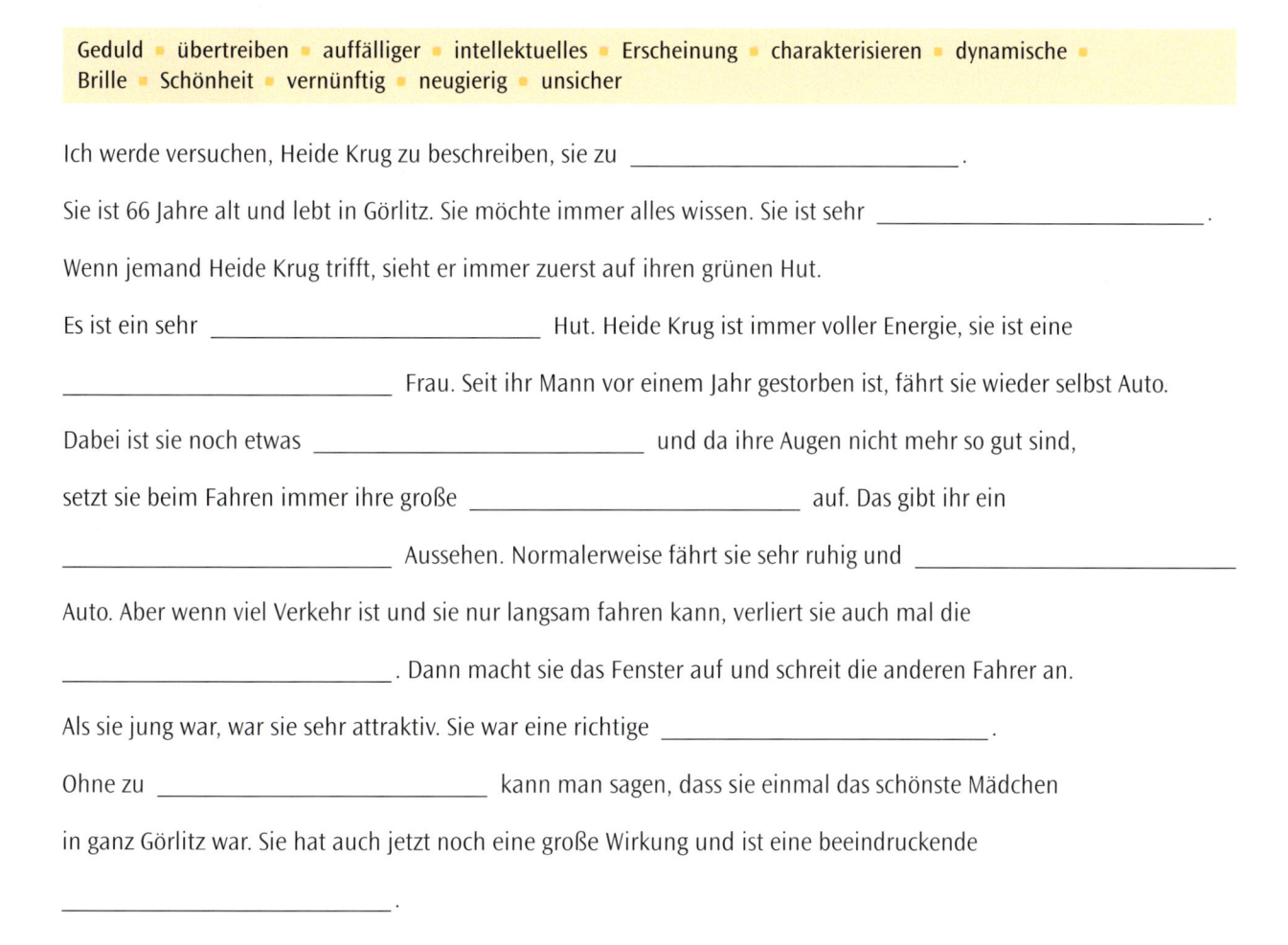

> Geduld ▪ übertreiben ▪ auffälliger ▪ intellektuelles ▪ Erscheinung ▪ charakterisieren ▪ dynamische ▪ Brille ▪ Schönheit ▪ vernünftig ▪ neugierig ▪ unsicher

Ich werde versuchen, Heide Krug zu beschreiben, sie zu _____ .

Sie ist 66 Jahre alt und lebt in Görlitz. Sie möchte immer alles wissen. Sie ist sehr _____ .

Wenn jemand Heide Krug trifft, sieht er immer zuerst auf ihren grünen Hut.

Es ist ein sehr _____ Hut. Heide Krug ist immer voller Energie, sie ist eine

_____ Frau. Seit ihr Mann vor einem Jahr gestorben ist, fährt sie wieder selbst Auto.

Dabei ist sie noch etwas _____ und da ihre Augen nicht mehr so gut sind,

setzt sie beim Fahren immer ihre große _____ auf. Das gibt ihr ein

_____ Aussehen. Normalerweise fährt sie sehr ruhig und _____

Auto. Aber wenn viel Verkehr ist und sie nur langsam fahren kann, verliert sie auch mal die

_____ . Dann macht sie das Fenster auf und schreit die anderen Fahrer an.

Als sie jung war, war sie sehr attraktiv. Sie war eine richtige _____ .

Ohne zu _____ kann man sagen, dass sie einmal das schönste Mädchen

in ganz Görlitz war. Sie hat auch jetzt noch eine große Wirkung und ist eine beeindruckende

_____ .

**C** Merkmale einer Person oder Sache. Finden Sie die Synonyme.

| | | | | |
|---|---|---|---|---|
| 1 | merkwürdig | a | intelligent |
| 2 | klug | b | schön |
| 3 | charakteristisch | c | komisch |
| 4 | sich aufführen wie | d | die Eigenschaft |
| 5 | der Charakter | e | typisch |
| 6 | attraktiv | f | sich benehmen wie |

**D** Eigenschaften. Beantworten Sie die Fragen. Benutzen Sie dafür die Wörter dieses Kapitels.

Beschreiben Sie eine wichtige Persönlichkeit aus Ihrer Heimat und / oder Ihrer Familie.
Welche Verhaltensweisen ärgern Sie bei anderen Menschen und welche mögen Sie?

## 1.05 Charakter und Temperament II

### Mein Sohn und die CDs

Gestern habe ich den ganzen Tag meine Musik-CDs geordnet. Leider hat mein Sohn Felix wieder alles *durcheinander* gebracht. Jetzt muss ich alles nochmal machen. Er freut sich darüber und findet es total *lustig*. Aber ich schimpfe nicht mit ihm, denn er ist sehr *empfindlich* und fängt schnell an zu weinen. Er war von Anfang an ein *sanftes* und ruhiges Kind – ganz im Gegensatz zu seiner Schwester Mona, die immer laut und wild ist. Mit ihr schimpfe ich öfter. Da ich die Kinder unterschiedlich behandle, sagt meine Frau, dass ich nicht *konsequent* in der Erziehung bin.

### Die Schlange

Lea: Hallo Bert! Wie geht's? Wieder zurück aus Laos? Wie war es denn?

Bert: Toll! Am schönsten war es in den Bergen. Dort hat man am besten einen Führer dabei, der die Gegend kennt. Viele Touristen gehen alleine los, ohne etwas über mögliche Gefahren zu wissen. Sie *trauen sich* damit zu viel *zu*. Wer für mehrere Tage in die Berge will und nur eine Flasche Wasser mitnimmt, der ist einfach nur *verrückt*.

Lea: Was gibt es denn so für Gefahren?

Bert: Zum Beispiel Schlangen. Uns ist auch eine begegnet. Zum Glück hatte uns unser Führer *sorgfältig* darauf vorbereitet. Er meinte, typische *Verhaltensweisen* bei Schlangen sind entweder die Flucht oder dass sie dem Feind drohen. Bei uns war Letzteres der Fall.

Anne: Und was habt ihr gemacht?

Bert: Wir sind ganz ruhig stehen geblieben. Es ist dumm, in so einem Fall wegzulaufen. Noch *blöder* ist es, die Schlange anzugreifen. Man muss die *Fassung* bewahren, d. h. nicht zeigen, dass man nervös ist und Angst hat. Schlangen greifen nur bei direkter Gefahr an.

Lea: Und, hattest du Angst?

Bert: In dem Moment eigentlich nicht. Aber dann hat mir der Führer gesagt, dass diese Schlange gefährlich ist. Da habe ich kurz gedacht, was ist wenn ich jetzt sterbe? Aber zum Glück bin ich *lebendig* wieder nach Hause gekommen.

Lea: Ich hätte überhaupt nicht gewusst, was ich machen soll. Ich wäre völlig *hilflos* gewesen.

### Sara

Sara hat morgen ein Gespräch in einer Firma, bei der sie sich beworben hat. Sie musste der Firma einen Vorschlag zu ihrem Gehalt schicken. Ihr Mann meint, ihre Summe ist zu niedrig gewesen und sie soll nicht so *bescheiden* sein. Sie dagegen hält seinen Vorschlag für zu hoch. So *großzügig* ist diese Firma nicht. Sara ist unsicher wegen des Gesprächs, aber ihr Mann ist *optimistisch* und glaubt, dass sie Erfolg haben wird. Sie soll nur keine *Unsicherheit* zeigen und nicht *verlegen* werden, sondern möglichst entspannt bleiben. So bleibt sie im Gespräch *flexibel* und kann besser reagieren.

### Herr Warnke aus einem bekannten Hotel in Berlin – dem Hotel Adlon

Herr Warnke arbeitet schon viele Jahre im Hotel Adlon. Er erfüllt jeden Auftrag seiner Gäste, weshalb er auch als sehr *zuverlässig* gilt. Besonders aber schätzen die Leute seine leise und *diskrete* Art. Meistens nimmt man ihn kaum wahr, aber wenn man ihn braucht, ist er sofort da. Aber Herr Warnke ist in seinem Wesen auch ein *konservativer* Mensch, ein Mensch mit Prinzipien. Vielen modernen Dingen steht er kritisch gegenüber und gegenüber vielen Verhaltensweisen junger Leute hat er *moralische* Bedenken. Als er jung war, durfte man vieles noch nicht. Manchmal findet er die jungen Leute ein bisschen verrückt – ohne *Vernunft* und ohne Prinzipien. Dann wird er *nachdenklich* und denkt, dass es wichtig ist, Prinzipien zu haben, nach denen man lebt und denen man ein ganzes Leben lang *treu* bleibt.

**A** Kombinationen. Welches Wort passt zu welchem Wort?

1 unsicher
2 sich verhalten
3 vernünftig
4 die Konsequenz
5 empfinden
6 das Leben

a lebendig
b empfindlich
c die Unsicherheit
d die Vernunft
e die Verhaltensweise
f konsequent

**B** Wahrnehmung. Ordnen Sie den Bildern folgende Wörter zu.

nachdenklich ▪ lustig ▪ verlegen ▪ durcheinander ▪ hilflos ▪ optimistisch

1 _____  2 _____  3 _____  4 _____  5 _____  6 _____

**C** Meine Oma und ihre Grundsätze. Ergänzen Sie die Sätze mit folgenden Wörtern.

sorgfältig ▪ verrückt ▪ konservativ ▪ bescheiden ▪ treu ▪ moralische

Meine Oma sagte immer: „Kind, sei _____. Spiele dich nie in den Vordergrund –

auch wenn du Erfolg hast." Ja, meine Oma hat viele _____ Grundsätze.

So viele, dass sie mich manchmal damit ganz _____ gemacht hat. Wie viele ältere

Menschen war sie eher _____. Moderne Dinge lehnte sie immer erst mal grundsätzlich ab.

So blieb sie auch 30 Jahre immer derselben Tageszeitung _____. Darin interessierten sie

besonders die regionalen Nachrichten. Diese las sie auch stets sehr _____ und genau.

**D** Art und Weise. Ordnen Sie ähnliche Sätze einander zu.

1 Sie hat ein angenehmes Wesen.
2 Sie ist nicht blöd.
3 Sie behält trotz der Gefahr die Fassung.
4 Sie möchte nicht auffallen.
5 Sie hat einen lieben Blick.
6 Sie glaubt nicht, dass Sie gewinnt.
7 Sie war schon als Kind sehr großzügig.
8 Sie kann selbst entscheiden, wann sie arbeitet.

a Sie verteilt immer gern viele Geschenke.
b Sie traut sich den Sieg nicht zu.
c Sie zeigt nicht, dass sie nervös ist.
d Sie bleibt lieber diskret im Hintergrund.
e Sie schaut ihn mit sanften Augen an.
f Sie hat flexible Arbeitszeiten.
g Sie ist ziemlich klug.
h Sie ist immer nett und freundlich zu allen.

## 1.06 Freizeitbeschäftigung, Interessen und Hobbys

### Herr Müller will an die frische Luft

Herr Müller ist Wissenschaftler und arbeitet den ganzen Tag im Büro. Wenn er mit der Arbeit fertig ist, braucht er etwas, das ihn *ablenkt* und auf andere Gedanken bringt. Es muss etwas ganz anderes sein, als seine Arbeit. Er braucht einen *Ausgleich*. Einfach nur zu Hause sitzen und *fernsehen* ist ihm zu langweilig. Er ist lieber draußen an der frischen Luft. Deshalb *zieht er es vor*, rauszugehen und sich an der Natur zu *erfreuen*. In der Woche geht er manchmal nur eine halbe Stunde im Park *spazieren*, aber am Wochenende fährt er oft in die Berge und *wandert*.

### Interview mit einer Musikerin

Frau Schumann, wie sind Sie Musikerin geworden? – Schon als Kind habe ich gerne gesungen. So haben meine Eltern gemerkt, dass ich sehr *musikalisch* bin und haben mir von da an Unterricht gegeben. – Jetzt ist Musik Ihr Beruf. Wird es Ihnen da nicht manchmal langweilig oder sind Sie immer mit *Begeisterung* dabei? – Ja, ich liebe die Musik sehr, am liebsten möchte ich sie ständig um mich haben. Musik ist für mich nicht nur ein Beruf, sie ist meine *Leidenschaft*. Ich habe mir immer gewünscht, als Musikerin zu arbeiten. Das ist für mich die *Erfüllung* eines Traums. – Aber Sie arbeiten doch meistens im Auftrag von anderen. Können Sie dabei überhaupt Ihre eigenen Vorstellungen *verwirklichen*? – Nicht immer, aber man hat trotzdem viel Freiheit, Melodie und *Rhythmus* unterschiedlich zu kombinieren. Und ich mache ja auch noch meine eigene Musik. Dann kann ich ganz meine *Fantasie* spielen lassen und alles *ausprobieren*, was ich möchte.

### Hobby, Kunst und Können

- Claudia kann sehr gut zeichnen. Schon in der Schule konnte sie besser zeichnen als viele Erwachsene.
  Sie hat *Talent* zum Zeichnen.
- Wenn Paul Musik macht, kommen ihm viele Ideen und er probiert ständig neue Sachen aus. Er ist *kreativ*.
- Jan malt sehr viel, aber seine Bilder sehen alle gleich aus und sind nicht so interessant. Er gibt sich zwar große Mühe, aber ich glaube, ihm fehlt die *Kreativität*.
- Der Künstler will aus einem großen Block Eis eine menschliche Gestalt *formen*.
- Wenn man Julias Bilder betrachtet, dann hat man den Eindruck, vor einem Foto zu stehen.
  Jedes Detail ist deutlich zu erkennen. Sie malt ihre Bilder *fotografisch* genau.
- In der Galerie gegenüber gibt es ab nächste Woche eine neue Ausstellung.
  Ich habe gesehen, wie sie heute Plakate *geklebt* haben.
- Jana macht ihre eigene Musik. Es ist immer ein besonderes Erlebnis für sie,
  eine selbst aufgenommene CD *abzuspielen*.

### Aktivitäten in der Natur

- Egal, ob wir baden gehen, Rad fahren oder wandern, wenn die Sonne scheint,
  sind unsere Kinder zu jeder *Unternehmung* bereit.
- Viele Arten von Tieren sind bereits von der Erde verschwunden und von anderen Arten
  gibt es nur noch sehr wenige Tiere. Diese sind geschützt und man darf sie nicht *jagen*.
- Maria mag Pferde schon seit ihrer Kindheit. Jetzt nimmt sie Unterricht,
  um zu lernen wie man auf einem Pferd *reitet*.
- In unserem Urlaub in Kanada haben wir einen Bären gesehen.
  Er stand im Fluss und hat Fische *gefangen*.
- Gestern waren wir noch in der Stadt und es war laut und eng,
  das reinste Chaos. Jetzt sind wir draußen im Wald,
  wir sind allein und es herrscht fast völlige *Stille*.

**A** Aktivitäten. Ordnen Sie die Sätze den richtigen Abbildungen zu.

1 ___  2 ___  3 ___  5 ___  6 ___  7 ___  4 ___

a  Wir formen Sterne und Monde und schieben sie dann für 25 Minuten bei 180 °Celsius in den Ofen.
b  Am Wochenende wandert Ralf in den Bergen.
c  Georg klebt eine 55 Cent-Marke auf den Brief.
d  Die Katze hat gerade eine Maus gefangen.
e  Herr Schmidt geht gern im Park spazieren und schaut sich die Blumen an.
f  Früh am Morgen geht Herr Müller jagen.
g  Einmal in der Woche nimmt Jan Unterricht, um zu lernen, wie man reitet.

**B** Was man mit Musik machen kann. Ordnen Sie die Nominalphrasen zu.

sich an klassischer Musik ▪ einen Traum ▪ viele neue Ideen ▪ eine CD ▪ sich von der Arbeit ▪ ein ruhiges Lied

1 _____ vorziehen
2 _____ abspielen
3 _____ ausprobieren
4 _____ verwirklichen
5 _____ erfreuen
6 _____ ablenken

**C** Wunsch und Wirklichkeit. Ordnen Sie ähnliche Wortgruppen einander zu.

1  ein Traum wird wahr
2  ein fotographisches Gedächtnis haben
3  die Stille genießen
4  immer dasselbe Tempo halten
5  mit Begeisterung dabei sein
6  die Tour planen
7  seine Fantasie spielen lassen

a  kreativ sein
b  etwas sehr gern machen
c  ein Wunsch geht in Erfüllung
d  eine Unternehmung vorbereiten
e  sich an der Ruhe erfreuen
f  sich jedes Detail merken können
g  im Rhythmus bleiben

**D** Ein Buch entsteht. Ergänzen Sie die Sätze mit folgenden Wörtern.

Leidenschaft ▪ Talent ▪ musikalisches ▪ Ausgleich ▪ Kreativität

Ein Buch zu schreiben, dauert lange. Dazu braucht man Disziplin und _____ . Es ist wichtig, kreativ mit Sprache umgehen zu können, ein _____ für das Spiel mit Worten zu haben. Wenn ich lange gearbeitet habe, höre ich oft zum _____ Musik. Momentan ist es die Oper Carmen des französischen Komponisten Georges Bizet. Diese Geschichte von Liebe und _____ ist wohl sein bekanntestes _____ Werk.

## 1.07 Religion

### Religiöse Symbole

Man sagt, in der *Bibel* ist das Wort Gottes aufgeschrieben.

Das *Kreuz* ist ein wichtiges christliches Symbol.

Der *Teufel* ist verantwortlich für das Böse. Auf Bildern sieht er oft halb wie ein Mensch aus und halb wie ein Tier.

*Engel* sind die Helfer Gottes und man glaubt, dass sie fliegen können.

### Ein Leben mit der Religion

Wenn Menschen Gott sehr nahe sein möchten, *beten* sie. Je nach Religion nutzen sie dafür unterschiedliche Worte und Gesten. In christlichen Gemeinschaften gehen die Menschen häufig in die Kirche, um zu *beten*. Manche Menschen gehen jeden Sonntag in die Kirche, manche nur an *kirchlichen* Feiertagen wie z. B. zu Weihnachten. Jede Kirche gehört zu einer *kirchlichen* Gemeinde. Diese *kirchlichen* Gemeinden werden von einem Pfarrer geleitet. Handelt es sich um eine katholische Gemeinde, wird die Funktion des Pfarrers immer von einem katholischen *Priester* übernommen. Manche Menschen möchten sich in ihrem ganzen Leben vollständig auf die christliche Religion konzentrieren. Sie verlassen dann ihren normalen Alltag und gehen in ein *Kloster*.

### Max und Mustafa

Max und Mustafa sind Nachbarn und wohnen in Berlin. Mustafa kommt aus einem arabischen Land und seine Religion ist ihm sehr wichtig. Er ist *Moslem*, seine Religion ist der *Islam* und Gott nennt er Allah. Max *gehört* keiner Religion *an*, aber seine Eltern sind *Christen* und er weiß einiges über den christlichen *Glauben*. Die meisten *Christen* in Deutschland gehören entweder der katholischen oder der *evangelischen* Kirche an. Max' Eltern kommen aus dem Norden Deutschlands und sind *evangelisch*. Max möchte mehr über den *Islam* und das Leben als *Moslem* wissen. Deshalb unterhält er sich manchmal mit Mustafa über die Unterschiede zwischen *islamischer* und christlicher Religion. Er findet diese Gespräche immer sehr interessant und denkt lange darüber nach.

### Die Welt des *Glaubens*

In der Welt des *Glaubens* sind Dinge möglich, für die es keine einfache Erklärung gibt:
- Ralf fährt einen LKW. Letztes Jahr hatte er einen schweren Unfall auf der Autobahn. Es ist ein *Wunder*, dass er überlebt hat.
- Unser Kind war sehr krank. Es schien schon tot zu sein. Der Arzt konnte nicht mehr helfen und hat gesagt, dass wir nur noch *beten* können. Unser Kind hat überlebt. Wir denken, unser *Glaube* hat es wieder zum Leben *erweckt*.
- Maria glaubt daran, dass bei ihrem Tod nur ihr Körper stirbt, aber ihre *Seele* weiter lebt.
- Wenn Menschen Probleme haben, für die es keine Lösung gibt, dann suchen sie oft Hilfe in ihrem *Glauben* und bitten ihren Pfarrer um *geistliche* Unterstützung.

A   Wer ist was? Ordnen Sie ähnliche Sätze einander zu.

1   Alle haben Angst vor ihm, denn er tut Böses.
2   Johannes geht jeden Sonntag in die Kirche und betet zu Gott.
3   Peter arbeitet für die Kirche und hilft anderen Menschen.
4   Marthas Mann kommt aus einer arabischen Kultur.
5   Gabriel kann fliegen und bringt Gottes Botschaften zu den Menschen.

a   Er ist ein Engel.
b   Er ist Moslem.
c   Er ist der Teufel.
d   Er ist Christ.
e   Er ist Priester.

B   Fragen zur Religion. Welches Wort passt zu welchem Satz? Ordnen Sie zu.

kirchlichen ▪ islamische ▪ evangelischen ▪ geistlicher

1   Zu welcher Kirche gehörst du? – Ich bin Mitglied der _____ Kirche.

2   Was machen Sie beruflich? – Ich bin Priester. Zurzeit beschäftige ich mich hauptsächlich mit dem Studium _____ Texte.

3   Warum trinkst du kein Bier? – Ich bin Moslem. Die _____ Religion verbietet es, Bier, Wein oder anderen Alkohol zu trinken.

4   Gehen Sie häufig in die Kirche? Nein. Meistens nur an _____ Feiertagen, wie zum Beispiel zu Weihnachten.

C   Was ist das? Ordnen Sie die Wörter den richtigen Erklärungen zu.

1   Hier lebt man sein Leben nur für die Religion.
2   Wenn wir sterben, lebt sie weiter.
3   Es ist die wichtigste Religion der arabischen Welt.
4   Es befindet sich in jeder Kirche.

a   die Seele
b   der Islam
c   das Kreuz
d   das Kloster

D   Der Unfall. Welches Wort passt zu welchem Satz? Ordnen Sie zu.

beten ▪ Bibel ▪ erweckt ▪ Wunder ▪ angehört ▪ Glauben

Laura ist vor kurzem Mitglied der katholischen Kirche geworden. Letztes Jahr hatte ihr Freund einen schweren Unfall. Niemand dachte, dass er überlebt, aber er hat es trotzdem geschafft. Für Laura war das ein _____. Obwohl sie als Kind oft in der _____ gelesen hat, glaubte sie nicht an solche Dinge und Religion war für sie nicht so wichtig. Deshalb hat sie auch keiner Kirche _____. Aber als ihr Freund krank war, hat sie wieder angefangen zu _____, weil ihr das sehr geholfen hat. Man kann sagen, der Unfall hat ihren _____ zu neuem Leben _____.

E   Religionen in Ihrem Land. Beantworten Sie die Fragen. Benutzen Sie dafür die Wörter dieses Kapitels.

Welche Religionen gibt es in Ihrem Land und woran glauben Sie?
Beschreiben Sie einen religiösen Feiertag Ihrer Heimat? Was tun die Menschen an diesem Tag?

## 2.01 Haus I

### Unser eigenes Haus

Meine Eltern wollen ein Haus mit einem kleinen *Grundstück* kaufen. Obwohl das *Grundstück* nicht sehr groß ist, gibt es links neben dem Haus noch genug Platz für einen Garten. Auf der rechten Seite ist außen eine *Treppe*, über die man nach oben in den ersten *Stock* gelangt. Das ist sehr praktisch, weil man unter der Treppe die Fahrräder *unterstellen* kann. Wenn wir das Haus gekauft haben, dann sind wir die *Eigentümer* des Hauses und müssen nicht mehr jeden Monat *Miete* bezahlen. Aber das Beste ist, dass man eine gute Sicht auf die *Burg* hat, die sich nicht weit von unserem Haus auf einem Berg befindet.

### Frau Meier und Frau Müller ärgern sich

Frau Meier: Frau Müller, ich muss Ihnen was erzählen. Der Sohn von der Frau Schulze hat heute einen Stein durch unser Fenster geworfen und jetzt brauchen wir eine neue *Scheibe*.

Frau Müller: Das ist ja wirklich unglaublich! Früher gab es so etwas nicht. Früher war unsere Gegend hier ruhig und sicher, aber jetzt ist es ein ganz schlimmes *Viertel* geworden.

Frau Meier: Sie sagen es, genau meine Meinung! Man hat ja schon Angst, auf die Straße zu gehen. Am besten man bleibt den ganzen Tag *daheim*.

Frau Müller: Nein, das ist auch keine Lösung. Man sollte *umziehen* und eine Wohnung in einer besseren Gegend suchen.

Frau Meier: Richtig. Am besten in der neuen *Siedlung* am Rand der Stadt. Dort werden gerade viele neue Häuser gebaut. Das ist eine gute Gegend.

### Alles hat seinen Platz

- Wohnt euer Hund auch im Haus? – Nein, er hat vor dem Haus eine kleine *Hütte*.
- Wohnt ihr in dem kleinen Haus da? – Nein, wir wohnen in dem großen *Block* gegenüber. Die Wohnungen dort sind ziemlich klein und sehen alle gleich aus.
- Wo *stellt* ihr die Fahrräder *unter*? – Die bringen wir nach unten, in den *Keller*.
- Was machst du denn hier im Haus mit der Farbe? – Na, ich streiche die Wände, wie du gesagt hast. – Aber doch nicht innen! Die Wände außen, an der *Fassade*!
- Könnt ihr von eurem Haus das Meer sehen? Ja, die *Front* unseres Hauses zeigt zum Meer und die Rückseite des Hauses zu den Bergen.

### Veränderungen

- Wie viel Geld müsst ihr für eure Wohnung bezahlen? – Bisher betrug die *Miete* 400 Euro im Monat. Aber jetzt will der *Vermieter* sie um 50 Euro erhöhen. Das ist zuviel. Wir haben mit den anderen *Mietern* gesprochen und wollen gemeinsam vor Gericht gehen und dagegen klagen.
- Ich glaube, ihr braucht eine neue Tür. Eure alte Tür sieht nicht mehr sehr *solide* aus. – Ja, stimmt. In dieser Gegend hier muss man besonders vorsichtig sein. Was man nicht *einschließt*, verschwindet ganz schnell. Uns wurden schon drei Fahrräder gestohlen.
- Wo wohnt denn Frau Locke? Zurzeit wohnt sie noch in einer *Villa* am Stadtrand. Ein wunderschönes altes Haus mit einem großen Grundstück. Das Haus ist völlig von Bäumen *umgeben*. Man fühlt sich fast wie im Wald. – Und warum ‚zurzeit noch'? Zieht sie um? – Ja, sie fühlt sich zu einsam da und möchte in die Nähe ihrer Kinder ziehen.

A  Was ist was? Ordnen Sie die Sätze den richtigen Abbildungen zu.

1 ___   2 ___   3 ___   4 ___   5 ___   6 ___

a  Er wohnt in einer schönen alten Villa mit einem Garten.
b  Die Treppe führt hinunter an den Fluss.
c  Burgen haben Mauern und befinden sich oft auf einem Berg.
d  Jemand hat einen Stein durch die Scheibe geworfen.
e  In den Bergen gibt es kleine Hütten, in denen man Schutz findet.
f  Auf der anderen Seite des Flusses entsteht eine neue Siedlung.

B  Wohnung, Geld, Eigentum. Ordnen Sie die Wörter den richtigen Erklärungen zu.

1  Jeden Monat muss man Geld für seine Wohnung bezahlen.     a  Vermieter
2  Er wohnt in der Wohnung, aber sie gehört ihm nicht.       b  Eigentümer
3  Er kümmert sich um die Wohnung und bekommt Geld dafür.    c  Miete
4  Ihm gehört die Wohnung.                                   d  Mieter

C  Zu wenig Platz in der alten Wohnung. Ergänzen Sie die Sätze mit den folgenden Wörtern.

Keller ▪ Stock ▪ Blocks ▪ Grundstück ▪ unterstellen ▪ Viertel ▪ umziehen

Claudia und Bert wohnen im sechsten _____ eines großen _____ mit vielen Wohnungen. In ihrem _____ gibt es fast nur solche großen Häuser. Die Wohnungen hier sind nicht sehr groß und haben nur einen ganz kleinen _____, in dem man nicht viel _____ kann. Die beiden brauchen mehr Platz. Sie werden bald _____. Sie haben sich ein eigenes _____ mit einem Haus gekauft.

D  Das Haus macht Arbeit. Ergänzen Sie die Sätze mit den folgenden Wörtern.

Front ▪ solide ▪ umgeben ▪ Fassade ▪ einschließen ▪ daheim

Heute ist Fußball! Willst du den ganzen Tag _____ bleiben und dich in dein Zimmer _____? – Nein, ich habe zu tun. Ich muss das Haus streichen. Die ganze _____! – Ich dachte nur die _____ zur Straße hin? – Nein, jede Seite! Ich bin sozusagen komplett von Arbeit _____. – Oh, du Ärmster, wolltest du nicht auch noch die Treppe neu bauen? – Nein, die sieht zum Glück noch ganz _____ aus.

## Der Beginn für ein besseres Zuhause

Wir wohnen schon zehn Jahre in unserem alten Haus. So wie es war, hat es uns nicht mehr gefallen. Deshalb wollten wir das Haus *ausbauen* und verbessern. Das konnten wir aber nicht, weil es uns noch nicht gehörte. Aber irgendwann haben wir das Haus gekauft. Dann waren wir die *Besitzer* und konnten mit dem *Ausbau* beginnen. Es gab viel zu tun und die Arbeiten fanden im ganzen Haus statt. Es war sehr laut und bei den Arbeiten entstand viel *Staub*. Darum war eine weitere *Benutzung* des Hauses nicht möglich und wir mussten für eine Weile *ausziehen*.

## Die Arbeiten am Haus

- Wir haben ein Grundstück mit einem alten Haus gekauft. Zuerst wollten wir das alte Haus *abreißen* und ein neues größeres Haus bauen. Aber das alte Haus ist sehr schön und auch noch sehr stabil. Deshalb haben wir uns entschieden, es nicht *abzureißen*. Wir werden stattdessen das Dach des Hauses *ausbauen* und somit zwei zusätzliche Zimmer bekommen.
- Im Winter ist es in unserem Haus immer schnell kalt geworden. Deshalb mussten wir die Wände besser *isolieren* lassen.

- Beim *Ausbau* haben wir viele alte Sachen gefunden, die wir erst mal alle vor das Haus geworfen haben. Bald hatten wir draußen einen großen Berg von diesem *Zeug*. Das waren z. B. Reste von Möbeln, alte Teppiche, alte Lampen, alte Zeitungen und zahlreiche Flaschen und Gläser. Alles, was wir nicht mehr brauchen, ist für uns *Abfall*. Diesen *Abfall* lassen wir abholen. Es gibt verschiedene Firmen, die mit *Abfall* handeln: So ist z. B. altes Glas ein Rohstoff, aus dem neues Glas hergestellt und Papier*abfall* ist ein Rohstoff, aus dem neues Papier hergestellt wird. Deshalb trennen wir unseren *Abfall* immer in Papier*abfall*, Glas*abfall*, Bio*abfall* aus Resten aus der Küche und restlichen *Abfall*.

## Der Ausbau ist zu Ende

Nach den vielen Arbeiten war es im Haus natürlich nicht besonders sauber und wir mussten alles noch *reinigen*. Meine Mutter hat die Fenster *geputzt*, mein Vater hat die Zimmer *aufgeräumt* und ich habe die Pflanzen mit Wasser gereinigt. Das habe ich so sorgfältig und *gründlich* gemacht, dass nirgendwo auf der *Oberfläche* der Blätter noch *Staub* zu sehen war.

## Das neue Zuhause ist fertig

Jetzt ist unser neues *Heim* fertig und wir müssen nicht mehr bei unseren Verwandten wohnen. Dort war eigentlich nicht genug Platz für so viele Leute und man hat sich nicht richtig wohl gefühlt. In unserem *ausgebauten* Haus wird es dagegen jetzt richtig *gemütlich* sein, so dass man sich wunderbar entspannen kann. Alles ist neu und sauber und wir haben viel mehr Platz als vorher. Unserer Katze Paula geht es auch besser. Wir haben in die Tür zum Garten eine kleine *Öffnung* eingebaut. Nun kann Paula immer in den Garten oder ins Haus, wann sie möchte. Sie muss nicht mehr warten, bis ihr jemand von uns die Tür aufmacht.

**A** Arbeiten am Haus. Ergänzen Sie das passende Verb hinter den Substantiven.

einziehen ▪ putzen ▪ aufräumen ▪ abreißen

1 die Scheiben _____   3 das alte Haus _____
2 in das neue Haus _____   4 das Zimmer gründlich _____

**B** Rund um die Wohnung. Was gehört zusammen? Finden Sie ähnliche Wörter.

1 Zuhause          a Besitzer
2 angenehm         b Öffnung
3 Dinge            c gründlich
4 Eigentümer       d Heim
5 sorgfältig       e gemütlich
6 Loch             f Zeug

**C** Das Haus des Nachbarn. Ergänzen Sie die Sätze mit den folgenden Wörtern.

Oberfläche ▪ reinigen ▪ ausbauen ▪ Staub ▪ ausziehen ▪ Ausbau ▪ isolieren

Das Haus unseres Nachbarn ist schon alt und ein bisschen klein. Jetzt will er sein Haus _____

und das Dach neu _____. Leider sind die Arbeiten sehr laut und verursachen viel

_____, der bis in unser Haus zieht. Schon nach einem Tag sind alle Dinge in unserem Haus

auf der _____ mit Staub bedeckt und wir müssen sie _____.

Am liebsten würden wir _____ und für einige Zeit an einem anderen Ort wohnen.

Aber das geht leider nicht. Wir können nur hoffen, dass der _____ bald beendet ist.

**D** Im Urlaub. Ergänzen Sie die Sätze mit den folgenden Wörtern.

Benutzung ▪ Abfall ▪ Oberfläche ▪ gemütlich

Im nächsten Urlaub wohnen wir in einer kleinen Hütte am See. Es gibt dort auch ein Boot. Die _____

des Bootes ist einfach und kostet nichts. Man kann damit auf den See fahren und Fische fangen. Im Wald kann man

Holz sammeln und damit ein Feuer machen. Dann kann man abends _____ am Feuer sitzen

und sehen, wie sich auf der _____ des Wassers der Mond spiegelt. Man kann auch einfach im

Wald wandern. Allerdings sollte man darauf achten, dass man dabei keinen _____ liegen lässt.

**E** Ihre Wohnung. Beantworten Sie die Fragen. Benutzen Sie dafür die Wörter dieses Kapitels.

Welche Arbeiten haben Sie schon in Ihrer Wohnung bzw. an Ihrem Haus durchgeführt?
Wer ist in Ihrer Familie für welche Arbeiten in der Wohnung oder im Haus zuständig?

## 2.02 Haushalt II

### Im Winter muss das Zimmer warm sein

In diesem Winter ist es wieder sehr kalt. Damit wir es in unserer Wohnung warm haben, besitzen wir eine *Heizung*. Wenn uns kalt ist, dann *schalten* wir die *Heizung ein* und wenn es warm genug ist, *schalten* wir sie wieder *aus*. Das ist ganz einfach. Früher war es nicht so einfach. Früher hatten wir einen *Ofen*. Dafür musste man zuerst in den Keller, um *Kohlen* zu holen. Die *Kohlen* braucht man, um im *Ofen* Feuer zu machen. Sie müssen aber erst einige Stunden brennen, bevor es im Zimmer schön warm wird. Außerdem waren früher unsere Wände nicht gut isoliert. So haben wir die *Wärme* aus dem Zimmer zu schnell wieder verloren. Heute heizen wir in unserer Wohnung nicht mehr mit *Kohle*, sondern mit *Gas*. Das ist viel einfacher.

### Manche Dinge sind nützlich und manche braucht man nicht

- Dinge, die man häufig verwendet, sollten eine gute Qualität haben.
  Sie sollten für den täglichen *Gebrauch* geeignet sein.
- Ein Freund hat mir ein altes Autoradio geschenkt. Ich habe aber gar kein Auto.
  Das Radio hat keinen *Nutzen* für mich.
- Wir werden bald umziehen. Viele Dinge brauchen wir nicht mehr.
  Diese wollen wir bei der *Auflösung* unserer Wohnung verkaufen.
- Diese Kiste ist groß und schwer. Sie ist schlecht zu tragen.
  Zum Glück hat sie an jeder Seite einen *Griff*, an dem man sie halten kann.
- In unserer neuen Küche gibt es alles was man braucht. Sie ist mit allen wichtigen Dingen *ausgestattet*.

### Der Strom ist weg

Karsten, der Fernseher funktioniert nicht. Kannst du mal kommen? – Ja, ich komme. Vielleicht ist der Strom weg. Hmm, nein, das kann es nicht sein, das Licht funktioniert noch und auch die *Sicherungen* sind alle *eingeschaltet*. Dann ist vielleicht die *Steckdose* nicht in Ordnung. Ich werde mal die *Steckdose* überprüfen. – Aber pass auf, das ist gefährlich! Am besten du *schaltest* den Strom *ab*. – Ok, aber dann funktioniert auch das Licht nicht mehr. Kannst du mir eine *Kerze* holen, damit ich etwas sehen kann?

### Was man machen sollte

- Heute Abend möchte Claudia ins Kino und morgen zu einer Party. Leider sind ihre Kleider alle schmutzig. Deshalb muss sie ihre *Wäsche* waschen und *trocknen*. Da die *Wäsche* aber einen ganzen Tag zum *Trocknen* braucht, sollte Claudia sie unbedingt heute noch waschen. Wahrscheinlich klappt es dann mit dem Kino heute doch nicht mehr.
- Frische Lebensmittel sollte man am besten kühl *aufbewahren*.
- Ich muss noch in den Keller, um Kohlen zu holen. Du solltest mir den *Schlüssel* geben,
  damit ich die Tür zum Keller öffnen kann.
- Thomas hat zu wenig Platz in der Küche. Er sollte noch ein zweites Regal an der Wand *anbringen*.
- Frau Krause ist schon alt und ein bisschen schwach. Wenn man ihr im Haus begegnet,
  sollte man ihr die Tür *aufhalten*.

**A** Gegenstände in der Wohnung. Ordnen Sie die Wörter den richtigen Bildern zu.

die Steckdose ■ der Ofen ■ der Griff ■ der Schlüssel ■ die Kerze ■ die Heizung

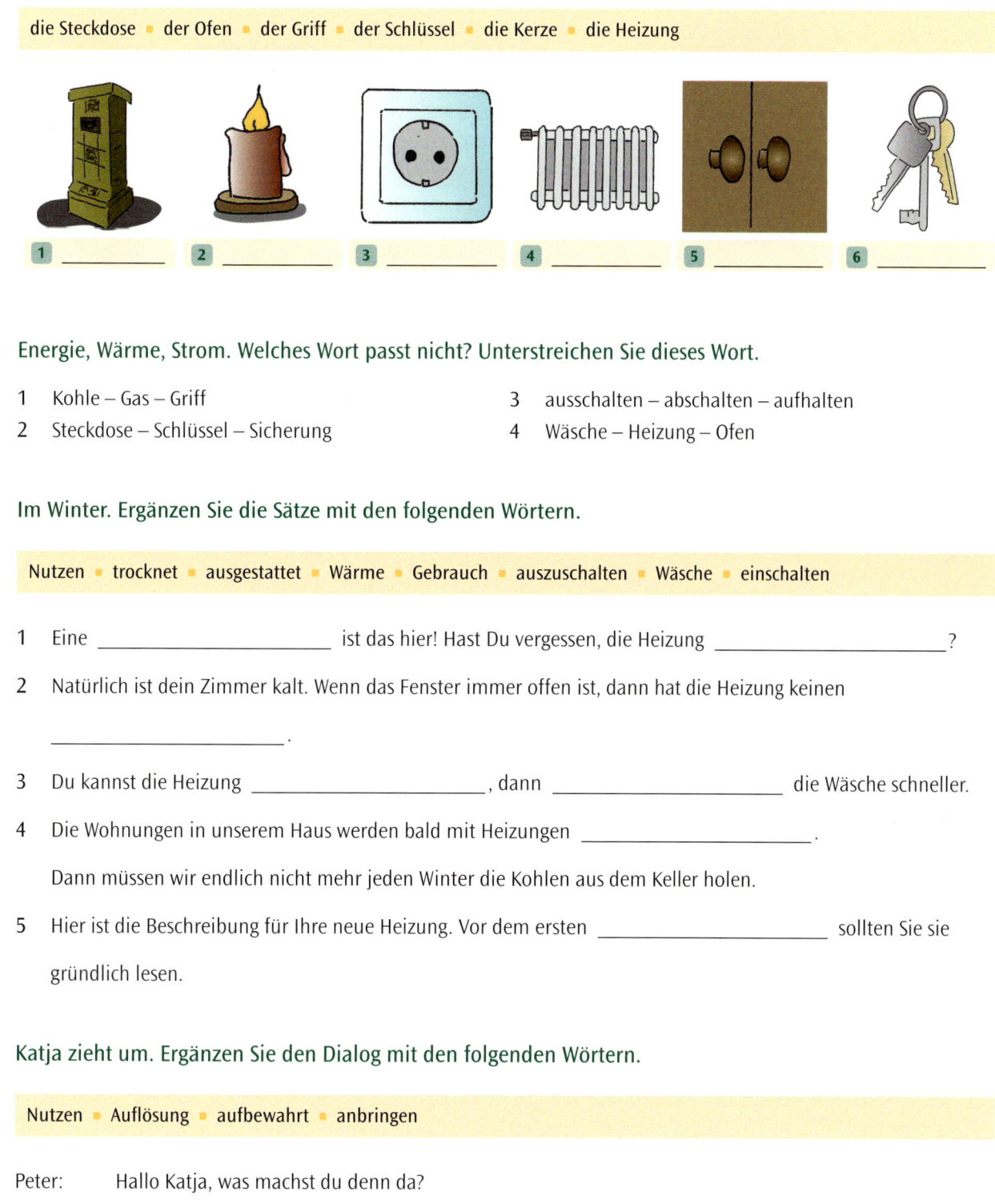

1 _____ 2 _____ 3 _____ 4 _____ 5 _____ 6 _____

**B** Energie, Wärme, Strom. Welches Wort passt nicht? Unterstreichen Sie dieses Wort.

1 Kohle – Gas – Griff
2 Steckdose – Schlüssel – Sicherung
3 ausschalten – abschalten – aufhalten
4 Wäsche – Heizung – Ofen

**C** Im Winter. Ergänzen Sie die Sätze mit den folgenden Wörtern.

Nutzen ■ trocknet ■ ausgestattet ■ Wärme ■ Gebrauch ■ auszuschalten ■ Wäsche ■ einschalten

1 Eine _____ ist das hier! Hast Du vergessen, die Heizung _____ ?

2 Natürlich ist dein Zimmer kalt. Wenn das Fenster immer offen ist, dann hat die Heizung keinen

_____ .

3 Du kannst die Heizung _____ , dann _____ die Wäsche schneller.

4 Die Wohnungen in unserem Haus werden bald mit Heizungen _____ .

Dann müssen wir endlich nicht mehr jeden Winter die Kohlen aus dem Keller holen.

5 Hier ist die Beschreibung für Ihre neue Heizung. Vor dem ersten _____ sollten Sie sie

gründlich lesen.

**D** Katja zieht um. Ergänzen Sie den Dialog mit den folgenden Wörtern.

Nutzen ■ Auflösung ■ aufbewahrt ■ anbringen

Peter: Hallo Katja, was machst du denn da?

Katja: Ich will eine Information zur _____ unserer Wohnung _____ .

Wir ziehen bald um und haben noch vieles, was wir nicht mehr brauchen.

Peter: Wo hattet ihr denn das ganze Zeug _____ ?

Katja: Das meiste hatten wir im Keller. Du kannst auch kommen, die Auflösung ist in zwei Tagen.

Wenn etwas für dich von _____ ist, schenke ich es dir.

Peter: Oh, vielen Dank!

## 2.03 Räume und Einrichtung

### Die Einrichtung in einem Zimmer

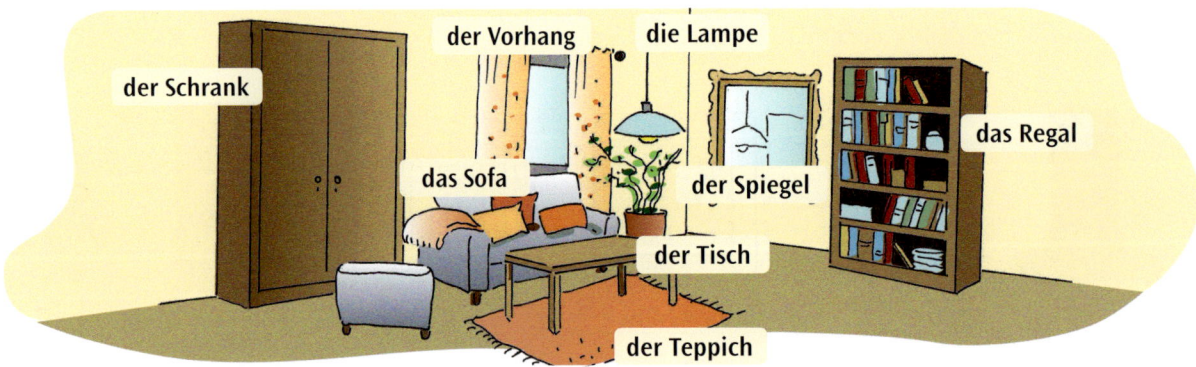

### Im Hotel und zu Hause

Erik arbeitet in einem Hotel. Meistens steht er am *Eingang* des Hotels, begrüßt die Gäste und *macht* ihnen die Tür *auf*. Heute fand im Hotel eine Konferenz statt. Die Teilnehmer der Konferenz waren zuerst im großen *Saal* des Hotels. Dort hielten mehrere Leute eine Rede. Während der Reden *gingen* mehrere Zuhörer aus dem *Saal hinaus* und wieder hinein. Erik passte auf, dass sie die Tür zum *Saal* immer wieder gut *verschließen*. So wurde die Konferenz dadurch so wenig wie möglich gestört. Als die Reden vorbei waren, führte Erik die Teilnehmer in den *Salon* des Hotels. Dort gibt es eine Bar und Musik, so dass die Leute sich entspannt unterhalten können. Um 22 Uhr hört Erik auf zu arbeiten und fährt nach Hause. Sein Auto steht immer im Hof hinter dem Hotel. Also verlässt er das Hotel immer durch den hinteren *Ausgang*. Zu Hause angekommen, steht seine Frau schon an der *Haustür* und freut sich, dass Erik nach Hause kommt. Er begrüßt sie und geht in den *Flur* und zieht Schuhe und Jacke aus. Dann geht er ins *Wohnzimmer* und sie essen zusammen zu Abend.

### Wo steht was?

- Wo steht eigentlich dein Fahrrad? Direkt neben der Tür gibt es eine kleine *Kammer*. Darin stehen das Rad und noch einige andere Sachen.
- Ich habe nicht viele *Möbel* in meinem Zimmer. Nur einen *Schrank*, ein Bett, einen Tisch und zwei Stühle.
- Wo sind die vielen *Möbel* aus eurer alten Wohnung? – Nach dem *Umzug* mussten wir einiges verkaufen oder in den Keller stellen. Hier in der neuen Wohnung ist weniger Platz.
- Dort am Fenster ist kein guter Platz für den *Schrank*. Wir sollten ihn noch mal *umstellen*. Besser wir stellen ihn hierher neben den Ofen.
- Wie wollen wir die neue Wohnung *einräumen*? Welche *Möbel* stellen wir wohin? Am besten wir *entwerfen* erst mal einen Plan auf dem Papier. Sonst müssen wir nachher alles wieder x-mal *umstellen*.
- Die *Möbel* für die Küche stehen zurzeit noch im *Flur*. Wir wollen sie morgen *einbauen*.

### Der Schlüssel

Heute früh habe ich den Abfall nach draußen gebracht. Dabei ist die *Haustür zugegangen*. Als ich sie öffnen wollte, merkte ich, dass ich meinen Schlüssel vergessen hatte. Jetzt konnte ich nicht mehr ins Haus. Ich habe es mit Gewalt versucht, aber die Tür *ging* nicht *auf*. Ich habe bei unserer Wohnung *geklingelt*, aber meine Frau hat nichts gehört. Dann bin ich in den Hof gegangen und habe an das Fenster *geklopft*, aber meine Frau hat wieder nichts gehört. Sie hat einen guten Schlaf. Es gab keine andere Lösung mehr – ich musste die Scheibe *einschlagen*. Das hat meine Frau dann endlich auch gehört. Sie kam gleich in den Flur gelaufen und hat gerufen: „Was machst du denn hier? Warum *schlägst* du denn die Scheibe *ein*? Schau nur: Der komplette *Teppich* ist jetzt voller Glas!" – „Ja", habe ich gesagt, „Ich hatte den Schlüssel vergessen und du hast nicht gehört, dass ich ans Fenster *geklopft* habe. Deswegen habe ich die Scheibe *eingeschlagen*." – „So was Blödes. Na, mal sehen, wie wir das Glas wieder vom *Teppich* kriegen können."

**A** Die Einrichtung eines Zimmers. Welches Wort passt nicht? Unterstreichen Sie das Wort.

1 Katze – Regal – Schrank
2 Vorhang – Umzug – Teppich
3 Lampe – Spiegel – Stufe
4 Bett – Salon – Tisch

**B** Tätigkeiten in der Wohnung. Finden Sie die Gegensätze zu den unterstrichenen Wörtern.

1 Wenn die Tür verschlossen ist, kann sie nicht <u>aufgehen</u>.
2 Für den Umzug müssen wir alle Schränke <u>ausbauen</u>.
3 Ich muss noch die ganzen Bücher aus dem Regal <u>ausraumen</u>.
4 Kannst Du bitte das Fenster <u>zumachen</u>, es ist kalt.
5 Es gibt ein Problem mit der Tür. Sie lässt sich nicht <u>öffnen</u>.
6 Es fehlen einige Möbel. Die Einrichtung ist <u>nicht vollständig</u>.

a einräumen
b komplett
c zugehen
d verschließen
e aufmachen
f einbauen

**C** Jobs. Ergänzen Sie die Sätze mit den folgenden Wörtern.

Haustür ▪ komplette ▪ Wohnzimmer ▪ eingeschlagen ▪ umstellen ▪ entwirft ▪ Saal

1 Jemand hat eine Scheibe in der Tür _____. Paul baut eine neue Scheibe in

die _____ ein.

2 Heute ist Hochzeit. Claudia bereitet den _____ für die große Feier vor.

3 Ralf _____ das Design für neue Möbel. Meistens arbeitet er zu Hause in seinem

_____.

4 Maria putzt in den Wohnungen von anderen Leuten. Damit sie richtig putzen kann und die

_____ Wohnung sauber wird, muss sie manchmal die Möbel _____.

**D** Oma Fischer passt auf. Ergänzen Sie die Sätze mit den folgenden Wörtern.

Kammer ▪ klopft ▪ Umzug ▪ Eingang ▪ klingelt ▪ Ausgang ▪ Flur

Oma Fischer schaut auf die Straße. Vor dem _____ ihres Hauses steht ein Auto, das sie nicht

kennt. Ein Mann steigt aus und _____ an der Haustür, aber niemand macht auf. Dann geht er

zum hinteren _____, der nicht verschlossen ist und kommt die Treppe hoch. Oma Fischer macht

das Licht im _____ aus und holt ihren Stock aus der kleinen _____. Sie hat

einen Verdacht. Vielleicht will der Mann etwas stehlen. Der Mann _____ bei den Nachbarn:

„Guten Tag. Ich bin der Fahrer für den _____. Kann ich jetzt ihre Möbel nach unten bringen?"

**E** Wie wohnen Sie? Beantworten Sie die Fragen. Benutzen Sie dafür die Wörter dieses Kapitels.

Beschreiben Sie die Einrichtung Ihres Zimmers oder eines Hauses, das Sie kennen.
Schreiben Sie eine kurze Geschichte über ein altes Haus auf dem Land.

## In der Stadt

Wenn man auf den *Turm* steigt, hat man einen guten Blick auf die Stadt.

Wenn ein Mensch gestorben ist, dann bringt man ihn auf den *Friedhof*.

Bei schönem Wetter liegen die Leute im Park auf der grünen *Wiese*.

In einer *Großstadt* leben in der Regel zwischen einigen Hunderttausend und mehreren Millionen Menschen.

## Bayern – Deutschlands größte Provinz?

Die südlichste *Provinz* der Niederlande heißt Limburg. Sie liegt an der Grenze zu Deutschland. In Deutschland und Österreich sagt man nicht *Provinz*, sondern Bundesland und in der Schweiz *Kanton*. Das größte deutsche Bundesland ist Bayern. Es *erstreckt sich* vom Frankenwald im Norden bis zu den Alpen im Süden und der wichtigste Fluss ist die Donau. Sie *durchzieht* Bayern auf einer Länge von 386 km. Obwohl Bayern große *ländliche* Gebiete hat, ist es eines der wirtschaftlich stärksten Bundesländer. Es ist sehr gut entwickelt und hat eine gut ausgebaute *Infrastruktur*.

## Das Gegenteil von Bayern?

Das Bundesland Mecklenburg-Vorpommern ist in mancher Hinsicht das Gegenteil von Bayern. Es hat zwar auch große *ländliche* Gebiete, aber dafür hat es viel weniger Industrie als Bayern. Es ist kaum *industriell* geprägt, sondern hat große Flächen, die *landwirtschaftlich* genutzt werden. Bayern liegt im Süden und Mecklenburg-Vorpommern im Norden von Deutschland. Bayern hat viele Berge, in Mecklenburg-Vorpommern findet man überwiegend flaches *Gelände*. Außerdem wohnen in Bayern viel mehr Menschen als in Mecklenburg-Vorpommern. Weil Mecklenburg-Vorpommern nur so wenige *Bewohner* hat, gibt es dort auch nur eine *Großstadt*. Das ist Rostock. Aber eine Sache haben beide gemeinsam – eine schöne Natur. Im Süden sind es die Berge und im Norden das Meer. Diese Gegenden sind touristisch gut *erschlossen* und die Leute machen gerne dort Urlaub.

## Geld regiert die Welt

- Mit genug Geld kann man jedes alte Haus in ein Schloss *verwandeln*.
- In unserem Dorf wollen wir eine neue Schule bauen. Aber vom Staat bekommen wir kein Geld dafür. Es muss alles von unserer *Kommune* bezahlt werden.
- Bisher hat man alles Geld verwendet, um das Stadtzentrum schöner zu machen. Wir dürfen aber nicht immer nur an die *Innenstadt* denken. Auch die Gebiete am Rand der Stadt dürfen wir nicht vergessen.
- Das *Gelände* hinter der Oper ist *städtisches* Eigentum. Eigentlich hat die Stadt kein Interesse, es zu verkaufen. Wir werden ein sehr gutes Angebot machen müssen.

**A** Stadt und Land. Finden Sie zu den unterstrichenen Wörtern die gegensätzliche Bedeutung.

1 Eine neue Siedlung wird am Rand der Stadt gebaut.      a   städtische
2 Meine Oma wohnt in einem Dorf in der Nähe von Potsdam.      b   Innenstadt
3 Wer Ruhe sucht, sollte in eine ländliche Gegend fahren.      c   verwandeln
4 Die industrielle Entwicklung begann in den Städten.      d   Großstadt
5 Wir möchten den jetzigen Zustand des Schlosses erhalten.      e   landwirtschaftliche

**B** Von Norden nach Süden. Ergänzen Sie den Text durch folgende Wörter.

> Provinz ▪ erstreckt ▪ Kanton ▪ durchzieht ▪ Kommune ▪ Bewohner

Die nördlichste _____ Deutschlands ist die Gemeinde List. Sie befindet sich im Norden der Insel Sylt in der Nordsee. Von hier ist es nicht weit bis zur Autobahn A7. Diese Autobahn _____ ganz Deutschland von Nord nach Süd und _____ sich über eine Länge von 961 km bis an die Grenze zu Österreich. Fährt man dann etwas nach Westen, erreicht man den nördlichsten _____ der Schweiz – Schaffhausen. In diesem Teil der Schweiz sprechen die _____ Deutsch. Auch in der nördlichsten _____ Italiens – in Südtirol – sprechen viele Menschen Deutsch. Deshalb machen viele Deutsche hier sehr gerne Urlaub.

**C** Spuren des Menschen in der Landschaft. Finden Sie die richtige Lösung auf die Fragen.

1 Es steht einzeln in der Landschaft und ist höher als seine Umgebung.      a   der Friedhof
2 Es ist grün und weich und im Sommer kann man darauf schlafen.      b   die Infrastruktur
3 Es ist ruhig und still dort, denn es ist ein Ort für die Toten.      c   der Turm
4 Es ist wichtig, um das Leben der Menschen zu erleichtern.      d   die Wiese

**D** Die Geschäftsidee. Ergänzen Sie den Dialog durch folgende Wörter.

> Infrastruktur ▪ erschlossen ▪ Gelände ▪ industrielle ▪ ländliche

Kennst du die alte Fabrik in der Nähe vom See? – Ja, ich habe gehört, sie wird bald abgerissen. – Genau. Ich glaube, das _____ hinter der Fabrik ist interessant. Damit könnte man Geld machen. – Wie soll denn das funktionieren? Das ist doch eine _____ Gegend und kaum _____. Die _____ ist sehr schlecht und es gibt überhaupt keine Industrie dort. – Das stimmt. Für eine _____ Nutzung ist es nicht geeignet. Aber dafür ist die Umgebung dort sehr schön und ruhig. Man kann dort einen Campingplatz bauen.

**E** Ihre Heimat. Beantworten Sie die Fragen. Benutzen Sie dafür die Wörter dieses Kapitels.

Aus was für einer Gegend kommen Sie – Stadt oder Land? Stellen Sie Ihre Heimat vor.
Erzählen Sie etwas über die Entwicklung Ihrer Region.

## 3.02 Landschaft II

### Urlaub am Meer

Unseren letzten Urlaub haben wir am Meer verbracht. Eine besonders schöne Stelle sieht man auf diesem Bild. Nicht weit entfernt vom *Ufer* stehen einige große *Felsen* im Wasser. Unten am *Ufer* gibt es ein schmales Stück *Strand*. Man kann sehen, wie dort die Leute durch den *Sand* laufen. Gleich dahinter sieht man auch an Land *steile Felsen*. Sie sind so *steil*, dass man nicht einfach nach oben kommt. Man muss erst einige Kilometer die *Küste* entlang laufen, bevor man nach oben kann. Aber es lohnt sich, denn von oben hat man einen guten Blick auf die Küste und das Meer und man kann die Schiffe am *Horizont* beobachten. Leider kann man unten bei den *Felsen* nicht schwimmen, weil es eine starke *Strömung* gibt. Außerdem gibt es *Riffe* unter der Wasseroberfläche, so dass es selbst für Boote zu gefährlich ist.

### Geographie

- Zwischen Europa und Amerika befindet sich der Atlantische *Ozean*.
- Die Sahara liegt in Nordafrika und ist eine der größten *Wüsten* der Erde. Sie besteht nur zum Teil aus *Sand*. Zum größten Teil ist sie eine *Wüste* aus Steinen und *Felsen*.
- Die Erde hat sieben *Kontinente*. Der größte *Kontinent* ist Asien und den kleinsten *Kontinent* bilden Australien und Ozeanien.
- *Ozeane* und Meere *bedecken* ungefähr zwei Drittel der Oberfläche der Erde.
- Der Himalaya ist das *Gebirge* mit den höchsten Bergen der Welt.

### Fragen zur Natur

- Wie ist die Landschaft im Norden Deutschlands? – 
Dort gibt es weniger Berge, aber dafür mehr *flaches* Land und das Meer.
- Sind das dort hinten schon die Alpen? – 
Nein, die Alpen sind ein richtiges *Gebirge* mit hohen *Gipfeln*. Das dort sind nur ein paar kleine *Hügel*.
- Können wir hier oben in den Bergen noch etwas zu essen kaufen? – 
Nein, dazu müssen wir wieder nach unten ins *Tal* gehen.
- Warum ist das Wasser im Fluss so hoch? – 
Jetzt ist Frühjahr und es wird immer wärmer. Der Schnee aus den Bergen wird zu Wasser und lässt die Flüsse *ansteigen*.
- Was machen Bären eigentlich im Winter? – 
Den Winter verbringen Bären gerne in einer *Höhle*, wo sie die meiste Zeit schlafen.
- Warum fahren auf dem Fluss so viele Schiffe? – 
Das ist kein Fluss, sondern ein *Kanal*. Dieser *Kanal* ist speziell dafür gebaut, dass Schiffe darin fahren können.

### Sommer in den Alpen

Im Sommer fahren wir in die Alpen. Dort haben wir mit Freunden ein kleines Haus gemietet. Es liegt ganz in der Nähe eines Flusses. Man kann den Fluss zwar vom Haus aus nicht sehen, aber man hört ihn immer *rauschen*. Neben dem Haus befindet sich ein *Hügel*. Wenn man dort den *Hang* hinauf läuft, kann man von oben einen See sehen. Wenn die Sonne scheint, dann *reflektiert* das Wasser die Strahlen der Sonne und wenn sehr ruhiges Wetter ist, spiegelt sich die Berglandschaft im See.

**A** Berufe. Ordnen Sie den Bildern die richtigen Sätze zu.

a   Dorit ist Wissenschaftlerin. Sie untersucht Höhlen.
b   Mike ist Bauer. Im Sommer ist er mit seinen Kühen im Gebirge.
c   Paula ist Sportlerin. Sie steigt auf hohe Gipfel.
d   Hans ist Kapitän. Er fährt mit dem Schiff auf einem Kanal.

**B** Gegenden und Orte. Finden Sie die richtige Lösung für die Rätsel.

1   Man kann ewig laufen, aber man erreicht ihn nie.
2   Es bildet die Grenze zwischen Wasser und Land.
3   Es befindet sich im Wasser und ist gefährlich für die Schiffe.
4   Hier gibt es nur sehr wenig Wasser.
5   Es ist wie ein Berg, aber viel kleiner.
6   Es befindet sich zwischen zwei Bergen.

a   die Wüste
b   der Horizont
c   der Hügel
d   das Tal
e   das Ufer
f   das Riff

**C** Die Eltern machen Urlaub. Ergänzen Sie den Dialog mit folgenden Wörtern.

Sand ▪ Kontinent ▪ bedeckt ▪ Strand ▪ Küsten ▪ steile ▪ Felsen ▪ Ozean ▪ flach

Meine Eltern liegen sicher gerade am _____ in der Sonne oder bauen eine Burg aus _____ . Sie machen Urlaub auf den Kanarischen Inseln. – Aha, sie sind in Spanien. – Naja, politisch sind die Inseln ein Teil von Spanien, aber eigentlich gehören sie schon zum afrikanischen _____ . – Dort kann man also auch baden? Ich dachte, die Inseln sind fast nur mit Felsen _____ . – Sie sind sehr unterschiedlich. Aber _____ sind sie wirklich nicht. Auf manchen gibt es viele _____ und _____ Berge, aber auch die _____ sind sehr schön und eignen sich gut zum Baden im _____ .

**D** Frühling. Ergänzen Sie den Text mit folgenden Wörtern.

Hang ▪ reflektiert ▪ angestiegen ▪ rauscht ▪ spiegeln ▪ Strömung

Es wird Frühling. Am Hang liegt noch Schnee und _____ die Strahlen der Sonne. Vor dem Haus ist ein kleiner See entstanden, in dem sich die Berge _____ . Der Fluss fließt schneller, weil das Wasser _____ ist. Die _____ ist sehr stark und der Fluss _____ laut den _____ hinunter.

## 3.03 Klima und Wetter

### Am Tag und in der Nacht

Wenn am Meer die Sonne *untergeht*, dann sieht es so aus, als ob sie darin *versinkt*.

Wenn es Herbst wird, *weht* der Wind die Blätter von den Bäumen.

Es ist schönes Wetter und am Himmel *schweben* nur ein paar kleine *Wolken*.

Die Sonne *strahlt* direkt ins Zimmer. Deshalb zieht Anna die Vorhänge vor dem Fenster zu. Ihr wird es sonst zu warm im Zimmer.

In dieser Nacht leuchtet der *Mond* so hell, dass ich kaum schlafen kann.

### Winter in Deutschland

Viele Leute sagen, das Wetter und das ganze *Klima* auf unserem *Planeten* ändern sich. Das geschieht langsam und *allmählich*. Jedes Jahr wird es ein wenig wärmer und die Winter werden immer *milder*. Aber manchmal gibt es doch wieder einen Winter mit viel *Schnee* und Temperaturen unter -10 Grad *Celsius*. Dann sagen die Leute: „Es ist eine *Katastrophe*! Die Züge fahren nicht mehr." und die Zeitungen schreiben: „Ganz Deutschland *versinkt* im *Schnee*. Das Chaos auf den Straßen hat riesige *Ausmaße* angenommen". Und alle denken: „Wenn es jetzt wieder wärmer wird, dann wird alles noch schlimmer. Der Schnee wird zu Wasser und es wird überall *nass* sein. Wie *unangenehm*!"

### Wie ist das Wetter?

- Heute ist kein gutes Wetter zum Autofahren. Der *Nebel* ist so dicht, dass man kaum etwas sehen kann.
- Am Morgen liegt unten im Tal noch *Nebel*. Später, wenn die Sonne über die Berge kommt, wird er *aufsteigen* und verschwinden.
- Mittags hat es noch *geregnet*. Jetzt am Abend wird es *allmählich* kälter und der Regen *geht über* in *Schnee*.
- Ich habe im Radio gehört, wir werden *Sturm* bekommen. Am besten hole ich die Wäsche ins Haus, sonst *weht* der *Wind* sie weg.
- Es ist schon spät. Bald haben wir hier völlige *Dunkelheit*. Du solltest nicht ohne Lampe nach draußen in dieses *Dunkel* gehen.
- Jeden Tag diese *Hitze*. Sie hält schon zwei Wochen lang *unverändert* an. Die Temperaturen liegen die ganze Zeit *konstant* über 30 Grad *Celsius*.

### Die Sonne

Unser *Planet*, die Erde bewegt sich pro Jahr einmal um die Sonne. Die Sonne ist sehr wichtig für das Leben auf der Erde. Ihre *Strahlen* bringen der Erde Wärme und Licht. Im Frühling freuen wir uns, wenn die Sonne wieder mehr Kraft bekommt. Aber die *Strahlung* der Sonne enthält auch Anteile, vor denen man sich schützen sollte. Wenn man sich den ganzen Tag ohne Schutz in die Sonne legt, dann ist die *Wahrscheinlichkeit* groß, dass man sich die Haut verbrennt. Und wenn im Sommer die Sonne am stärksten scheint, dann wird die *Hitze* oft so groß, dass es uns *unangenehm* ist.

**A** Beobachtungen in der Natur. Ordnen Sie die Sätze den richtigen Abbildungen zu.

1 _____  2 _____  3 _____  4 _____  5 _____  6 _____

a Wolken steigen aus dem Tal auf.
b Die Stadt versinkt im Schnee.
c Die Erde wird als der ‚blaue Planet' bezeichnet.
d Nur der Mond scheint schwach im Dunkel der Nacht.
e Die Sonne strahlt auf die Erde.
f Im Sturm geht ein Schiff unter.

**B** Gegensätze. Finden Sie das Gegenteil zu den unterstrichenen Wörtern.

1 Im Juni geht die Sonne jeden Morgen um 6 Uhr auf.
2 Es hat lange nicht geregnet. Der Boden ist sehr trocken.
3 38 Grad Celsius im Schatten. Der Sommer ist dieses Jahr wirklich heiß.
4 Der April ist ein Monat mit häufig wechselnden Temperaturen.
5 Der Himmel wurde schwarz und ganz plötzlich setzte der Sturm ein.
6 Es ist gemütlich, im Winter am warmen Ofen zu sitzen.

a konstant
b der Mond
c unangenehm
e nass
f mild
g allmählich

**C** Aus den Nachrichten. Ergänzen Sie den Text durch folgende Wörter.

Katastrophe ▪ Nebel ▪ überzugehen ▪ Dunkelheit ▪ schweben ▪ regnete ▪ Wahrscheinlichkeit ▪ Ausmaß

Auf der Autobahn kam es bei dichtem _____ zu einem schweren Unfall mit

mehreren Fahrzeugen. Die _____ ereignete sich gegen 22 Uhr. Zu dieser Zeit

_____ es, aber der Regen begann bereits in Schnee _____.

Als Ursache vermutet die Polizei die schlechte Sicht wegen des Nebels und der _____.

Das endgültige _____ des Unfalls ist noch nicht klar. Fünf Menschen starben und

vier _____ noch in Lebensgefahr. Die _____ ist groß, dass

sich die Zahl der Toten noch erhöht.

**D** Zu viel Sonne. Beantworten Sie die Fragen. Benutzen Sie dafür die Wörter dieses Kapitels.

Strahlung ▪ Klima ▪ wehen ▪ unverändert ▪ Strahl

Schon seit Wochen ist es _____ heiß. Wenn nur ein bisschen Wind

_____ würde. Lass uns ins Gebirge fahren! Ich kann keinen _____

Sonne mehr ertragen. – Ja, gut. Dort wird das _____ angenehmer sein, aber die

_____ der Sonne ist noch intensiver. Nimm etwas zum Schutz dagegen mit.

## 3.04 Pflanzen und Tiere

### Tiere

der *Bär*   die *Kuh*   das *Schwein*   die *Maus*   die *Schlange*

### Alles, was lebt

Der Mensch ist ein *Lebewesen*. Auch Tiere, Pflanzen und verschiedene winzig kleine *Organismen* gehören zu den *Lebewesen*. Bären, Kühe oder Schweine sind Tiere. Bäume oder *Blumen* werden den Pflanzen *zugeordnet*. *Blumen* findet man oft in Gärten, aber sie wachsen auch wild in der Natur, z. B. im grünen *Gras* einer Wiese. Am schönsten sind sie im Frühling und Sommer, wenn sie *blühen*. Dann öffnen sie ihre bunten *Blüten* und *entfalten* ihre ganze Schönheit. *Blumen* und andere Pflanzen haben eine *Wurzel*, mit der sie sich in der Erde festhalten und Wasser aus dem Boden aufnehmen. Sie brauchen Wasser zum Leben, deshalb sollte man sie regelmäßig *gießen*. Eine besonders bekannte *Blume* ist die *Rose*. Rote *Rosen* sind ein Symbol für die Liebe.

### Der Biologe erklärt

- Das ist aber ein großer Baum! – Ja, sein *Stamm* kann bis zu drei Meter dick werden.
- Was sind *Korallen*? – *Korallen* sind *Lebewesen*, die im Meer leben. Viele *Korallen* können gemeinsam große Riffe bilden, wo viele Pflanzen, Fische und andere Tiere leben. – Sind *Korallen* Pflanzen oder Tiere? – Auf den ersten Blick ist die *Zuordnung* nicht ganz einfach. Sie sehen eher aus wie Pflanzen, aber eigentlich sind es Tiere.
- Wie kann man ‚Blut' beschreiben? – ‚Blut' ist eine flüssige *Substanz* mit roter Farbe, die Menschen und Tiere in sich haben und die notwendig für die Funktion des Körpers ist.
- Was braucht ein Vogel, damit er fliegen kann? – Er braucht zwei *Flügel*.
- Wächst diese Pflanze häufig in dieser Gegend? – Ja, es ist eine *einheimische* Pflanze. Sie hat hier eine weite *Verbreitung*.
- Warum sind manche Tiere so streng geschützt? – Weil es nur noch wenige davon gibt. Man muss etwas für die *Erhaltung* ihrer Art tun.
- Warum wollen viele Leute keine *gentechnisch* veränderten Lebensmittel? – Weil man noch nicht genau weiß, welche Folgen die Veränderung von Genen haben kann.

### Der Mensch und die Natur

- In Gegenden, in denen früher nur wilde Natur war und ausschließlich Tiere lebten, *siedelt sich* heute auch immer öfter der Mensch *an*.
- Wenn unsere Katze zu Hause ist, findet sie ihr Futter in der Küche. Wenn sie im Garten ist, *frisst* sie *Mäuse*. Sie kann sich gut an die verschiedenen Verhältnisse *anpassen*.
- Die Katze *schleicht* leise und vorsichtig durch den Garten. Wahrscheinlich will sie eine *Maus* fangen.
- Wir wissen relativ gut, wie der Mensch entstanden ist. Zur *Entstehung* des Universums gibt es noch viele offene Fragen.
- Jemand hat einen Hund auf dem Parkplatz *ausgesetzt* und allein gelassen. Wir werden ihn mitnehmen und versuchen, ihn *aufzuziehen*, bis er groß ist.
- Die Suche nach Abenteuer oder neuen Erkenntnissen *lockt* die Menschen in die fernsten Gegenden der Welt.

**A** Tier oder Pflanze. Ordnen Sie die folgenden Wörter in die Tabelle ein.

das Gras ▪ die Kuh ▪ die Schlange ▪ die Maus ▪ die Rose ▪ der Stamm ▪ das Schwein ▪ die Wurzel ▪ der Bär ▪ die Blüte ▪ die Blume ▪ die Koralle

| Die Welt der Tiere | Die Welt der Pflanzen |
|---|---|
|  |  |

**B** Die Katze und der Vogel. Ergänzen Sie den Text mit folgenden Wörtern.

Flügel ▪ fressen ▪ schlich ▪ blühten ▪ aussetzen ▪ lockten

Als im Frühjahr die Blumen _____, waren wir im Garten. Wir bemerkten einen Vogel mit einem verletzten _____. Unsere Katze _____ gleich zu ihm, um ihn zu _____. Aber wir _____ sie mit etwas Fleisch und retteten ihn. Wenn er gesund ist, werden wir ihn wieder _____.

**C** Aktivitäten. Ordnen Sie folgende Verben den Substantiven zu.

entfalten ▪ anpassen ▪ gießen ▪ ansiedeln ▪ aufziehen ▪ zuordnen

1 einen jungen Hund _____
2 Bilder einer Epoche _____
3 sich in einer Gegend _____
4 Pflanzen regelmäßig _____
5 eine große Wirkung _____
6 sich an die Umgebung _____

**D** Umweltschutz. Beantworten Sie die Fragen. Benutzen Sie dafür die Wörter dieses Kapitels.

Verbreitung ▪ Substanz ▪ Entstehung ▪ gentechnisch ▪ Organismus ▪ einheimischen ▪ Erhaltung ▪ Zuordnung ▪ Lebewesen

1 Unsere Aufgabe ist der Schutz und die _____ der Tiere.

 Viele der _____ Arten sind bedroht.

2 Es gibt schon zu viele _____ veränderte Lebensmittel.

 Man muss eine weitere _____ verhindern.

3 Diese weiße _____ ist giftig für die Kühe.

 Sie verursacht schwere Schäden in ihrem _____.

4 Die genaue Bestimmung und _____ dieser Krankheit ist sehr schwierig.

 Sie tritt nur bei wenigen _____ auf und wir wissen fast nichts über ihre _____.

## 4.01 Wegbeschreibung • 4.02 Tourismus I

### Auf in den Urlaub!

Nele und Ole leben und arbeiten in Flensburg. Sie verbringen diesen Sommer ihren Urlaub im Gebirge – und zwar in den Alpen. Ein Freund hat ihnen Garmisch-Partenkirchen empfohlen – einen Ort am Rande der Alpen. Er hat ihnen auch gleich von einer schönen *Pension* dort erzählt. Diese *Pension* hat insgesamt fünf Zimmer für Gäste und wird von einem netten Ehepaar geführt. Von Flensburg aus fährt man *quer* durch Deutschland über Hannover und Würzburg nach Garmisch-Partenkirchen. Die *Entfernung* beträgt ca. 1000 km. Eigentlich hatten Nele und Ole *beabsichtigt*, die Fahrt an einem Tag zu schaffen. Aber sie haben nicht mit dem vielen Verkehr gerechnet und viel mehr Zeit gebraucht. Grund war, dass in Bayern die Schul*ferien* begonnen haben. Wenn im Sommer die Schüler sechs Wochen frei haben, fahren viele Eltern mit ihnen in den Urlaub. Dann sind die Straßen immer besonders voll.

### Im Gebirge

Die Alpen sind ein Gebirge, das *touristisch* gut erschlossen ist. Es werden hier viele verschiedene Aktivitäten für Touristen angeboten. Von Garmisch-Partenkirchen aus kann man z. B. verschiedene *Ausflüge* auf die Berge in der Umgebung machen. So z. B. auf den Gipfel der Zugspitze – mit 2962 m der höchste Berg Deutschlands. Man kann mit einer kleinen Bahn *dorthin* fahren oder zu Fuß gehen. Dabei verläuft ein Teil des Wegs *parallel* zum Fluss ‚Partnach'. Zu Beginn ist der Weg noch einfach zu laufen. Je mehr man sich dem Gipfel *nähert*, umso schwieriger wird es jedoch. Wenn man dann aber den Gipfel erreicht, hat man eine wunderbare *Aussicht* auf die anderen Gipfel der Alpen.

Zum Wandern gibt es in den Alpen oft Tafeln, die einem den Weg *weisen*. Sie geben sowohl Hinweise zur Richtung, als auch, wie lange der *Aufstieg* auf die einzelnen Berge dauert. Der *Aufstieg* auf den Berg ‚Wank' (1780 m) dauert von Garmisch-Partenkirchen sechs bis sieben Stunden und der auf den ‚Kramerspitz' (1985 m) acht Stunden. Diese Angaben zur Dauer des *Aufstiegs* sind jedoch nur ungefähr. Je nachdem, wie schnell oder langsam man wandert, *weichen* diese Angaben von der eigenen *Aufstieg*szeit *ab*. Wenn man in den Bergen wandert, sollte man sich vorher immer nach dem Wetter *erkundigen*. Man kann z. B. Menschen fragen, die dort leben. Bei schlechtem Wetter im Gebirge passiert es leicht, dass man die *Orientierung* verliert. Man weiß dann nicht mehr, in welche Richtung man gehen muss.

### Wo ist der Eingang?

Komm doch mal *hierher*. Ich glaube, hier ist der Weg zu unserem Hotel. – Nein, das ist die falsche Richtung! Wir müssen dort *hinüber* – auf die andere Seite der Straße. – Stimmt. Ich hab' völlig die *Orientierung* verloren. Am besten, du *gehst voran* und ich folge dir einfach. Es ist aber auch unglaublich, wie ähnlich die Straßen hier aussehen. Da passiert es total schnell, dass man an der richtigen Straße *vorbeigeht* und dann nochmal zurück laufen muss.

### Statt mit dem Flugzeug mit der Bahn

Hey Mike! Wie war dein *Flug* nach Stuttgart? – Ich konnte nicht fliegen. Ich musste mit der Bahn *hinfahren*. Wegen des schlechten Wetters sind viele *Flüge* ausgefallen. Wir haben zwei Stunden auf dem Flughafen gewartet. Dann haben wir von der *Fluggesellschaft* die Information bekommen, dass wir uns zum Bahnhof *begeben* und mit dem Zug fahren sollen. Die *Fluggesellschaft* übernimmt natürlich die Kosten für das Zugticket.

**A** Richtung und Bewegung. Ordnen Sie die Verben den richtigen Substantiven zu.

1. aufsteigen
2. sich entfernen
3. sich orientieren
4. fliegen

a die Orientierung
b der Aufstieg
c der Flug
d die Entfernung

**B** Nach dem Weg fragen. Ergänzen Sie die Sätze mit folgenden Wörtern.

hinüber ▪ parallel ▪ dorthin ▪ hinfahren ▪ quer

Ich muss in die Sonnenstraße. Wie komme ich _____? – Du kannst von hier aus nicht direkt _____. Du musst erst mit Bus Nr. 14 _____ auf die andere Seite des Rheins. Dann fährst du mit dem Bus Nr. 32 immer _____ zum Rhein. An der Sternstraße steigst du aus und gehst nach links in die Mondstraße. Die erste Straße _____ zur Mondstraße ist dann die Sonnenstraße.

**C** Was geschieht hier? Ordnen Sie ähnliche Sätze einander zu.

1. Bitte begeben Sie sich sofort zum Ausgang.
2. Sie erkundigen sich im Hotel nach dem Weg.
3. Sie beabsichtigen, die Pension zu vergrößern.
4. Die Spuren der Tiere weisen mir den Weg zum Wasser.
5. Sie nähern sich dem Ziel.
6. Sie weichen nicht von ihrer Meinung ab.
7. Gehen Sie voran.

a Sie fragen, wie sie dorthin kommen.
b Ich folge Ihnen.
c Sie sollen das Gebäude verlassen.
d Sie werden bald ankommen.
e Sie ändern nicht ihre Ansicht.
f Sie wollen das Haus ausbauen.
g Sie zeigen an, wo der Fluss ist.

**D** Eine kurze Unterhaltung. Ergänzen Sie die Sätze mit folgenden Wörtern.

Fluggesellschaft ▪ Ferien ▪ vorbeiging ▪ touristisch ▪ hierher ▪ Aussicht

Hallo Erik! Wie kommst du denn _____? – Ich habe Eva gesucht. Als ich hier _____, war die Tür offen und da wollte ich schauen, ob du da bist. – Ein schöner Zufall! – Du hast ja von hier eine tolle _____ über die Stadt. – Ja, aber ich bin selten hier. Seit wir mit der _____ aus China zusammenarbeiten, bin ich viel unterwegs. Aber ab nächste Woche haben die Kinder _____ und wir wollen nach Laos fliegen. – Laos? – Ja, das soll _____ auch schon gut erschlossen sein, aber trotzdem noch etwas entspannter als z. B. Thailand.

**E** Wie sind Sie unterwegs? Beantworten Sie die Fragen. Benutzen Sie dafür die Wörter dieses Kapitels.

Beschreiben Sie Ihren Weg zur Schule / zur Universität / zur Arbeit.
Beschreiben Sie eine Situation, in der Sie die Orientierung verloren haben.

## 4.02 Tourismus II

### Urlaub in Südamerika

Es ist Sommer und Sascha möchte Urlaub machen. Er muss jetzt nicht mehr in die Uni, denn es sind *Ferien*. Er möchte weit weg in die *Ferne* reisen und etwas Spannendes erleben. Er hat Lust auf ein *Abenteuer*. Deshalb *beabsichtigt* er eine Reise nach Südamerika zu unternehmen. Leider sind die *Flüge* dorthin ziemlich teuer, so dass er vor Ort nicht so viel Geld ausgeben kann. Deshalb plant er eine Reise mit *Rucksack* und *Zelt*. Alles, was er auf seiner *Tour* in Südamerika braucht, will er in seinen *Rucksack* packen. Und dann will er immer in seinem *Zelt* statt im Hotel schlafen.

### Am Flughafen

- Das Ticket für seinen *Flug* hat Sascha in einem *Reisebüro* gekauft. Dort konnte er auch noch viele nützliche Informationen über Südamerika bekommen.
- Er hat ein Ticket der deutschen *Fluggesellschaft* Lufthansa gekauft. Er stellt sich am Schalter seiner Fluggesellschaft an, um dort sein *Gepäck* abzugeben.
- Er ist der Einzige, der einen *Rucksack* hat – also sein *Gepäck* auf dem Rücken trägt. Alle anderen *Passagiere* haben *Koffer* oder Taschen, die sie in der Hand tragen oder ziehen.
- Im Flugzeug heißt die Mannschaft des Flugzeugs alle *Passagiere* herzlich *willkommen*. Sascha setzt sich auf seinen Platz. Er ist noch ein wenig nervös wegen seiner großen Reise. Darum versucht er sich zu beruhigen und zu *entspannen*.

### In den Bergen

Heute hat Sascha etwas Besonderes vor. Er hat eine *Tour* in die Berge geplant. Da er die Berge aber nicht gut genug kennt, nimmt er sich einen *Führer*. Sein *Führer* geht immer *voran* und zeigt ihm den Weg. Außerdem kann er viel über die Region und die Leute, die hier leben, erzählen. Sie machen einen *Ausflug* zum höchsten Berg in der Umgebung. Der Berg ist mehr als 4000 Meter hoch und der *Aufstieg* aus dem Tal zum Gipfel dauert fünf Stunden. Deshalb müssen sie ihre *Tour* schon früh am Morgen beginnen. Im ersten Licht des Tages bietet der mit Schnee bedeckte Gipfel einen beeindruckenden *Anblick* und Sascha wird wieder etwas nervös. Aber dann ist alles gar nicht so schwer und gegen Mittag haben sie ihren *Aufstieg* schon beendet. Gemeinsam genießen sie den tollen *Anblick* der Berge in der Umgebung. Sascha kann viele Fotos machen und bei der *Rückkehr* ins Tal bekommt er sogar noch einige seltene Tiere vor die *Linse* seiner Kamera.

### Bett und Frühstück

- Die letzte Nacht auf seiner Reise verbringt Sascha nicht im *Zelt*. Er möchte es etwas bequemer haben und in einem richtigen Bett schlafen. Er nimmt sich ein Zimmer in einer *Pension*.
- Er ist in einem Zimmer im obersten Stock *untergebracht*. Von dort hat er eine gute *Aussicht* auf das Meer und die Boote.
- Der Preis für das Zimmer *beinhaltet* außerdem ein gutes und reichliches Frühstück. Sascha setzt sich morgens an den Tisch, trinkt einen Kaffee und denkt noch einmal nach, was er auf seiner Reise alles erlebt hat.
- Er findet, das schönste *Erlebnis* war seine *Tour* auf den schneebedeckten Berg. Es gibt aber auch noch viele andere *touristisch* interessante Ziele hier in Südamerika.
- Er sieht aus dem Fenster auf das Meer und dann hat er eine Idee für seine nächste Reise. Er möchte mit einem Boot über den Ozean *segeln*.

**A** Gemeinsamkeiten. Finden Sie die Wörter mit ähnlicher Bedeutung.

1 Ich habe den ganzen Tag gearbeitet. Ich will jetzt Ruhe haben.  a  einen Rucksack
2 Im Urlaub wohnen wir an einem See. Dort können wir Boot fahren.  b  Tour
3 Wenn wir nur einen Tag wandern, brauchen wir nur eine kleine Tasche.  c  sich entspannen
4 Wenn wir Gäste haben, können wir sie im Gartenhaus schlafen lassen.  d  segeln
5 Das Schiff bietet Platz für 500 Gäste.  e  unterbringen
6 Paul kennt das Land am besten. Er wird unser Leiter sein.  f  Gepäck
7 Er nimmt auf seinen Reisen immer nur sehr wenige Sachen mit.  g  Führer
8 Dieses Jahr wollen wir mit dem Rad eine Reise nach Island machen.  h  Passagiere

**B** Urlaub in den Bergen. Ergänzen Sie den Dialog durch folgende Wörter.

Rückkehr ▪ Zelt ▪ Erlebnisse ▪ Ferien ▪ Anblick ▪ Aufstieg ▪ Ausflug ▪ Aussicht

Hallo Tanja, wie waren deine _____? – Ich war mit meinen Eltern im Harz wandern. Mit Rucksack und _____. – Das klingt ja toll. Ihr hattet bestimmt viele schöne _____. Vielleicht habt ihr sogar einen _____ zum Brocken gemacht, den höchsten Berg im Harz? – Ja, haben wir. Der _____ hat drei Stunden gedauert und war total anstrengend. Es hat geregnet und es gab keine schöne _____. Der Urlaub war furchtbar. Nur langweilige Berge. Ein schrecklicher _____. Das Schönste war die _____ nach Hause.

**C** Aus der Werbung. Ergänzen Sie den Text durch folgende Wörter.

Fluggesellschaft ▪ Ferne ▪ Flug ▪ Reisebüro ▪ Abenteuer ▪ Aufenthalt ▪ Koffer ▪ willkommen ▪ Linse

Haben Sie Lust auf ein richtiges _____? Weit weg von zu Hause, in der _____? Dann machen Sie mit unserem _____ eine Tour durch die Wüste! Ein _____, den Sie nicht so schnell vergessen werden. Wir kümmern uns um alles. Wir finden für Sie die richtige _____ mit dem billigsten _____. Wir tragen Ihre _____ und bauen Ihr Zelt auf. Wir putzen sogar die _____ Ihrer Kamera, wenn es sein muss. Für nur 999 €. Wir heißen Sie _____!

**D** Rund um den Tourismus. Ergänzen Sie die Wortgruppen durch folgende Wörter.

touristisch ▪ vorangehen ▪ Pension ▪ beinhalten

1 den Preis für das Essen _____
2 als Führer einer Gruppe _____
3 eine Region _____ erschließen
4 in einer _____ die Nacht verbringen

## 4.03 Verkehr

### Unterwegs auf der Straße

Auf deutschen *Autobahnen* kann man oft so schnell fahren, wie man möchte. Manchmal ist aber auch nur eine niedrigere Geschwindigkeit erlaubt, wie z. B. *Tempo* 130.

Unsere Fahrt aus den Bergen ins Tal war sehr aufregend. Die Straße führte zuerst über eine hohe *Brücke*, dann weiter durch einen kurzen *Tunnel* und mit vielen *Kurven* immer nach unten.

Mein Bruder hat einen *Unfall* gehabt. Ein Hund ist ihm vor das Auto gelaufen. Er wollte dem Hund *ausweichen* und ist dabei gegen einen Baum gefahren.

Frau Hase ist zu spät zum Bahnhof gekommen und hat ihren Zug nach Berlin *verpasst*. Jetzt fährt sie mit dem Taxi dem Zug hinterher und versucht ihn *einzuholen*. Wenn sie es nicht schafft, wird sie vielleicht auch noch ihr Flugzeug *verpassen*.

### Mit dem Zug nach Hamburg

Herr Fuchs hat von seiner Firma den Auftrag, nach Hamburg zu reisen. Er fährt zum Bahnhof und kauft sich ein *Ticket* für den ICE nach Hamburg. Er *steigt* in den Zug *ein* und setzt sich. Aber nach einigen Minuten bemerkt er, dass er in den falschen Zug *eingestiegen* ist. Er will schnell wieder *aussteigen*, aber das ist nicht mehr möglich. Der Zug *rollt* schon. Herr Hase fährt bis zur nächsten *Station*. Dort *steigt* er *aus* und fährt wieder zurück. Dann nimmt er den nächsten ICE nach Hamburg. Kurz vor Hamburg gibt es einen *Halt*. Herr Hase fragt das Personal, warum der Zug nicht weiter fährt. Man erklärt ihm, dass erst noch ein Zug aus der anderen Richtung *entgegenkommt*. Nachdem der andere Zug vorbei gefahren ist, schaltet das *Signal* auf Grün und die Strecke ist wieder *freigegeben*. Der Zug kann weiter fahren.

### Von Hamburg in die ganze Welt

Der Hamburger *Hafen* ist der größte *Hafen* in Deutschland. Jeden Tag kommen Schiffe aus der ganzen Welt über das Meer hierher. Sie *transportieren* Waren aus vielen verschiedenen Ländern nach Deutschland. Im *Hafen* laden Arbeiter die Waren aus dem Schiff und bringen andere Waren an *Bord* der Schiffe. Im Hafen warten LKWs, Züge und auch kleinere Schiffe, die auf den Flüssen *verkehren*. Diese übernehmen den weiteren *Transport* der Waren in die verschiedenen Teile Deutschlands oder auch in andere europäische Länder.

### Heute kein Glück gehabt

- Du bist mal wieder zu spät gekommen. Der Zug ist schon *fort*.
- Ich habe eine halbe Stunde gesucht, um einen Platz für das Auto zu finden. Auf dem *Parkplatz* wird gebaut und er ist komplett *gesperrt*.
- *Vorsicht*! Kannst du nicht aufpassen? Jetzt bist du gegen das Auto von unserem Nachbarn gestoßen.
- Oh nein, dort vorne steht die Polizei. Du bist bestimmt wieder zu schnell gefahren. Gleich werden sie uns *stoppen* und dann müssen wir wieder 100 Euro bezahlen.
- Ich habe hier ein tolles Angebot für einen Job. Sie suchen jemand, der *mobil* ist und ein Auto hat, so dass er schnell verschiedene Orte im Umkreis von Berlin erreichen kann – Schade, dann habe ich wohl diesmal kein Glück, ich habe mein Auto letzte Woche verkauft.

**A** Die Welt ist in Bewegung. Ergänzen Sie die Wortgruppen durch folgende Verben.

sperren ▪ transportieren ▪ ausweichen ▪ freigeben ▪ rollen ▪ einsteigen ▪ entgegenkommen ▪ aussteigen

1 Waren mit dem Schiff _____
2 in den Zug _____
3 aus dem Taxi _____
4 eine Straße wegen zu viel Schnee _____
5 die Strecke für den Zug _____
6 aus der anderen Richtung _____
7 einem Loch in der Straße _____
8 mit dem Fahrrad einen Berg hinab _____

**B** Was ist das? Finden sie die richtige Antwort auf die Fragen.

1 Hier verläuft die Straße über einen Fluss.     a der Parkplatz
2 Hier darf man mit dem Auto besonders schnell fahren. → b die Brücke
3 Hier kann man sein Auto abstellen.     c die Kurve
4 Hier kann man den Himmel nicht mehr sehen.     d der Hafen
5 Hier muss der Zug anhalten und warten.     e der Tunnel
6 Hier ändert man beim Fahren die Richtung.     f der Halt
7 Hier kommen alle Schiffe an.     g die Autobahn

**C** Wichtige Unterlagen. Ergänzen sie den Text durch folgende Wörter.

Tempo ▪ Transport ▪ verpasst ▪ fort ▪ verkehrt ▪ einholen ▪ Bord

Herr Klee fährt mit hohem _____ auf der Autobahn. Sein Kollege hat einige wichtige Unterlagen vergessen. Er ist mit dem Zug unterwegs, der zwischen Leipzig und Hamburg _____. Herr Klee ist direkt zum Bahnhof gefahren, aber der Zug war schon _____. In Hamburg soll sich der Kollege um den _____ einiger Waren kümmern. Diese sollen an _____ eines Schiffes und nach China gebracht werden. Herr Klee muss ihn unbedingt _____. Wenn er ihn _____, können die Waren nicht transportiert werden.

**D** Reisen mit der Deutschen Bahn. Ergänzen Sie den Text durch folgende Wörter.

Unfall ▪ Signal ▪ stoppen ▪ Station ▪ Vorsicht ▪ Ticket

Liebe Reisende. Wir müssen unseren Zug hier leider _____, da es auf unserer Strecke einen _____ gegeben hat. Der Fahrer eines anderen Zuges hat ein _____ übersehen und die Strecke ist gesperrt. Die nächste _____ ist nur 100 Meter entfernt und zu Fuß zu erreichen. Wir bitten Sie um _____ beim Aussteigen. Sie können Ihre Reise mit dem Bus fortsetzen. Ihr _____ bleibt weiter gültig.

## 4.04 Fahrzeug

### Möglichkeiten des Transports

- Kai transportiert schwere Lasten mit dem *LKW*.
- Katja fährt jeden Morgen mit der *U-Bahn* zur Arbeit.
- Tom hat nicht aufgepasst und ist mit seinem *PKW* gegen einen Baum gefahren. Seine Frau Lydia hat es eilig und muss ein *Taxi* nehmen.
- Thomas zieht heute um. Er stellt seine Möbel in den *Anhänger*.

### Toms Auto fährt nicht mehr

Tom ist mit dem Auto gegen einen Baum gefahren. Jetzt ist das Auto *beschädigt* und fährt nicht mehr. Das Auto muss zur *Reparatur*. Man kann sehen, dass das linke vordere *Rad* keine Luft mehr hat. Vielleicht ist auch die *Achse* beschädigt, die die beiden vorderen *Räder* verbindet. Tom möchte auch den *Motor* kontrollieren lassen, der schon vor dem Unfall immer komische Geräusche gemacht hat. Als das Auto noch neu war, lief der *Motor* besser und das Auto konnte schneller *beschleunigen*. Tom lässt das Auto in die *Werkstatt* bringen. Dort spricht er mit dem Meister, der für die *Reparatur* verantwortlich ist. Der Meister sagt, dass er die vordere *Achse* wechseln muss. Es dauert eine Woche, bis er *Ersatz* besorgen kann. Aber er muss das Auto nochmal genauer untersuchen. Vielleicht gibt es außer den *mechanischen* Schäden auch einige elektrische Teile, die gewechselt werden müssen.

### Die Reparatur

Gestern hat Tom von der *Werkstatt* die Rechnung für die *Reparatur* bekommen.
Sie war höher, als Tom gedacht hatte. Es musste viel gewechselt werden. Der Meister schreibt:
- Die vordere *Achse* war gebrochen und wir mussten sie wechseln.
- Die beiden vorderen *Räder* mussten wir ebenfalls austauschen.
- Im Motor musste nur das *Öl* gewechselt werden. Jetzt läuft er wieder leichter.
- Ein elektronisches Bauteil für die *Steuerung* des Motors mussten wir ersetzen.
- Und außerdem brauchen Sie eine neue *Batterie*.
  Die alte *Batterie* ist *beschädigt* und erzeugt nicht mehr genug Strom.

### Das Auto fährt wieder

Heute kann Tom sein Auto wieder aus der Werkstatt abholen. Er macht gleich eine Fahrt, um zu sehen, ob alle Schäden *beseitigt* sind. Er verlässt die Werkstatt und *lenkt* seinen Wagen nach links in Richtung Autobahn. Auf der Autobahn *beschleunigt* er das Auto so schnell wie möglich auf die maximale Geschwindigkeit. Er *schaltet* in den höchsten Gang und überholt alle anderen Autos. Jetzt fährt er viel zu schnell. Also *bremst* er, damit er wieder langsamer wird. Er ist zufrieden mit seinem Auto und fährt wieder nach Hause zurück. Dort *stellt* er sein Auto vor der Haustür *ab*.

**A** Wer fährt womit? Finden Sie das passende Fahrzeug für die folgenden Sätze.

1. Paula fährt jeden Tag zusammen mit vielen anderen Leuten zur Arbeit.
2. Bert transportiert jeden Tag mehr als 50 Schweine.
3. Mona hat für ihren Urlaub ein Auto gemietet.
4. Jan fährt jeden Tag Leute zum Flughafen oder durch die Stadt.

a PKW
b Taxi
c U-Bahn
d LKW

**B** Auto fahren. Ordnen Sie den Wortgruppen folgende Verben zu.

überholen • abstellen • schalten • lenken • bremsen • beschleunigen

1. das Auto durch eine Kurve _____
2. das Auto auf 100 Kilometer pro Stunde _____
3. damit das Auto schneller fährt, in einen höheren Gang _____
4. das Auto vor dem Haus _____
5. mit dem Auto einen langsamen LKW _____
6. wegen eines Kindes auf der Straße _____

**C** Herr Fink mag alte Autos. Ergänzen Sie den Text durch folgende Wörter.

beschädigten • Anhänger • Räder • Öl • Reparaturen • Achse • Batterie

Vor kurzem hat Herr Fink einen alten, _____ VW-Bus gekauft. An dem Bus fehlten

schon zwei _____ und die hintere _____. Deshalb musste

sich Herr Fink einen _____ leihen, um den Bus in seine Werkstatt zu bringen. Es gibt

Probleme mit elektrischen Teilen wie z. B. der _____, aber auch der Motor ist nicht mehr

in Ordnung. Er schätzt, dass er für alle _____ mindestens ein halbes Jahr braucht.

Sicher werden seine Kleidung und Hände ständig voller _____ sein.

**D** In der BMW-Fabrik. Beantworten Sie die Fragen. Benutzen Sie dafür die Wörter dieses Kapitels.

Werkstatt • Motoren • beseitigen • mechanisches • Ersatz • Steuerung

Hallo Herr Wolf! Eine von unseren Maschinen zur Herstellung der _____ hat ein

Problem. Anscheinend funktioniert die _____ der Maschine nicht mehr richtig.

Es kann aber auch ein _____ Problem sein. Wir haben nur bemerkt, dass sie

nicht mehr genau genug arbeitet. – Ok. Rufen Sie gleich in der _____ an.

Wenn sich die Mängel nicht innerhalb von drei Tagen _____ lassen, müssen wir

schnell _____ beschaffen.

# 5.01 Lebensmittel • 5.02 Essen und Trinken I

## Essen und Trinken

Essen und Trinken sind ein Teil unseres täglichen Lebens. Unser Körper braucht *Nahrung*, um zu überleben. Was wir essen und trinken, bestimmt, wie gut oder schlecht unsere *Ernährung* ist. Wenn wir nichts mehr zu essen oder zu trinken haben, gehen wir in ein Geschäft und kaufen *Lebensmittel* und *Getränke* ein. Es gibt wichtige grundlegende *Nahrungsmittel* wie Wasser und Brot oder auch Fleisch und *Gemüse*, die notwendig für unsere *Ernährung* sind. Es gibt aber auch andere Dinge, die weniger notwendig sind. Manchmal trinken wie gerne etwas Alkohol, wie z. B. ein Glas Bier oder Wein und im Sommer essen wir gerne ein *Eis*. Diese Dinge essen oder trinken wir, weil sie uns gut schmecken.

## Lebensmittel in Deutschland

Die bekanntesten *Früchte* in Deutschland sind *Äpfel*. *Äpfel* wachsen auf Bäumen. Sie sind rot, gelb oder grün und innen haben sie kleine schwarze *Kerne*.

Ein häufig verwendetes *Gemüse* in Deutschland ist die *Zwiebel*. Die *Zwiebel* besteht aus vielen dünnen Schichten und nachdem man sie geschnitten hat, hat man oft Tränen in den Augen.

Ein anderes weit verbreitetes *Gemüse* und wichtiges Grund*nahrungsmittel* ist die *Kartoffel*. Die *Kartoffel* ist innen gelb und wächst in der Erde.

Wenn man Essen kocht, ist für den richtigen Geschmack *Salz* sehr wichtig. *Salz* ist eine weiße Substanz, die man fast immer beim Kochen verwendet. Es kommt aber darauf an, die richtige Menge *Salz* zu verwenden – nicht zu viel und nicht zu wenig.

## Julia lebt gesund

Julia versucht so gesund wie möglich zu leben. Dazu gehört auch eine gesunde *Ernährung*, also gesundes Essen und Trinken. Schon am Morgen beim *Frühstück* isst sie mindestens einen *Apfel* oder andere *Früchte*. *Früchte* sind gesund, weil sie viele *Vitamine* haben. Außerdem isst sie ein gekochtes *Ei* und etwas Brot. Auf das Brot macht sie sich *Butter* und *Käse*. Dazu trinkt sie ein Glas *Milch* und eine *Tasse* Kaffee mit ein wenig *Zucker*.

## Julia besucht ihren Bruder Lars

— Hallo Lars, wie geht es dir? Wollen wir einen *Tee* trinken?
— Du weißt doch, dass ich keinen *Tee* trinke, aber ich kann dir einen Kaffee machen. Ich habe aber auch noch andere *Getränke*. Willst du vielleicht ein Bier?
— Lars, du trinkst wirklich zu viel *Alkohol*. Das ist nicht gesund. Hier, ich habe dir ein paar *Äpfel* mitgebracht.
— Nein danke, ich brauche andere *Nahrung*. Ich brauche etwas Richtiges. Am besten ein schönes großes Stück Fleisch. Nur gut *gebraten* muss es sein.
— Was hast du denn gegen *Äpfel*? *Äpfel* haben viele *Vitamine* und sind ein sehr gesundes *Lebensmittel*. Du solltest mehr *Früchte* essen. Und auch mehr *Gemüse*. Das ist gesünder als immer nur Fleisch.

**A** Essen oder Trinken? Ordnen Sie die folgenden Wörter zu.

Bier • Gemüse • Käse • Kartoffel • Getränk • Milch • Tee • Ei

| Essen | Trinken |
|---|---|
|  |  |

**B** Andreas beginnt seinen Tag. Ergänzen Sie den Text durch die folgenden Wörter.

Zwiebel • gebratenes • Frühstück • Butter • brät • Tasse • Lebensmittel • Zucker • Salz

Um 7.30 Uhr steht Andreas auf. Er geht ins Bad und wäscht sich. Dann geht er in die Küche und macht sich

_____ . Zuerst schneidet er eine _____ klein. Weil er kein Öl mehr hat,

nimmt er etwas _____ und _____ ein Ei zusammen mit der Zwiebel.

In das Essen gibt er ein wenig _____ und in seinen Kaffee etwas _____ ,

damit es besser schmeckt. Dann isst er gemütlich sein _____ Ei und trinkt eine

_____ Kaffee. Er merkt, dass er kaum noch etwas zum Essen in der Küche hat. Heute Abend

muss er unbedingt _____ einkaufen.

**C** Essen und Gesundheit. Finden Sie zu den unterstrichenen Wörtern ein Wort mit ähnlicher Bedeutung.

1 Noch immer sterben viele Menschen, weil sie nicht genug <u>Essen</u> haben.     a   Alkohol
2 Meine Mutter will abnehmen. Sie isst jetzt abends nur noch <u>Früchte</u>.     b   Kerne
3 Mein Vater lebt nicht besonders gesund. Er trinkt zu viel <u>Bier</u>.     c   Nahrung
4 Bevor die Kinder die Früchte essen, sollten wir die <u>Steine</u> aus den Früchten entfernen.     d   Äpfel

**D** Gesundes Essen für Kinder. Ergänzen Sie den Dialog durch folgende Wörter.

Ernährung • Nahrungsmittel • Eis (2x) • Früchte • Vitamine

Mama, es ist Sommer und alle Kinder essen _____ . Ich möchte auch eins! –

Aber Sara, weißt du nicht mehr, was Ihr gestern in der Schule gelernt habt? – Doch. Eine gesunde

_____ ist wichtig für Kinder. Man soll _____ essen,

weil sie viele _____ enthalten. – Genau. Und es gibt noch viele andere

_____ mit wertvollen Bestandteilen. Aber weil viele Kinder nicht so gesund essen,

gibt es viele dicke Kinder. Möchtest du ein dickes Kind sein? – Nein, ich möchte kein dickes Kind sein.

Ich möchte ein _____ .

## 5.02 Essen und Trinken II

### Essen im Restaurant

Frau Grün geht oft mit Freunden ins *Restaurant* essen. Dort muss sie sich um nichts selbst kümmern und es *bereitet* ihr Vergnügen, gemeinsam mit anderen zu essen. Sie wählt auf der Karte aus, was sie essen möchte und gibt dann die *Bestellung* auf. Der Koch macht in der Küche das Essen und das Personal *serviert* es dann Frau Grün und ihren Freunden. Es gehört zum guten *Service* eines Restaurants, dass das Personal immer freundlich ist und fragt, ob es schmeckt oder ob Frau Grün noch etwas trinken möchte.

### In der Küche eines Restaurants

1. Er schneidet mit dem *Messer* das Gemüse klein. 
2. Sie *rührt* etwas Salz in die Suppe. 
3. Er *nimmt* einen gerade getöteten Fisch *aus*. 
4. Sie nimmt ein Stück Fleisch aus dem *Topf* und legt es auf einen *Teller*. 
5. Er *bäckt* ein Brot im *Backofen*.

### Wohin zum Essen?

Hallo Tanja! Wie geht's? Zeit für einen Kaffee? – Hey Bert! Ja, gern. Wollen wir in das 'Café am Park' gehen?– Das *Café* kenne ich nicht. Gibt es da auch etwas zu essen? Ich habe riesigen *Hunger*, da ich den ganzen Tag noch nichts gegessen habe. – Nein, dort gibt es immer nur kleine Sachen. Dann suchen wir am besten irgendein *Lokal*, wo man gutes und *reichliches* Essen bekommt. Es sollte aber auch kein teures *Restaurant* sein. Hast du vielleicht eine gute *Empfehlung*? – Ich kenne noch eine gemütliche kleine *Kneipe* in der Nähe. Die machen richtig gutes Essen. Es gibt jeden Tag etwas anderes. – Das klingt gut. Wenn du Lust hast, lade ich dich heute Abend noch in eine *Bar* ein. Da können wir zusammen was trinken.

### Lebensmittel und Ernährung

- Mein Vater isst immer nur Fleisch, aber fast kein Gemüse und keine Früchte. Er ernährt sich zu *einseitig*.
- Das Abendessen, das wir gestern im Restaurant hatten, *setzte* sich aus drei Gerichten *zusammen*.
- Ich trinke meinen Kaffee gerne mit viel Zucker. Ich mag es, wenn der Kaffee *süß* ist. Ohne Zucker ist mir Kaffee zu *bitter*.
- Du solltest die Milch nicht den ganzen Tag in der Sonne stehen lassen, sonst wird sie schlecht. Milch muss man kühl *lagern*.

- Viele Menschen glauben, dass *ökologische* Lebensmittel wertvoller und gesünder sind, weil man versucht, bei ihrer Herstellung mehr Rücksicht auf die Umwelt zu nehmen.
- Wasser, Bier, Wein und andere Getränke sind Lebensmittel in *flüssiger* Form.
- Für eine gesunde Ernährung ist eine gute *Mischung* aus verschiedenen Lebensmitteln wichtig. Früchte, Gemüse, Fisch oder Fleisch – von allem sollte etwas dabei sein.

**A** Restaurant und Essen. Welches Wort gehört nicht dazu? Unterstreichen Sie dieses Wort.

1 Messer – Lampe – Teller – Topf
2 Cafe – Bar – Kneipe – Bad
3 Bestellung – Reparatur – Empfehlung – Service

**B** Wie magst du dein Essen? Ordnen Sie den Sätzen das Wort mit der passenden Bedeutung zu.

1 Ohne Milch und Zucker ist mir der Kaffee zu stark.
2 Ich habe keinen Hunger mehr. Ich habe sehr viel gegessen.
3 Wir essen nur Käse, der auf natürliche Weise hergestellt wurde.
4 Kinder mögen Getränke, in denen viel Zucker enthalten ist.
5 Im Restaurant bringt das Personal das Essen an den Tisch.
6 Dein Eis stand zu lange in der Sonne. Jetzt musst du es trinken.

a ökologisch
b flüssig
c süß
d bitter
e reichlich
f servieren

**C** Gemeinsam essen. Ergänzen Sie die Sätze durch folgende Wörter.

Lokal ▪ lagern ▪ ausnehmen ▪ einseitig

1 Ich habe uns frischen Fisch gekauft. Den werde ich gleich _____ und braten.
2 Ich möchte heute noch etwas mit Freunden besprechen. Wir wollen uns im _____ an der Ecke treffen. Da können wir gleich noch etwas essen.
3 Wenn wir nie Gemüse oder Früchte essen, dann ist unsere Ernährung zu _____.
4 Ich hole uns Kartoffeln von unten. Meine Eltern _____ sie immer im Keller.

**D** Frisches Brot. Ergänzen Sie den Dialog durch folgende Wörter.

Topf ▪ bereiten ▪ Hunger ▪ bäckt ▪ zusammensetzt ▪ Mischung ▪ rührst ▪ Backofen

Hallo Jana, vielleicht kannst du mir helfen. Weißt du, wie man ein Brot _____? – Christof hat morgen Geburtstag und er isst gerne frisches Brot. Ich dachte, ich kann ihm damit eine Freude _____. – Hmm, also ich weiß ungefähr, woraus es sich _____. Aber es kommt auf die richtige _____ der einzelnen Bestandteile an. Diese mischst du alle, z.B. in einem _____ und _____ es zehn Minuten. Dann kommt es eine Stunde in den _____. – Weißt du das nicht ein wenig genauer? – Du kannst ja meine Schwester fragen. Jetzt hast du die ganze Zeit von frischem Brot geredet, da habe ich _____ bekommen. Ich muss jetzt was essen.

**E** Wie isst und trinkt man in Ihrem Land? Beantworten Sie die Fragen. Benutzen Sie dafür die Wörter dieses Kapitels.

Beschreiben Sie einen Besuch im Restaurant. Erzählen Sie, wie und zu welchen Gelegenheiten Sie selbst für Freunde Essen machen.

## 6.01 Kaufen und Verkaufen

### Julia kauft ein

Julia geht heute mit der ganzen Familie einkaufen. Sie müssen viele Dinge *besorgen*. Zuerst gehen sie in den Supermarkt. Hier bekommen sie die meisten Sachen, die sie brauchen und es ist billig. Was hier nicht *erhältlich* ist, wollen sie nachher auf dem Markt *besorgen*. Sie gehen mit ihrem vollen Wagen zur *Kasse*, um zu bezahlen. An der *Kasse* steht aber schon eine lange *Schlange* von Leuten. Julia wird unruhig. Bei so vielen Leuten werden sie lange *anstehen* müssen. Wenn sie zu spät zum Markt kommen, dann ist der *Verkauf* schon beendet.

### Auf dem Markt

Frau Krause arbeitet auf dem Markt. Jeden Mittwoch von 10 bis 16 Uhr. Sie verkauft Gemüse und Früchte. Frau Krause *garantiert* für die gute Qualität ihrer Waren. Die Kunden kommen gerne zu ihr, denn sie vertrauen Frau Krause. Sie können sich ihr Gemüse selbst *aussuchen*. Frau Krause *wiegt* die Waren für die Kunden. 1 Kilogramm Gemüse, 2 Kilogramm Äpfel – wenn man viel kauft, kann man mit Frau Krause auch über den Preis *verhandeln*. Frau Krause ist schon seit mehr als 35 Jahren Verkäuferin. In der DDR gab es nicht so eine große Auswahl an Waren und manche Dinge waren nur schwer *erhältlich*. Aber Frau Krause hatte gute Kontakte und konnte vieles *beschaffen*.

### Beim Einkaufen

- Diese Jacke gefällt mir gut. Ich bin mir aber noch nicht ganz sicher, ob ich sie kaufen möchte. Können Sie sie mir bitte bis heute Abend *zurücklegen*?
- Ich habe im Internet ein tolles Kleid gefunden. Auch die anderen Sachen von dieser Marke sehen sehr gut aus. Weißt du, wer diese Marke in Deutschland *vertreibt*?
- Guten Tag. Wir bringen den Fernseher, den Sie bestellt hatten. Wie er funktioniert, können Sie der Beschreibung *entnehmen*. Bitte unterschreiben Sie hier, dass Sie ihn bekommen haben.
- Ich habe den Computer erst vor einer Woche gekauft und er funktioniert schon nicht mehr. Ich möchte ihn *zurückgeben*.
- Kaufen Sie Ihr Auto bei uns! Wir haben eine große Werkstatt und führen regelmäßige Kontrollen an Ihrem Auto durch. Damit bleibt Ihre Sicherheit beim Autofahren immer *gewährleistet*.

### Ein neues Fahrrad

Hallo Thomas, vielleicht kannst du mir helfen. Ich will mir ein neues Fahrrad für die Stadt kaufen. – Ja, du hast Glück. Ich habe gerade einen aktuellen *Katalog* mit Fahrrädern hier. Den kannst du dir mal ansehen. Da sind auch *diverse* Modelle für die Stadt mit dabei. – Oh, das sind aber viele. Worauf sollte man denn beim Kauf besonders achten? – Hmm, das weiß ich auch nicht so genau. Am besten gehst du in ein Geschäft für Fahrräder. Dort kannst du dich *beraten* lassen, welches Modell für dich am besten geeignet ist. Außerdem können sie dir sagen, wie lange du darauf warten musst. Meistens sind nicht alle Modelle sofort *verfügbar*.

**A** Beim Einkaufen. Ordnen Sie die Sätze den richtigen Bildern zu.

1 ____   2 ____   3 ____   4 ____

a   Beim Einkaufen bezahlen alle Leute ihre Waren an der Kasse.
b   Vor dem Schalter für die Tickets steht eine lange Schlange.
c   Marie sucht sich Kleider aus einem Katalog aus.
d   Frau Fleischer wiegt ihr Gemüse.

**B** Was kann man da tun? Finden Sie die Lösung. Welches Verb passt zu welchem Satz?

1   Die Ware gefällt mir nicht. ⟶ a   zurückgeben
2   Dem Kunden gefällt die Ware, aber er möchte sie erst später abholen.    b   anstehen
3   Ich möchte heute Abend kochen, aber mir fehlt noch etwas Gemüse.    c   zurücklegen
4   Ein Kunde möchte ein Radio kaufen. Er weiß nicht, welches das Richtige für ihn ist.    d   besorgen
5   Ich muss ein Ticket kaufen, aber es steht schon eine lange Schlange am Schalter.    e   beraten

**C** Die Auswahl ist groß. Ergänzen Sie den Dialog durch folgende Wörter.

Verkauf ▪ beschaffen ▪ erhältlich ▪ diverse ▪ garantiert ▪ vertrieben

Guten Tag. Ich möchte einen Mantel von dieser Marke kaufen. – Oh, das tut mir leid. Solche Mäntel sind leider nicht

mehr _____ . Die Marke ist nicht mehr so einfach zu _____ .

Sie wird in Deutschland nicht mehr _____ . Aber wir haben _____

andere Mäntel zum _____ . Die können Sie sich gerne ansehen. Dieser Mantel hier ist

z. B. eine gute Wahl. Da ist gute Qualität auf jeden Fall _____ .

**D** Rund ums Auto. Ergänzen Sie die Sätze durch folgende Wörter.

verfügbar ▪ verhandeln ▪ entnehmen ▪ gewährleistet

1   Wie man der Zeitung _____ kann, findet zurzeit eine Messe für Autos statt.
2   Das neueste Modell dieses Herstellers ist leider noch nicht _____ .
3   Aufgrund technischer Mängel ist die Sicherheit Ihres Autos nicht mehr _____ .
4   Das Auto ist mir zu teuer. Können wir noch einmal über den Preis _____ ?

## 6.02 Preise und Geldverkehr

### Mit Geld zahlen und Geld aufbewahren

Wenn man in Deutschland einkauft, bezahlt man in Euro. Der Euro ist die *Währung* in Deutschland und vielen anderen europäischen Ländern. Für die *Zahlung* kleinerer Beträge eignen sich *Münzen* und für größere Beträge verwendet man besser *Scheine*. Man kann aber auch mit Karte bezahlen. Dazu geht man zuerst zur Bank und eröffnet ein *Konto*. Wenn man Geld braucht, kann man mit der Karte bei der Bank oder am Automaten Geld *abheben*. Man sollte aber niemals mehr Geld *ausgeben*, als man auf dem Konto hat. Dann *überzieht* man sein Konto und das Konto ist nicht mehr *gedeckt*. Dann kann es sein, dass man eine *Gebühr* für das *Überziehen* bezahlen muss oder sogar, dass das Konto gesperrt wird.

### Eine Firma braucht Geld

Mein Onkel hat ein großes *Vermögen*. Dazu gehört nicht nur das Geld, das er auf seinem *Konto* hat, sondern auch seine Autos, seine Häuser und seine Firma. Bei einem Treffen mit seinem Sohn erzählt er von seinen gegenwärtigen Überlegungen bezüglich seiner Firma:
„Unsere Maschinen verlieren stetig an Wert. Wir müssen wissen, wie viel genau sie seit ihrem Kauf an Wert verloren haben. Die Höhe dieser und anderer *Abschreibungen* brauchen wir für die *Berechnung* des gegenwärtigen *Vermögens* unserer Firma. Wir müssen noch dieses Jahr eine neue Maschine kaufen. Mit dem Kauf einer neuen Maschine steigen die *Aufwendungen* unserer Firma für dieses Jahr um 150 000 Euro. Im nächsten Jahr müssen wir dann weitere Maschinen kaufen. Das wird sehr viel Geld kosten und wir müssen einen genauen Plan für die *Finanzierung* aufstellen. Wir lassen uns von der Bank Geld geben, um den Kauf der Maschinen zu *finanzieren*. Dieses *Darlehen* müssen wir nach fünf Jahren zurückzahlen. Dabei müssen wir zusätzlich 3,5 Prozent *Zinsen* zahlen. Solange wir das *Darlehen* nicht an die Bank zurückgezahlt haben, haben wir *Schulden* bei der Bank."

### Auf der Bank

Hallo Katja, was machst du denn hier in der Bank? – Ich habe letzten Monat etwas Geld verdient. Nun habe ich hier in der Bank geschaut, ob es mein Arbeitgeber schon auf mein *Konto überwiesen* hat. Mein *Konto* war seit 3 Tagen nicht mehr *gedeckt*. Durch den Lohn konnte ich es aber wieder *ausgleichen*. Zum Glück, denn diese Woche war auch meine Miete *fällig*. Die habe ich dann gleich auf das *Konto* von meinem Vermieter *überwiesen*. Und du? – Ich will die Bank wegen eines *Kredits* fragen, mit dem ich mein Studium *finanzieren* kann. – Oh, wie funktioniert denn das? – Es ist ein Darlehen von der Bank. Die Bank *gewährt* dir eine bestimmte Summe Geld für einen bestimmten Zeitraum. Ich glaube, es sind maximal fünf Jahre. Und zwei Jahre, nachdem du dein Studium beendet hast, fängst du an das Geld zurückzuzahlen. Aber es ist natürlich nicht *umsonst*. Man muss eine bestimmte Menge an *Zinsen* zahlen.

### Finanzielle Fragen und Probleme

- Muss man bei Ihrer Bank für das *Konto* eine *Gebühr* bezahlen?
  Normalerweise ja, aber Studenten nicht. Für Studenten ist es *kostenlos*.
- Guten Tag! Ich möchte mit Ihrer Bank über einen *Kredit* für meine Firma sprechen.
  Können wir für nächste Woche einen Termin *festsetzen*?
- Der Kurs des Euro ist diese Woche weiter gefallen. Die europäischen Regierungen arbeiten an einem Plan, um die *Stabilität* des Euro wieder herzustellen.
- Ein Sturm der *Kategorie* 5 hat große Schäden an der Küste verursacht.
  Für ihre Beseitigung werden große finanzielle *Aufwendungen* nötig sein.

**A** Begriffe aus der Welt des Geldes. Finden Sie zu den Wortgruppen das passende Wort.

1 Geld von der Bank bekommen
2 zu viel Geld verbraucht haben
3 alles, was ich besitze
4 das Geld, das in einem Land verwendet wird
5 Geld, das ich für einen Service oder als Strafe bezahlen muss
6 ein Zustand mit wenig Veränderungen
7 Geld aus Papier
8 Geld aus Metall

a die Münze
b das Vermögen
c die Gebühr
d das Darlehen
e der Schein
f die Währung
g die Schulden
h die Stabilität

**B** Wo ist das Geld geblieben? Ergänzen Sie den Dialog durch folgende Wörter.

Berechnung ▪ ausgegeben ▪ überwiesen ▪ Kredit ▪ überzogen ▪ Konto ▪ ausgleichen ▪ Finanzierung

Paul, hast du beim Einkaufen zu viel Geld _____? Wir haben einen Brief von der Bank bekommen, dass wir unser _____ um 200 Euro _____ haben. – Das kann nicht sein. Meine Firma hat letzte Woche mein Gehalt _____. Vielleicht hat die Bank einen Fehler bei der _____ gemacht. – Das glaube ich nicht. Wir sollten das Konto schnell wieder _____. Bald wollen wir wegen der _____ unseres Hauses bei der Bank fragen. Wenn wir Schulden haben, gewähren sie uns sicher keinen _____.

**C** Ein Termin bei der Bank. Ergänzen Sie den Text durch die folgenden Wörter.

Zinsen ▪ finanzieren ▪ kostenlos ▪ fällig ▪ festsetzen ▪ Zahlung

Sie möchten sich Ihr eigenes Haus _____? Wir werden für Sie schnell einen Termin _____. Unser Berater erklärt Ihnen, zu welchen _____ Sie einen Kredit bekommen, in welchen Abständen die _____ erfolgt und wann der erste Betrag _____ ist. Die Beratung ist für Sie _____.

**D** Finanzielle Fragen in der Firma. Ordnen Sie die Wörter den passenden Erklärungen zu.

1 Die Fahrzeuge unserer Firma verlieren im ersten Jahr etwa zwanzig Prozent an Wert.
2 Ich habe nicht mehr genug Geld bei mir. Ich muss noch schnell bei der Bank welches holen.
3 Unsere Versicherung teilt mögliche Schäden in fünf verschiedene Arten ein.
4 Weil Sie unser Kunde sind, müssen Sie für diesen Service nichts bezahlen.
5 Dieses Jahr werden in unserer Firma noch größere Kosten entstehen.
6 Ihre Finanzen sind in Ordnung. Sie können von unserer Bank einen Kredit bekommen.

a Kategorie
b Abschreibungen
c gewähren
d Aufwendungen
e abheben
f umsonst

**E** Wie gehen Sie mit Geld um? Beantworten Sie die Fragen. Benutzen Sie dafür die Wörter dieses Kapitels.

Welche Probleme entstehen im Zusammenhang mit Geld? Wie kann man sein Geld sinnvoll verwenden?

## 6.03 Geschäft

### Das Lebensmittelgeschäft

Unsere Nachbarn kommen aus Vietnam. Sie sind schon einige Jahre hier und vor zwei Jahren haben sie ein kleines Geschäft für Lebensmittel gegründet. In der ersten Zeit nach der *Gründung* hatten sie nur wenige Kunden, aber mittlerweile hat sich ihr Geschäft ganz gut *etabliert*. Bevor sie ihr Geschäft eröffnen konnten, mussten sie zuerst viel Geld *investieren*. Deshalb hatten sie lange Zeit Schulden, aber jetzt machen sie seit einem halben Jahr Gewinn. Herr Duong verkauft auch Bier. Die meisten Leute kaufen gleich einen ganzen *Kasten* Bier mit 20 Flaschen. Herr Duong stapelt in seinem Laden viele *Kästen* Bier *aufeinander*.

### Leben und Arbeit auf dem Land

Herr Krause kommt aus seinem Bauernhaus und *setzt* eine *Kiste* mit Werkzeug auf dem Boden *ab*. Er muss eine Maschine reparieren. Herr Krause hat einen Bauernhof, einige Schweine und mehrere Felder mit Gemüse. Das Gemüse liefert er an ein großes *Center* mit vielen Geschäften. Leider war dieses Jahr das Wetter schlecht und der *Ertrag* seiner Felder wird nicht besonders hoch sein. Er muss aber jedes Jahr eine bestimmte Menge an Gemüse *absetzen*, damit er keinen Verlust macht. Er hofft, dass er die Maschine reparieren kann. Falls er eine neue Maschine kaufen muss, dann werden sehr hohe Kosten *anfallen*. Das kann sogar seine *Existenz* gefährden. Herr Krause nimmt sein Werkzeug und beginnt mit der Arbeit.

### Im Geschäft

- Diese beiden Uhren sehen gleich aus. Gibt es irgendwelche Unterschiede? – Nein. Sie sind vollkommen *identisch*.
- Guten Tag. Bitte kommen Sie herein! Ihre Jacke können Sie hier auf dem Stuhl *ablegen*.
- Der Stoff dieser Hose hat eine sehr gute Qualität. Das *Gewebe* ist besonders fest.
- Dieses Auto gefällt mir, aber es ist mir zu teuer. Gibt es auch eine billigere Ausführung? – Ja, beim teureren Modell ist die Ausstattung im Inneren aus Holz, beim billigeren dagegen nur aus *Kunststoff*.
- Guten Tag. Ich bringe mein Fahrrad zur Reparatur. Können Sie es bitte auch gleich noch putzen? Es ist ziemlich *schmutzig*.
- Ich bin beim Fußball gestürzt und habe mir ein Loch in die Hose gerissen. Ich möchte eine neue kaufen. Aber sie sollte eine bessere Qualität haben, damit sie nicht wieder so leicht *zerreißen* kann.
- In diesem Geschäft steht bei jedem technischen Gerät, wie viel Strom es *verbraucht*.

### Bei der Werbung

Wir sollen Werbung für eine Firma gestalten, die Sportschuhe herstellt. Sie ist neu auf dem Markt. – Wenn es eine neue *Marke* ist, dann ist das immer ein großer *Aufwand*. Wir werden viel Zeit und Geld brauchen, um die *Marke* bekannt zu machen. Ich bin mir nicht sicher, ob *sich* das *lohnt*. Gibt es denn auf dem Markt überhaupt einen *Bedarf* an neuen Schuh*marken*? Es gibt schließlich schon so viele. – Das ist doch egal. Sie bezahlen auf jeden Fall gut. Und wenn wir Erfolg haben, dann wird das unser Geschäft *beleben* und wir bekommen neue Aufträge.

**A** Kaufen und verkaufen. Sehen Sie sich die Bilder an und ergänzen Sie die Sätze durch folgende Wörter.

Center ▪ belebt ▪ Kästen ▪ zerrissen ▪ Kiste ▪ aufeinander ▪ abgesetzt

1 Herr Duong trägt _____ mit Bier in den Laden und stellt

 sie _____ .

2 Die Straße vor dem _____ ist _____ und voller Menschen.

3 Ein Sack mit Kartoffeln ist vom LKW gefallen und _____ .

4 Eine Frau hat eine _____ mit Früchten gekauft und sie vor ihrem

 Auto _____ .

**B** Was macht man, wenn …? Ordnen Sie den Sätzen die passenden Verben zu.

1 Wenn man die Umwelt schützen will, sollte man weniger Energie …     a etablieren
2 Wenn eine Firma neu ist, muss sie sich erst auf dem Markt …     b ablegen
3 Wenn man in ein Zimmer kommt, dann kann man die Jacke …     c verbrauchen
4 Für die Gründung eines neuen Centers muss man viel Geld …     d lohnen
5 Wenn man viel Geld investiert, dann sollte sich das …     e anfallen
6 Wenn die Firma groß ist, dann können viele Kosten …     f investieren

**C** Eine eigene Firma. Ergänzen Sie den Text durch folgende Wörter.

Existenz ▪ Gründung ▪ Erträge ▪ Kunststoff ▪ Aufwand ▪ Bedarf

Unsere Firma produziert Kisten aus _____ . Früher hatte ich einen Job in einem

großen Center. Dort wurden häufig solche Kisten gebraucht. So habe ich bemerkt, dass es einen

_____ für solche Produkte gibt. Ich habe mit einem Freund eine eigene Firma gegründet.

Nach der _____ hat es fast zwei Jahre gedauert, bis wir mit der Produktion beginnen

konnten. Am Anfang waren die _____ unserer Firma noch ziemlich gering, aber mittler-

weile hat sich der _____ gelohnt. Für die nächsten Jahre ist die _____

der Firma gesichert.

**D** Eine neue Jacke. Ergänzen Sie den Dialog durch folgende Wörter.

Gewebe ▪ schmutzig ▪ identisch ▪ Marke

Hallo Kai, willst du eine Jacke kaufen? – Ja, meine alte Jacke ist bei der Reparatur meines Fahrrads so

_____ geworden, dass sie nicht mehr zu retten war. – Nimm doch die hier. Das ist

dieselbe _____ wie deine alte Jacke. – Ja, die ist gut. Sie ist mit meiner alten

fast _____ . Das _____ ist sogar noch fester.

## 6.04 Kleidung und Accessoires

### Was kann man anziehen?

Anzug — Jacke — Rock — Top — Hut — Hose — Hemd — Turnschuhe — Schuhe

### Eine Frage des Geschmacks

Sieh mal, dort drüben, das ist aber eine *elegante* Dame! – Wo ist die denn *elegant*? Die hat doch überhaupt keinen Geschmack. – Findest du nicht? Also mir ist sie sofort aufgefallen. – Aber auffällig bedeutet doch nicht gleichzeitig *elegant*! Schau mal, was sie für einen *Hut* auf dem Kopf hat. Also ich würde so etwas nicht *aufsetzen*. Ihr Kleid gefällt mir auch nicht. Das passt einfach nicht zu ihr. Es sollte nicht diese schwarzen *Streifen* haben, sondern am besten gar kein *Muster*. Und dann hat sie noch an jeder Hand fünf *Ringe* und diese riesige *Kette* um den Hals. So wie die aussieht, ist sie vielleicht aus *Gold*. Aber wer weiß … Auf mich wirkt die Frau nicht *elegant*, sondern übertrieben. Weniger ist eben manchmal mehr.

### Die passende Kleidung

- Es ist sehr warm hier. Du kannst deine Jacke *ausziehen*.
- Draußen weht heute ein kalter Wind. Am besten bindest du dir ein warmes *Tuch* um den Hals, damit du nicht krank wirst.
- Wir wollen heute ins Theater gehen. Du solltest dir ein sauberes *Hemd* anziehen. Dieses ist schmutzig. Es hat einen *Fleck* am Arm.
- Dieser Stoff ist sehr dünn und auch sehr glatt. Dadurch ist seine *Verarbeitung* schwierig und die Kleidung aus diesem Stoff immer sehr teuer.
- Meine *Schuhe* haben schon ein Loch, obwohl ich erst wenige Male damit Fußball gespielt habe. – Das Material ist zu billig. Das nächste Mal kaufst du *Schuhe* aus einem *hochwertigen* Material.
- Diese *Jacke* passt mir nicht. Ich glaube sie ist zu klein. – Eigentlich ist es die richtige Größe. Aber sie ist zu eng an den Schultern. Du brauchst eine *Jacke* mit einem anderen *Schnitt*.
- Ich finde die Schuhe von dieser Marke haben ein gutes *Design*. Sie sehen gut aus und sind außerdem noch praktisch und stabil.

### Die erste Frage des Tages

Weißes *Hemd* und schwarze *Hose*, grüner *Rock* oder rotes Kleid? Jeden Morgen stellt man sich die gleiche Frage – welche *Kleidung* ziehe ich heute an? Passt mein *Rock* zu meinen *Schuhen*? Kann ich diese *Hose* mit jener *Jacke* *kombinieren*? Wenn ich zu Hause bin, dann muss meine *Kleidung* nur *bequem* sein und nicht zu eng, so dass ich mich darin wohl fühle. Aber wenn ich heirate, dann sollte es etwas Besonderes sein. Sicher werde ich mir die passende *Kleidung* sorgfältig aussuchen und viel Geld ausgeben. Das wird wohl eine *aufwendige* Angelegenheit. Wenn ich auf Arbeit gehe, kann meine *Kleidung* etwas einfacher sein. Sie wird nicht außergewöhnlich oder besonders auffällig sein, sondern eher *konventionell*. Aber natürlich soll sie trotzdem gut aussehen, so wie es uns die *Mode* zeigt. In diesem Sommer sind die *Röcke* kurz, im nächsten Sommer lang. Jedes Jahr gibt es einen neuen *Trend*. Man könnte die *Mode* die Wissenschaft von der richtigen *Kleidung* für die richtige Gelegenheit nennen. Sie erfindet sich jedes Jahr neu.

**A** Was trägt man wo? Ordnen Sie den verschiedenen Bereichen des Körpers folgende Wörter zu.

die Jacke ▪ der Hut ▪ die Hose ▪ das Top ▪ das Hemd ▪ die Kette ▪ die Schuhe ▪ das Tuch ▪ der Rock

| Kopf und Hals | Beine und Füße | Arme, Bauch, Rücken |
|---|---|---|
|  |  |  |

**B** Eigenschaften. Finden Sie zu jedem Satz ein Wort mit passender Bedeutung.

1 Diese Frau hat einen guten Geschmack. Die Sachen, die sie trägt passen sehr gut zusammen.   a bequem
2 Die Hose ist sehr weich und angenehm zu tragen.   b elegant
3 Die Herstellung dieses Produkts dauert lange und ist ziemlich kompliziert.   c aufsetzen
4 Diese Schuhe können Sie viele Jahre benutzen. Sie haben eine sehr gute Qualität.   d kombinieren
5 Wenn dir zu warm ist, dann solltest du besser deine Jacke ablegen.   e konventionell
6 Heute ist es ziemlich kühl und es regnet. Du solltest besser deinen Hut tragen.   f aufwendig
7 Die Kleidung für die Arbeit ist nicht sehr auffällig, sondern normal.   g hochwertig
8 Diese beiden Farben passen nicht zusammen. Man sollte sie nicht gleichzeitig tragen.   h ausziehen

**C** Die Ansichten von Herrn Wuttke. Ergänzen Sie den Text durch folgende Wörter.

Verarbeitung ▪ Trends ▪ Kleidung ▪ Anzüge ▪ Streifen ▪ Flecken ▪ Schnitt ▪ Mode ▪ Muster

Herr Wuttke hat seine eigenen Ansichten zu seiner _____. Er möchte, dass seine

_____ eine gute _____ haben, damit er sie lange benutzen kann.

Seine Sachen sollten gut passen und bequem sein. Darum ist ihm der _____ wichtig.

Seine Frau meint, dass seine Sachen nicht mehr modern sind. Aber Herr Wuttke interessiert sich nicht für

_____. Er hat keine Lust, immer den neuesten _____ hinterher zu

laufen. Es ist ihm egal, ob diese Saison _____ oder andere _____

modern sind. Solange die Sachen keine _____ haben, sind sie okay.

**D** Geschenke. Ergänzen Sie den Text durch die folgenden Wörter.

Gold ▪ Ring ▪ Design ▪ Mantel

Luise hat Geburtstag gehabt. Sie hat einen hübschen blauen _____ bekommen und ein Buch

über _____. Aber das kleinste Geschenk war das Beste. Ein _____ aus

_____.

**E** Wie ziehen Sie sich an? Beantworten Sie die Fragen. Benutzen Sie dafür die Wörter dieses Kapitels.

Beschreiben Sie, was Sie zu zwei unterschiedlichen Gelegenheiten anziehen.

## 7.01 Ämter und Verwaltung

### Geld vom Arbeitsamt

Frau Müller ist arbeitslos. Sie ist kein *Einzelfall*, denn *statistisch* sind jetzt mehr Menschen ohne Arbeit als vor wenigen Jahren *verzeichnet* waren. Frau Müller geht zum *Arbeitsamt*, um Geld vom Staat zu *beantragen*, denn sie braucht das Geld um ihre Miete zu bezahlen. Sie ist auf das Geld *angewiesen*. Um Geld vom Staat zu *beantragen*, muss sie sich zuerst mit einem *gültigen Ausweis* oder *Pass ausweisen* und dann verschiedene *Unterlagen einreichen*. Außerdem muss sie mehrere *Dokumente* vollständig *ausfüllen* – zum Beispiel mit ihrem Namen und ihrer Adresse. Die *Erfassung* aller Daten ist wichtig, damit das *Arbeitsamt* weiß, wie viel Geld sie vom Staat bekommt. Zum Schluss muss Frau Müller den Antrag *unterschreiben*, denn nur mit ihrer *Unterschrift* ist er *gültig*. Nun muss Frau Müller einige Wochen auf einen positiven oder negativen *Bescheid* vom *Arbeitsamt* warten.

### Die Genehmigung

Maria und Peter möchten auf einem Straßenfest kalte Getränke verkaufen. Dafür benötigen sie eine *Genehmigung*, denn in Deutschland gibt es bestimmte *Richtlinien*, also Regeln für den Verkauf von Waren. Sie gehen auf ein Amt und *registrieren* sich. Eine Beamte überprüft die *Angelegenheit*. Nach der *formalen Überprüfung* bekommen Maria und Petereine *Genehmigung*, dass sie Getränke verkaufen dürfen. Es gibt allerdings eine *Beschränkung*: Sie dürfen keinen Alkohol verkaufen.

### Gar nicht so einfach – was man alles wissen sollte

Wenn man in ein fremdes Land zieht, gibt es viele neue Dinge, die man wissen muss.
Es gibt zum Beispiel verschiedene *Verordnungen* und Gesetze, die das Leben zum Anfang *erschweren* können, wenn man sie nicht kennt. Hier sind einige Hinweise, die das Leben einfacher machen:

- Wenn man in Deutschland wohnen möchte, braucht man einen *Nachweis*, dass man in Deutschland bleiben darf. Dieser *Nachweis* ist zum Beispiel ein Visum. Das Visum ist nur in Kombination mit dem *Pass gültig*.
- Wenn man ein Auto kaufen möchte, benötigt man eine *Zulassung*. Man geht auf ein Amt und meldet sein Auto offiziell an. Das Auto ist dann *amtlich* gemeldet.
- Wenn man ein *Dokument* wie den *Pass* oder den *Ausweis* verliert, sollte man zur Polizei gehen und den Verlust melden.
- Viele *amtliche Dokumente* sind nur mit einer *Unterschrift* gültig. Wenn man vergisst ein *Dokument* zu *unterschreiben*, ist es nicht *gültig*.

**A** Zum Amt gehen. Ergänzen Sie die Sätze mit folgenden Wörtern.

registriert • Unterschrift • Arbeitsamt • gültig • Verordnungen

1 Herr Schulz ist im Moment arbeitslos. Er möchte Geld vom Staat.

   Er muss zum _____ gehen.

2 Es gibt viele Regeln und Gesetze in Deutschland. Man sollte die _____

   kennen, damit man keine Probleme bekommt.

3 Mein Pass ist bis zum 26.11.2020 _____. Danach brauche ich einen neuen.

4 Am Ende eines Dokuments steht oft: Ort, Datum und _____.

5 Wir benötigen einige Informationen von Ihnen. Wenn wir diese haben,

   sind Sie automatisch bei uns _____.

**B** Das Dokument. Füllen Sie das Kreuzworträtsel aus.

1 Wenn man einen Antrag stellt, muss man eine bestimmte Zeit warten. Dann bekommt man einen … .
2 Für viele … Angelegenheiten auf dem Amt benötigt man viel Zeit.
3 Man darf in der Stadt nur 50km/h fahren. Das ist eine … der Geschwindigkeit.
4 Man meldet sein Auto an und bekommt eine … .
5 Wenn man etwas offiziell von einer Behörde bekommt, ist es … .
6 Wenn man einen Antrag stellt, muss man bestimmte … einreichen.
7 Maria hat keine Arbeit. Sie ist nicht allein. Sie ist kein … .
8 Informationen zur Arbeitslosigkeit werden digital erfasst und … ausgewertet.

**C** Einen Antrag stellen. Ergänzen Sie den Dialog mit den folgenden Wörtern.

angewiesen • unterschreiben • Angelegenheit • Überprüfung • ausfüllen • einreichen • beantragen

Beamte:      Guten Tag, was kann ich für Sie tun? In welcher _____ kommen Sie zu mir?

Frau Schulz: Guten Tag, ich möchte Geld für meine Kinder _____. Ich habe im Moment

             keine Arbeit und meine beiden Töchter brauchen Bücher für die Schule. Wir sind auf das Geld vom

             Amt _____.

Beamte:      Es gibt dafür ein Dokument. Bitte nehmen Sie es mit nach Hause. Sie müssen es _____

             und mit den Rechnungen für die Bücher bei mir _____. Bitte vergessen Sie

             nicht am Ende die Unterschrift. Sie müssen unbedingt _____, sonst kann ich

             die Forderung nicht bearbeiten. Ich werde mir dann Ihren Antrag genauer anschauen.

             Die _____ Ihres Antrags dauert zirka eine Woche.

## 7.02 Öffentliche und soziale Dienstleistungen

### Ein Paket zum Geburtstag

Angela wohnt in einer anderen Stadt als ihre Familie. Weil sie Geburtstag hat, erhält sie ein *Paket* von ihren Eltern. Sie muss es innerhalb einer Woche bei der Post *abholen*. Wenn diese *Frist* von sieben Tagen vorbei ist, wird das *Paket* automatisch an ihre Familie zurück geschickt. Angela geht in der Post an den *Schalter*, um das *Paket abzuholen*. Zu Hause *reißt* sie das *Paket* voller Freude *auf*. Sie hat ein neues Buch und einen Brief zum Geburtstag bekommen. Als Dank schickt sie keine E-Mail sondern eine Karte an ihre Eltern. Sie schreibt als *Empfänger* die Adresse ihrer Familie auf:

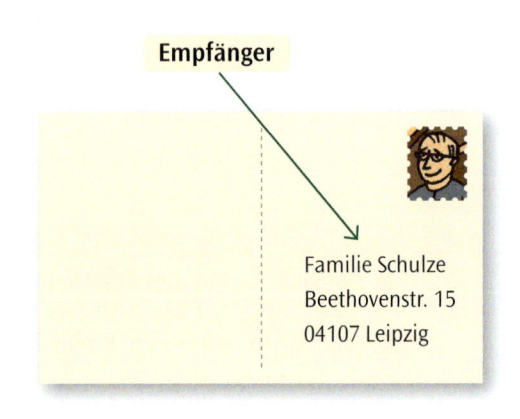

**Empfänger**

Familie Schulze
Beethovenstr. 15
04107 Leipzig

### Hilfe, es brennt

Herr Wagner arbeitet bei der *Feuerwehr* in Stuttgart. Die *Feuerwehr* hilft Menschen und auch Tieren in *Not*. Sie *löschen* Feuer, wenn zum Beispiel ein Haus brennt und *bergen* Menschen nach Unfällen. Herr Wagner arbeitet heute seit sieben Uhr morgens. Nach 24 Stunden Dienst *löst* ihn ein anderer Kollege *ab*. Im Moment ist Sommer. Das Wetter in Stuttgart ist sehr heiß und trocken und der Wald am Rand der Stadt brennt. Sofort *eilen* Herr Wagner und seine Kollegen dorthin und *treffen* nach nur fünf Minuten *ein*. Die *Feuerwehr löscht* das Feuer innerhalb einer Stunde – zum Glück ist niemand verletzt.

### Tiere ohne zu Hause

Viele Menschen haben Hunde, Katzen oder Vögel. Aus verschiedenen Gründen ist es manchmal nicht möglich die Tiere zu behalten – zum Beispiel wegen *Beschwerden* der Nachbarn, dass der Hund zu laut ist. Darum gibt es in Städten *Initiativen*, die sich um diese Tiere kümmern. Frau Lehmann *engagiert* sich in ihrer Freizeit für Tiere und arbeitet ein Mal pro Woche bei einem privaten *Träger*. Menschen, die ein Tier haben möchten, können Frau Lehmann anrufen oder vorbeikommen und sie gibt *Auskunft* über Katzen und Hunde, die ein neues Zuhause brauchen. Besonders zu Weihnachten gibt es viele *Anfragen*. Die *Vermittlung* der Tiere ist für Frau Lehmann sehr wichtig. Sie hofft, dass sie ein gutes neues Zuhause und eine gute Betreuung bekommen.

### Hier bekommen sie Unterstützung

- Auch Herr Lehmann *engagiert* sich in seiner Freizeit sozial. Sein *Anliegen* ist es, ein besonders altes Haus in seiner Stadt zu erhalten. Die *Initiative* wird von einer *Stiftung* unterstützt, das heißt, sie bekommen das Geld für das Haus von der *Stiftung*.
- Frau Krüger wiederum arbeitet an einer Universität mit über 30 000 Studenten. Wenn es am Ende des Semesters viele Prüfungen gibt, benötigen einige Studenten eine *psychologische Beratung*. Die Nachfrage ist dann besonders hoch. Die Studenten haben so viel Stress, dass sie mit ihren *Anliegen* und Ängsten zu Frau Krüger kommen und über ihre Situation sprechen. Die Studenten sind sehr froh, dass die Universität diese *Dienstleistung bereitstellt* und dass Frau Krüger sie unterstützt.
- Jerry ist ein Künstler aus den USA. Er möchte seine Bilder in Deutschland *ausstellen*. Bei der Organisation und Finanzierung hilft ihm eine *Initiative* zur Unterstützung moderner Kunst.

**A** Feuer oder Post. Welches Wort passt nicht dazu? Unterstreichen Sie dieses Wort.

1 Stiftung – Träger – Feuer – Initiative
2 bergen – wandern – helfen – löschen
3 Paket – Post – Schalter – Not

**B** Eine Beschwerde von seltenen Tieren? Ordnen Sie die Antworten den passenden Fragen zu.

1 Hast du ein besonderes Hobby?  a  Von unserem Nachbarn.
2 Wie lange hat es gedauert, bis die Feuerwehr kam?  b  Es gibt eine Frist von drei Tagen.
3 Von wem ist denn die Beschwerde?  c  Nach zehn Minuten ist sie eingetroffen. Sie ist geeilt.
4 Bis wann musst du das Paket bei der Post abholen?  d  Ja, ich engagiere mich für seltene Tiere.

**C** Was passt? Ergänzen Sie die Sätze mit folgenden Wörtern.

Empfängers ▪ ausstellen ▪ aufreißen ▪ Schalter ▪ abgelöst ▪ Not ▪ Auskunft

1 Stefan wollte schon als Kind Menschen in _____ helfen. Darum ist er Arzt geworden. Nach vielen Stunden im Krankenhaus wird er von einem anderen Arzt _____ .
2 Ich möchte eines Tages meine Bilder in einem Museum _____ . Das ist mein Traum.
3 Wenn man Fragen hat oder eine Information benötigt, kann man die _____ anrufen.
4 Bei der Bahn kann man an einen _____ gehen, am Automaten oder online ein Ticket kaufen.
5 Es ist wichtig, die eigene Adresse und die des _____ auf einen Brief zu schreiben.
6 Ich freue mich sehr über Briefe. Ich will sie immer sofort _____ . Nur Rechnungen möchte ich am liebsten nicht öffnen.

**D** Wenn Helfer Hilfe brauchen. Ergänzen Sie die Sätze mit folgenden Wörtern.

Erfahrungen ▪ psychologische ▪ Vermittlung ▪ Betreuung

Nach einem schweren Unfall bieten einige Initiativen eine _____ Beratung für die Helfer an. Es ist wichtig für Ärzte und Feuerwehrmänner, dass diese Dienstleistung bereitgestellt wird, denn ohne diese _____ sind sie oft mit ihren _____ allein. Die Initiativen kümmern sich bei schwierigen Fällen auch um die _____ anderer Experten.

**E** Persönliches Engagement. Beantworten Sie die Fragen. Benutzen Sie dafür die Wörter dieses Kapitels.

Engagieren Sie sich für ein bestimmtes Projekt oder kennen Sie jemanden, der bei einer Initiative arbeitet? Was machen Sie dort und warum ist es wichtig für Sie und andere Menschen?

## 7.03 Telekommunikation

### Ich brauche einen neuen Computer

Sabine: Mein *Rechner* ist kaputt, ich muss mir einen neuen kaufen. Mein alter Computer kann keine *Dateien* mehr *speichern*.

Paul: Hast du in einem *Forum* im Internet nach einer Lösung gesucht? Vielleicht musst du nur eine neue *Version* deines *Betriebssystems installieren*.

Sabine: Nein, habe ich nicht, aber es gibt noch mehr Probleme. Mehrere *Tasten* funktionieren auch nicht und ich kann keine CDs mehr *einlegen*.

Paul: Oh, dann schaue ich mal, ob ich es reparieren kann. Wenn nicht, kaufen wir dir einen neuen.

### Mein neuer Rechner

Mein alter *Rechner* war kaputt. Jetzt bin ich stolzer *Benutzer* eines neuen PCs.
Ich habe jetzt das neuste *Betriebssystem* und kann *Dateien* in unterschiedliche *Formate umwandeln* und *speichern*; Texte *markieren* und kopieren sowie Programme *verknüpfen*.
Die *Verknüpfung* spart Zeit, da ich ein Programm nicht so lange suchen muss.

### Die Informationstechnologie

Bei der *Informationstechnologie* geht es um *Datenverarbeitung* und die Software,
*Chips* sowie *Bildschirme* und andere elektronische Geräte, die man dazu benötigt.
Aber auch die *Schnittstelle* zwischen Mensch und Computer gehört zu diesem Bereich.
Viele Menschen sind heute *Nutzer* dieser *Technologie*. Ihr PC ist Teil eines weltweiten *Netzwerks*.

### Als ich noch jung war,…

- hat man statt *E-Mails* per Computer, Briefe mit der Post *gesendet*,
- hat man sich bei Freunden zu Hause getroffen und nicht *virtuell* auf einer *Plattform*,
- habe ich ein *analoges* Telefon benutzt und nicht mit einem *Handy telefoniert*, wo man nicht weiß, wie man das Gespräch beendet und *auflegt*,
- war ich nicht immer und überall *erreichbar*, ich konnte auch mal entspannen.
- … komisch, diese neue digitale Welt!

**A** Der Computer. Welche Wörter passen zusammen? Ordnen Sie zu.

1 Datei — a installieren
2 CD b umwandeln
3 Programm → c speichern
4 Format d einlegen

**B** Das Internet. Füllen Sie das Kreuzworträtsel aus.

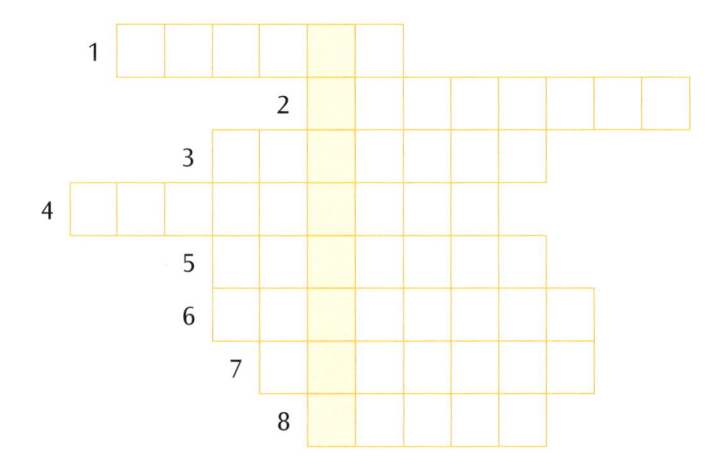

1 Ein elektronischer Brief ist eine … .
2 Viele Computer sind in einem … verbunden.
3 Auf einem PC kann man viele … speichern.
4 Einen digitalen Text kann man … und kopieren.
5 Wenn ein Programm nicht richtig funktioniert, braucht man manchmal nur eine neue … .
6 Programme, die viele Menschen verwenden, haben viele … .
7 Ein anderes Wort für Computer ist … .
8 Wenn eine … kaputt ist, kann man nicht mehr richtig schreiben.

**C** Kann man das alles machen? Eine Sache passt nicht. Finden Sie sie.

1 Wo kann man sich im Internet treffen? auf einer Plattform zum Lernen – in einem Forum – im Chip
2 Was kann man installieren? ein Betriebssystem – eine Taste – ein Programm
3 Wozu kann man Kurse belegen? zur Informationstechnologie – zur Datenverarbeitung – zur Schnittstelle
4 Was kann man umwandeln? Dateien – Strom – Handy
5 Was kann man erstellen? eine Verknüpfung – eine Kopie – einen Nutzer

**D** Was man mit einem Telefon alles machen kann. Welches Wort passt am besten in welchen Satz?

senden ▪ Taste ▪ digitale ▪ Handy ▪ erreichbar ▪ speichern ▪ telefonieren ▪ analoges ▪ Bildschirm

Opa, du hast ein _____ Telefon, aber ich habe ein neues _____ .

Damit kann man nicht nur Oma anrufen, also _____ , sondern auch

_____ Fotos machen. Schau, da ist die Kamera. Einmal bitte lächeln! Hier auf dem

_____ siehst du das Foto. Wenn ich diese _____ drücke, kann ich

das Bild _____ , damit ich es später auch Oma zeigen kann oder Papa per E-Mail

_____ . Aber das Schönste ist, dass man mich immer anrufen kann. Ich bin 24 Stunden am

Tag _____ .

**E** Digitale Technologien. Beantworten Sie die Fragen. Benutzen Sie dafür die Wörter dieses Kapitels.

In den letzten Jahrzehnten haben sich die Medien stark verändert. Welche neuen Medien benutzen Sie?
Welche Vor- bzw. Nachteile haben sie?

## 7.04 Polizei

### Mehr Sicherheit auf den Straßen

Viele Menschen fühlen sich in Deutschland sicher, aber die Gewalt nimmt zu.
Deshalb möchte die Polizei verstärkt gegen Verbrechen vorgehen. Zur *Bekämpfung*
der Gewalt werden öffentliche Plätze, Busse und Bahnen mit Kameras *überwacht*.
Mit den Videos können die Polizisten Verbrechen schneller *aufklären*.
Aber zur *Aufklärung* reicht nicht nur die Überwachung, die Polizei braucht bei ihren
*Ermittlungen* auch die Hilfe der Bürger. So können *Zeugen* helfen, die *Täter*
zu *identifizieren* und *Einzelheiten,* also Details des Verbrechens *aufzuklären*.

### Polizei nimmt drei verdächtige Personen fest

Über mehrere Wochen wurden in einer kleinen Stadt Autos gestohlen. Am Wochenende *nahm* die Polizei drei *verdächtige* Personen *fest*. Der *Zugriff* erfolgte, als sich die *mutmaßlichen Täter* in einer Wohnung aufhielten. Sie wurden *verhaftet* und werden zurzeit von der Polizei *befragt*. Die Polizei *stellte* mehrere Autos *sicher*.

### Meldungen der Polizei

- Die Polizei warnt *ausdrücklich* vor E-Mails, die unbekannte Rechnungen enthalten.
  Die Rechnungen sind nicht echt und enthalten einen Virus, der Ihrem Computer schadet.
- Mehrere Jugendliche hielten im Keller eines Hauses einen Hund eine Woche *gefangen*.
  Die Polizei rettete den Hund und *befragte* die Jugendlichen. Sie sagten, die Situation war *harmlos*, sie wollten nur den Nachbarn ärgern. Dem Hund geht es gut. Die Polizei hat eine *Anzeige*
  gegen die Jungendlichen aufgenommen. Sie müssen jetzt vor Gericht.
- Auf *Anweisung* des Polizeidirektors wird an diesem Wochenende die Geschwindigkeit verstärkt kontrolliert.
  Der Grund für die Kontrolle sind mehrere Unfälle wegen zu hoher Geschwindigkeit.
- Der Prozess gegen Peter S. vor dem Gericht in München ist am Freitag zu Ende gegangen.
  Das Urteil: sieben Jahre *Gefängnis*. Der 48-Jährige hatte über viele Jahre mehrere Millionen Euro gestohlen und damit in seiner Firma erheblichen Schaden *angerichtet*. Die Firma muss jetzt schließen.
- Die Kriminalität im Internet nimmt seit Jahren ständig zu. Mehrere Personen haben sich jetzt zusammengeschlossen und einen Verein gegründet. Die *Vereinigung* für mehr Sicherheit im Internet will nun verstärkt mit der Polizei zusammen arbeiten. Dieses *Vorgehen* soll helfen, die Kriminalität im Internet erfolgreich zu *bekämpfen*.

**A** Was passt? Ergänzen Sie die Wortgruppen mit den folgenden Wörtern.

überwachen ▪ gründen ▪ anrichten ▪ befragen ▪ bekämpfen ▪ aufnehmen

1 einen schweren Schaden …
2 eine Anzeige …
3 öffentliche Plätze, Busse und Bahnen mit einer Kamera …
4 Zeugen nach dem Verbrechen …
5 Gewalt auf den Straßen …
6 eine Vereinigung gegen sexuelle Gewalt …

**B** Ein Verbrechen passiert. Bringen Sie die Sätze in die richtige Reihenfolge.

_3_ Dann stellt die Polizei Beweise am Ort des Verbrechens sicher; sie sammelt die Beweise.
__ Die Polizei hat mithilfe der Zeugen und der Beweise das Verbrechen aufgeklärt.
Die Ermittlungen sind nun abgeschlossen.
__ Die Polizei kommt zum Ort des Verbrechens und befragt zuerst die Person, die das Verbrechen gesehen hat.
Sie stellt dem Zeugen Fragen.
__ Die Polizei nimmt die verdächtige Frau fest. Nun kommt sie für einige Zeit ins Gefängnis.
__ Dank der Beweise und der Zeugen kann die Polizei den Täter identifizieren. Die Polizei weiß jetzt,
es ist Sabine K. aus München.
__ Ein Zeuge eines Verbrechens ruft mit dem Handy die Polizei.

**C** Alles harmlos? Welche Paraphrasen haben die gleiche Bedeutung. Ordnen Sie zu.

1 die Polizei informiert die Bevölkerung, dass der Täter gefährlich ist
2 die Situation war nicht gefährlich
3 die Polizei hat viele Informationen über ein Verbrechen

a die Lage war harmlos
b die Polizei warnt ausdrücklich vor dem Täter
c die Polizei kennt viele Einzelheiten

**D** Interview mit einem Polizisten. Ergänzen Sie die Sätze mit den folgenden Wörtern.

gefangen ▪ Vorgehen ▪ Anweisung ▪ Bekämpfung ▪ Zugriff ▪ mutmaßliche

Journalist: Was war denn bisher ihr gefährlichster Fall?

Polizist: Vor einigen Wochen bekamen wir eine _____ vom Innenministerium. Wir sollten Hunde an Bahnhöfen und Flughäfen einsetzen, weil sich _____ Terroristen in unserer Stadt aufhalten. Die Hunde werden für die _____ terroristischer Anschläge eingesetzt. Man möchte mit diesem _____ verhindern, dass Anschläge passieren. Wenige Tage später gab es fast einen Anschlag im Hauptbahnhof.

Journalist: Was genau ist passiert?

Polizist: Zwei Männer hatten in einem Koffer Bomben versteckt. Als die Hunde die Bomben gefunden haben, musste alles sehr schnell gehen. Der _____ erfolgte nach wenigen Minuten. Für uns war es sehr gefährlich. Wir wussten nicht, ob die Terroristen Waffen hatten und wann die Bomben explodieren. Zum Glück konnten wir die Täter sehr schnell _____ nehmen und es gab keine Verletzen.

## Opfer eines Einbruchs

Gerade in den Ferien gibt es statistisch mehr *Einbrüche*. Oft beobachten die Täter Häuser und Wohnungen mehrere Tage, bevor sie in das Haus oder die Wohnung *eindringen*. Sie *brechen* die Tür oder ein Fenster *auf* und *stehlen* dann wertvolle Gegenstände wie goldene Ketten und Computer. Die Täter *fliehen* still und leise und werden selten bei der Tat *erwischt*.
Die Folgen für die Opfer eines Einbruchs sind enorm: Viele sind nicht mehr gern in ihrer Wohnung und haben Angst, erneut Opfer eines Einbruchs zu werden.

## Flucht aus dem Gefängnis

Ein Mann ist aus dem Gefängnis *ausgebrochen* und ist jetzt auf der *Flucht* vor der Polizei. Die *flüchtige* Person ist ca. 1,80 Meter groß, trägt eine Jeans und einen blauen Pullover. Die Polizei will *radikal* gegen die Person vorgehen, denn sie ist sehr gefährlich. Auf der *Flucht* hat der Mann bereits vier Menschen mit einem Messer *bedroht*. Der Mann wäre eigentlich in vier Wochen aus dem Gefängnis entlassen worden. Wenn er jetzt gefasst wird, droht ihm eine *Strafe* von weiteren zwei Jahren im Gefängnis.

## 26-jähriger in Frankfurt erschossen

Wie die Polizei heute mitteilte, wurde Manuel S. gestern tot in seiner Wohnung aufgefunden. Er wurde mit einer *Pistole* erschossen. Ein Nachbar hörte den *Schuss* und rief sofort die Polizei. Als die Polizei am Ort des *Verbrechens* ankam, war der Täter nicht mehr in der Wohnung, er war bereits *geflüchtet*. Manuel S. hat sich, so der Nachbar, immer ruhig verhalten und war sehr freundlich. Wie die Polizei mitteilte, ist das *Motiv* der Tat nicht klar. Hinweise zur Aufklärung des *Mordes* nimmt die Polizei entgegen.

## Der Roman

Susan: Ich habe nächste Woche Urlaub und habe Lust viel zu lesen. Kannst du mir ein Buch empfehlen?
Karin: Ich habe neulich einen (Kriminal)Roman gelesen, der mir sehr gefallen hat und sehr spannend ist. Er handelt von Sergej, einem Mann, der *illegal* in den USA ist. Er darf deshalb nicht arbeiten und muss sich immer verstecken. Dann werden in der Stadt, in der er lebt, fünf Menschen getötet. Der *vermeintliche* Täter *begeht* die Morde immer nach einem bestimmten Muster: Er *bringt* sie immer zu einer bestimmten Zeit *um* und malt die *Leichen* rot an. Sergej findet dann in der Nähe seines Verstecks Kleidung mit roter Farbe. Von nun an beobachtet er diesen Ort. Eines Tages kommt der *vermeintliche Mörder* zurück, um seine Kleidung und die Farbe zu holen. Sergej springt auf ihn und hält ihn fest. Der Mörder ist so überrascht, dass er sich nicht *wehrt*, er ist ganz ruhig. Da Sergej in seiner Heimat Polizist war, beginnt er den Täter zu befragen. Der gibt zu, dass er die fünf Morde *begangen* hat, er *gesteht* also die Taten. Doch der Mörder versucht Sergej mit seiner ruhigen Art zu *täuschen*, denn er will auch ihn *umbringen*. Jetzt …
Susan: Halt, halt, nicht zu viel erzählen! Ich will das Buch ja noch lesen.

**A** Thema Gewalt. Welches Wort passt nicht dazu? Unterstreichen Sie dieses Wort.

1. umbringen – erschießen – bedrohen
2. mithilfe – vermeintlich – mutmaßlich
3. Motiv – Grund – Leiche
4. Pistole – Schuss – Strafe
5. Flucht – Frucht – fliehen

**B** Zwei unterschiedliche Verbrechen. Ordnen Sie die folgenden Wörter in die Tabelle ein.

aufbrechen ▪ Mörder ▪ stehlen ▪ eindringen ▪ Leiche ▪ Schuss

| Mord | Einbruch |
|---|---|
|  |  |

**C** Auf der Flucht. Welches Wort passt nicht dazu? Unterstreichen Sie dieses Wort.

1. Eine Person bricht aus dem Gefängnis aus. Sie wird von der Polizei gesucht.
   Die Person: **flüchtet / ist flüchtig / täuscht**
2. Ein Verbrechen kann man: **stehlen / begehen / gestehen**
3. Eine Leiche wird gefunden.
   Diese Person wurde: **mit einer Pistole erschossen / mit einem Auto erwischt / mit einem Messer umgebracht**

**D** Ralfs Jugend. Welches Wort passt am besten in welchen Satz?

ausbrechen ▪ radikal ▪ erwischt ▪ illegale ▪ geschädigt ▪ wehren

Als ich zirka fünfzehn Jahre alt war, haben sich meine Eltern viele Sorgen um mich gemacht. Ich bin selten in die Schule gegangen, habe _____ Drogen genommen und wurde bei einem Einbruch in das Haus meines Nachbarn von der Polizei _____. Ich wollte mich gegen die Regeln unserer Gesellschaft _____. Ich hatte das Gefühl nicht frei zu sein, also wollte ich irgendwie _____. Viele Sachen tun mir aus heutiger Sicht leid. Ich habe den Ruf meiner Eltern _____. Sie schämen sich noch heute für mich. Zum Glück hat sich mein Leben seit einem halben Jahr _____ verändert. Ich habe jetzt eine Freundin, gehe regelmäßig zur Schule und versuche mein Abitur zu machen.

**E** Kriminalität. Beantworten Sie die Fragen. Benutzen Sie dafür die Wörter dieses Kapitels.

Welche Formen von Kriminalität gibt es in Ihrem Land besonders häufig?
Gibt es einen Fall aus der Zeitung oder Fernsehen an den Sie sich gut erinnern können? Was ist passiert?
Haben Sie kürzlich ein Buch gelesen oder einen Film gesehen, in dem es das Thema Kriminalität gab?
Worum ging es da?

## Mariana beim Arzt

Paul ist mit seiner kleinen Tochter Mariana beim Arzt. Dort liegt sie jetzt *nackt* auf einem Bett in der Praxis. Erst lag sie auf dem *Bauch*, jetzt liegt sie auf dem Rücken. Der Arzt untersucht den *Leib* des Kindes und tastet verschiedene *Organe* ab, vor allem den *Magen*, denn das Mädchen hat Schmerzen im *Bauch*. Der Arzt findet keine Ursache für die *Bauch*schmerzen. Wahrscheinlich hat Mariana nur zu viel Schokolade gegessen.

## Sportler Andreas

Franz: Hallo Andreas, lange nicht gesehen.
Andreas: Hallo Franz.
Franz: Du hast aber ganz schön *zugelegt*. Wo hast du denn all diese *Muskeln* her?
Andreas: Oh, was du alles siehst! Naja, ich mache viel Sport und trainiere meine *Muskeln*. Dabei versuche ich, alle *Glieder,* also Arme und Beine, gleichmäßig zu trainieren. Weil ich starke *Muskeln* an den Schultern habe, muss ich auch den *Nacken* besonders trainieren, denn der liegt ja genau dazwischen.
Franz: Achtest du auch besonders auf deine Ernährung?
Andreas: Nur ein bisschen. Ich versuche nur, viele *Proteine* zu essen. Das fördert das Wachstum der *Muskeln*. Und um meine *Knochen* zu stärken, trinke ich viel Milch.

## Fahrradfahren im Winter

Gestern bin ich mit meinem Fahrrad über Schnee und Eis gefahren. Am Anfang hat es sogar Spaß gemacht. Dann bin ich aber hingefallen, mitten aufs Gesicht. Meine *Lippe* war blutig und meine *Zunge* hat weh getan. Am schlimmsten war aber – ein *Zahn* war abgebrochen. Ich bin dann sofort zum *Zahn*arzt. Der hat gebohrt und den *Nerv* des *Zahnes* gezogen. Das war sehr schmerzhaft. Ich musste meine Hände fest zu einer *Faust* zusammendrücken, um die Schmerzen zu ertragen. Jetzt habe ich eine *Lücke* in meinen *Zähnen* und eine dicke *Wange*. Meine Freundin kann ich mit der *Wunde* im Mund und meinen kaputten *Lippen* auch nicht mehr küssen. Trotzdem bekomme ich bei ihr die richtige *Pflege* um wieder gesund zu werden.

## EU-Richtlinie

Ab sofort muss auf jeder Schachtel *Zigaretten* ein Hinweis zu den *tödlichen* Folgen des *Rauchens* stehen. Jedes Jahr erkranken tausende Menschen *chronisch*, weil sie rauchen. Sie werden also vermutlich für immer an den Folgen dieser *Droge* leiden. Daran sollen Raucher nun auf jeder Zigarettenschachtel erinnert werden. Vielleicht wird dadurch wirklich weniger geraucht.

**A** Der Körper. Ergänzen Sie die Sätze mit den folgenden Wörtern.

> Organe • Leib • Magen • Bauch • nackt

1 Ein Körper ist ein _____ .
2 Ohne Kleidung ist man _____ .
3 Wer zu viel isst, bekommt einen dicken _____ .
4 Wenn man ein Stück Brot isst und schluckt, kommt es in den _____ .
5 Herz und Magen sind _____ .

**B** Streit zwischen Trainer und Sportler. Ergänzen Sie den Text mit den folgenden Wörtern.

> Muskeln • rauchen • Zigaretten • zugelegt • Proteine • Droge • chronischen • tödlich

Trainer: Wenn du nicht aufhörst, jeden Tag eine Schachtel _____ zu _____ hilft das ganze Training nichts.

Sportler: Sei nicht so streng. Ich hab in letzter Zeit doch ganz schön _____ . Meine _____ sind so stark wie noch nie.

Trainer: Deine Muskeln sind nicht stark, sondern nur groß, weil du zu viele _____ isst. Außerdem weißt du genau, dass diese _____ abhängig macht, _____ sein kann und zu _____ Krankheiten führt.

Sportler: Nun gut. Ich höre auf zu rauchen.

**C** Schön oder krank. Ordnen Sie ähnliche Sätze einander zu.

1 Ihm gefallen ihre schönen Lippen.
2 Ich küsse ihre Wangen.
3 Von der Wanderung tun ihm alle Knochen weh.
4 Er hat eine große Lücke im Mund.

a Nach dem Sport schmerzen ihm die Glieder.
b Sie hat einen schönen Mund.
c Ihm fehlen zwei Zähne.
d Ich berühre ihr Gesicht mit meinen Lippen.

**D** Ergänzen Sie die Sätze mit den folgenden Wörtern?

> Zunge • Pflege • Nacken • Wunde • Nerven • Faust

1 Ich habe mir eine Creme zur _____ meines Gesichts gekauft.
2 Du gehst mir auf die _____ .
3 Ich habe eine _____ am Bein.
4 Ich schlage mit der _____ auf den Tisch.
5 Ich habe mir die _____ am heißen Essen verbrannt.
6 Ich sitze viel am Schreibtisch, davon tut mir jetzt mein _____ weh.

## 8.02 Gesundheit und Krankheit II

### Schulklasse beim Tierarzt

Beatrice: Herr Doktor, können Sie mir erklären, was *BSE* ist?

Tierarzt: Ja, das ist eine Krankheit bei Kühen. Dabei setzen sich im Gehirn der Kuh kranke Proteine fest. Davon wird die Kuh im Kopf krank. Viele Leute sagen, die Kühe werden *wahnsinnig*.

Hans: Und wie ist der *Verlauf* von *BSE*?

Tierarzt: Erst werden die Tiere *wahnsinnig*, dann meistens *blind*, sie sehen also nichts mehr. Am Ende sterben die Tiere normalerweise.

Beatrice: Können sich auch Menschen mit *BSE infizieren*?

Tierarzt: Das weiß man nicht so genau, weil man den *Erreger* der Krankheit noch nicht gefunden hat. Aber einige Wissenschaftler glauben, dass es zu einer *Infektion* des Menschen mit *BSE* kommen kann, wenn man viel Fleisch von *BSE*-kranken Kühen isst. Deshalb *verbrennt* man tote Kühe auch in großen Öfen. Das wird streng kontrolliert, um *Missbrauch* zu vermeiden. Eine Kuh kostet schließlich viel Geld, aber nur so kann man verhindern, dass sich *BSE ausbreitet*.

Hans: Danke, Herr Doktor.

### Tipps für den Winter

Unser *Immunsystem* schützt uns vor Krankheiten. Es ist die natürliche *Abwehr* unseres Körpers gegen *Viren* und *Bakterien*. Im Winter, wenn es kalt und nass ist, ist unser *Immunsystem* besonders gefordert und muss *aktiviert* werden. Darum muss man es mit gesunder Ernährung und genügend Bewegung stärken, um Krankheiten *vorzubeugen*. Wenn ein *Virus* es geschafft hat, uns krank zu machen, können *Symptome* wie *Fieber*, schwache Glieder und Schmerzen im Hals die Folge sein. Dann muss man die Krankheit *ertragen*, bis sie *überwunden* ist.

### Krankheiten und ihre Folgen

Wer krank ist, hat oft ein sehr *blasses* Gesicht und eine rote Nase.

Wer mit einer *Behinderung* leben muss, hat im Alltag häufig Probleme.

Wenn ein Mensch, z. B. nach langer Krankheit *verstirbt*, kommt er in ein *Grab* auf dem Friedhof.

Manche Menschen können nicht mit ihrem Mund und ihrer Stimme sprechen. Sie sind *stumm*. Sie sprechen dafür mit den Händen.

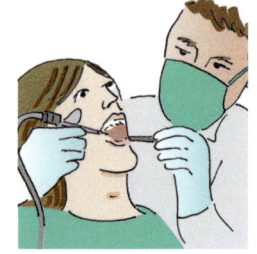

Wenn ein Zahn krank ist, muss der Zahnarzt *bohren*. Diese Schmerzen muss jeder irgendwann *erleiden*.

### Jens sieht mit den Händen

Jens ist seit seiner Geburt blind. Er sieht nichts. Er hat gelernt, mit dieser *Einschränkung* umzugehen. Die Krankheit wurde durch ein kaputtes *Gen* hervorgerufen. Weil er es nicht anders kennt, *klagt* Jens nicht. Er fühlt sich auch nicht *behindert*. Viele Dinge, die er nicht mit den Augen sehen kann, kann er mit den Händen fühlen. Und das kann er viel besser als Leute, bei denen die Augen normal funktionieren.

**A** Der blinde Zahn? Welches Wort passt zu welchem Wort? Ordnen Sie die Wörter einander zu. Achtung! Die Wörter stehen in unterschiedlicher Beziehung zueinander.

1 behindert   3 versterben   a Zahn   c BSE
2 bohren      4 wahnsinnig   b Grab   d Behinderung

**B** Eine gesunde Lösung? Füllen Sie das Kreuzworträtsel aus.

1 Eine Krankheit
2 Hohe Temperatur im Körper
3 Ungesunde Farbe im Gesicht
4 Holz im Ofen
5 Erreger von Krankheiten, wie Viren
Senkrecht: Gegenteil von gesund

**C** Gesund bleiben oder gesund werden. Ergänzen sie die Sätze mit den folgenden Wörtern.

> Einschränkungen ▪ überwinden ▪ blind ▪ vorbeugen ▪ infiziert ▪ Symptome ▪ ausgebreitet ▪ aktivieren ▪ Virus ▪ stumm ▪ Immunsystem

1 Am Anfang waren nur zwei Kinder in der Schule krank, jetzt gibt es in jeder Klasse kranke Kinder.

Die Krankheit hat sich _____ .

2 Ich sehe nichts, ich bin _____ . Deshalb muss ich zwar mit vielen

_____ leben, aber ich habe trotzdem großen Spaß am Leben.

Ich bin froh, dass ich sprechen kann und nicht _____ bin.

3 Ich glaube, ich werde krank! Ich spüre schon die ersten _____ .

Hoffentlich habe ich mich nicht mit einem gefährlichen _____ _____ .

4 Mit gesunder Ernährung kann man die natürliche Abwehr des Körpers, das _____ ,

gegen Krankheiten _____ .

5 Wer gesund bleiben will, kann Krankheiten mit richtiger Ernährung _____ .

Wer eine Krankheit hat, muss sie _____ .

**D** Eric, der Raucher. Ergänzen Sie den Text mit den folgenden Wörtern.

> ertragen ▪ Genen ▪ Missbrauch ▪ geraucht ▪ hervorrufen ▪ erleide ▪ klagen

Das Rauchen liegt in meinen _____ . Schon mein Opa hat _____ . Ich

weiß, der _____ von Zigaretten kann schlimme Krankheiten _____ .

Aber im Moment möchte ich kein Leben ohne Zigaretten _____ müssen,

lieber _____ ich später die Folgen meiner Sucht, ohne dann zu _____ .

## 8.02 Gesundheit und Krankheit III • 8.03 Physisches Befinden und Bedürfnisse I

### Anna bekommt ein Kind

Peter: Hallo Anna, ich habe dich noch gar nicht gesehen, seitdem du *schwanger* bist. Wann kommt denn das Baby?
Anna: Ach, erst in zwei Monaten. Wir haben noch Zeit.
Peter: Und, ist so eine *Schwangerschaft* nicht sehr anstrengend?
Anna: Ich kann schlecht *einschlafen* und, wenn ich *aufwache*, bin ich dann noch sehr *müde*. Mit dem *Gleichgewicht* habe ich auch Probleme, kein Wunder, mit dem dicken Bauch. Und morgens ist mir manchmal *übel*. *Physisch* ist es also schon anstrengend. Aber ich bin auch sehr glücklich und freue mich auf das kleine *Individuum*. *Psychisch* geht es mir also richtig gut.
Peter: Das klingt ja richtig gut! Mehr nach *erholen* als nach *quälen*.
Anna: Ja, ohne das Problem mit dem *Schlaf* kann man wirklich *Erholung* zu dieser *Schwangerschaft* sagen.

### Der dicke Helmut hat ein Problem

Wenn ich morgens *erwache*, komme ich nicht zu *Atem*. Luft holen fällt mir schwer und ich fühle *Schwäche* im ganzen Körper. Wenn ich dann richtig *wach* bin und *aufrecht* stehe, wird es langsam besser und ich kann normal *atmen*, Ich war beim Arzt und seine *Diagnose* war, dass ich zu dick bin. Ich muss mein *Gewicht* reduzieren, weil es meinen *Kreislauf* beeinträchtigt. Aber ich frage mich – wie soll ich weniger essen, wenn ich krank bin? Ich muss mich doch *stärken*.

### Gesund oder krank?

- Helmut kann nicht aufhören zu essen. Er hat einen *Zwang* zu essen.
- Anna bekommt bald ihr Baby. Die *Prognose* ihrer Ärztin ist, dass es in zwei Monaten geboren wird.
- Am Morgen darf man Anna nicht *wecken,* denn sie kann abends schlecht einschlafen und muss mit ihrem Baby möglichst lange *ruhen*.
- Wenn man von einem Unfall schlimme Schmerzen hat, dann sind sie *akut*.
- Wenn man sich krank fühlt und der Arzt sagt, dass *organisch* alles okay ist, dann gibt es wahrscheinlich psychische Ursachen für die Schmerzen.

### Der Körper funktioniert

das *Gleichgewicht* halten 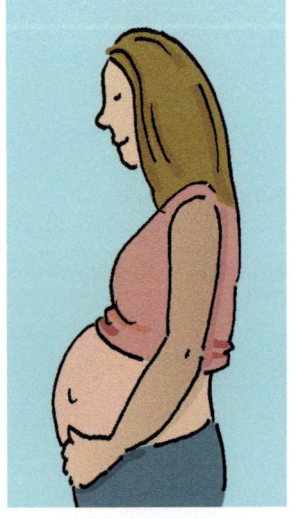    die *Schwangerschaft* 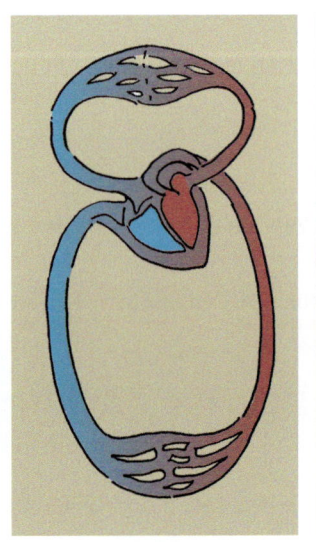    der *Kreislauf*     die *Erholung*

**A** Das Leben ist voller Gegensätze. Finden Sie das Gegenteil. Verbinden Sie die Antonyme.

1 müde
2 chronisch
3 stärken
4 erholen
5 physisch
6 einschlafen

a aufwachen
b psychisch
c wach
d quälen
e Schwäche
f akut

**B** Kreuz und quer – das Leben. Füllen Sie das Kreuzworträtsel aus.

1 . . . S . . .
2 . . C . .
3 . H . . .
4 W . .
5 . . . A
6 . N . . . .
7 . . . G . .
8 . E . . .
9 R . . . .

1 Der Arzt stellt eine … .
2 Ich bin so unruhig, ich finde einfach keinen … .
3 Nach einer anstrengenden Woche braucht man am Wochenende … .
4 Wenn man etwas nicht freiwillig macht, tut man es unter … .
5 Das Blut in unserem Körper fließt in einem … .
6 Jeder Mensch ist einzigartig. Jeder Mensch ist ein … .
7 Die Zeit, in der ein Baby im Bauch der Mutter ist, nennt man die … .
8 Die Luft, die in den Körper und wieder hinaus kommt, nennt man … .
9 Eine Aussage über die Zukunft ist eine … .

**C** Ist Anna krank? Ergänzen Sie den Text mit den folgenden Wörtern.

ruhen • Gleichgewicht • übel • organische • Gewicht • aufrecht

Anna: Seit einigen Tagen ist mir am Morgen immer _____. Manchmal habe ich auch Probleme mit dem _____, bis ich dann eine Weile _____ stehe. Irgendwie möchte ich auch die ganze Zeit schlafen oder wenigstens _____. Ich habe auch ein bisschen an _____ zugelegt. Einen richtigen kleinen Bauch habe ich bekommen, obwohl ich gar nicht viel esse. Ich hoffe, das alles hat keine ernste _____ Ursache. Ich hoffe, ich werde nicht krank!

**D** Ordnen Sie ähnliche Sätze einander zu.

1 Ich liebe es, die frische Luft in der Natur zu atmen.
2 Wenn ich früh um sechs Uhr meinen Sohn wecke, hat er nie gute Laune.
3 Im Alltag habe ich trotz Behinderung kaum Probleme.

a Ich fühle mich durch meine Krankheit eigentlich nicht beeinträchtigt.
b Er hasst es, am Morgen zu erwachen.
c Am besten geht es mir, wenn ich im Wald spazieren gehe.

**E** Schlaf und Erholung. Beantworten Sie die Fragen. Benutzen Sie dafür die Wörter dieses Kapitels.

Wie fühlen Sie sich am Morgen nach dem Erwachen? Was tun Sie nach einer anstrengenden Woche?

## Woran liegt das?

Frau Schulz: Guten Tag, Frau Doktor.
Doktor: Ich grüße Sie, Frau Schulz. Wie geht es Ihnen heute?
Frau Schulz: Ich glaube, das neue *Medikament* verursacht bei mir große *Unruhe*.
Doktor: Wie meinen Sie das?
Frau Schulz: Ich schlafe schlecht und ich *zittere* am ganzen Körper. So *zittere* ich sonst nur, wenn mir im Winter sehr kalt ist.
Doktor: Seltsam, ich habe Ihre neuen *Befunde* aus dem *Labor* bekommen. Darin steht, dass es Ihnen besser geht. Das neue *Medikament* ist also sehr *wirksam*. Unruhiger Schlaf und *Zittern* sind auch keine bekannten *Nebenwirkungen* für dieses *Arzneimittel*. Kann es sein, dass es sich um eine *Wechselwirkung* mit einem anderen *Präparat* handelt? *Schlucken* Sie noch andere *Tabletten*?
Frau Schulz: Ich nehme nur noch etwas gegen die Schmerzen in meinem Bein. Die *Tabletten* hatte ich noch zu Hause. Dafür wollte ich nicht extra einen Arzt oder die *Klinik aufsuchen*.
Doktor: Oh, das war gefährlich, dass Sie die zusätzlichen *Tabletten* ohne *ärztlichen* Rat genommen haben. Diese *Zusammensetzung* von *Medikamenten* ist gefährlich. Lassen Sie die weg und es wird Ihnen schnell besser gehen.
Frau Schulz: Vielen Dank für die Diagnose, Frau Doktor. Von den *Wechselwirkungen* wusste ich nichts. Aber Sie hatten den richtigen Rat für mich, wie *gewohnt*.

## Das Krankenhaus

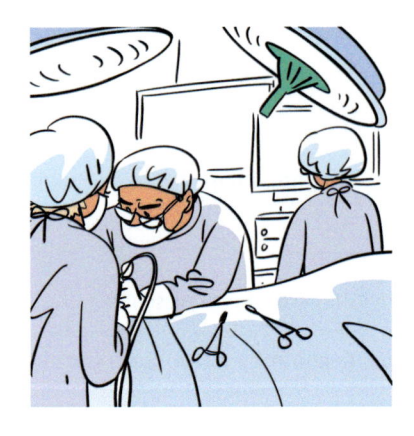

Das Krankenhaus nennt man auch *Klinik*. Dort wird die medizinische *Versorgung* von kranken Menschen, den Patienten durchgeführt. Die meisten Kliniken *decken* viele verschiedene medizinische *Eingriffe ab*. Dazu gehören auch *Operationen*. Wenn ein Mensch *operiert* werden muss, hatte er meist einen Unfall oder eine schwere Krankheit. Es gibt auch *operative* Eingriffe, bei denen es nur um *optische*, nicht um gesundheitliche Gründe geht. Doch auch dieses Bedürfnis wird in vielen Krankenhäusern *befriedigt*. Wenn es bei einer Operation aber nur um die Schönheit geht, muss man das selbst bezahlen. Alles andere, was *therapeutisch* notwendig ist, bezahlt in Deutschland die *Krankenkasse*.

## Anders als gedacht

- Wenn die Haut rot ist, kann man eine Creme *auftragen*. Man darf Creme aber nicht *schlucken*.
- In einer *Klinik* muss es zum Schutz vor Infektionen immer sehr sauber sein, man sagt auch *klinisch* rein.
- Gegen viele Krankheiten, z. B. durch Bakterien, hilft ein *Antibiotikum*.
  Man darf es aber nicht ohne *ärztlichen* Rat einnehmen.
- Einige Krankheiten kommen nicht von Infektionen oder einem Unfall, sie sind *genetisch* bedingt.
  *Genetische* Krankheiten gibt es häufig auch bei anderen Mitgliedern der Familie.

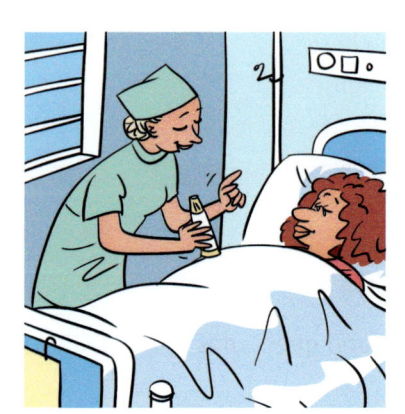

**A** Mit Krankheiten umgehen. Ordnen Sie den Fragen die richtigen Antworten zu.

1. Welche Ursache kann eine Krankheit haben, wenn schon andere Familienmitglieder darunter leiden?
2. Was kann passieren, wenn man verschiedene Tabletten ohne ärztlichen Rat einnimmt?
3. Wo werden die Befunde, z. B. über das Blut eines Patienten, erstellt?
4. Welchen Grund kann eine Operation haben, wenn man eigentlich gesund ist?

a. Diese Werte kommen aus einem Labor.
b. In diesem Fall kann es zu unangenehmen Wechselwirkungen kommen.
c. Dafür können genetische Gründe verantwortlich sein.
d. Vielleicht wird die Operation aus optischen Gründen durchgeführt.

**B** Medizin oder Operation? Wie gehen die Sätze weiter? Ordnen Sie zu.

1. Sie können dieses Präparat
2. Im Moment müssen wir sie nicht operieren,
3. Dieses Antibiotikum ist sehr
4. In unserer Klinik
5. Für operative Eingriffe

a. wirksam gegen gefährliche Bakterien.
b. mit einem Glas Wasser nach dem Essen schlucken.
c. muss ein Krankhaus klinisch sauber sein.
d. decken wir die gesamte medizinische Versorgung ab.
e. weil das therapeutisch nicht sinnvoll ist.

**C** Beim Arzt. Ergänzen Sie die Dialoge mit den folgenden Wörtern.

Klinik ▪ Wechselwirkungen ▪ Versorgung ▪ Krankenkassen ▪ Tabletten ▪ optischen ▪ Arzneimittel ▪ aufsuchen

Patientin: Muss ich bei diesem _____ auf etwas achten?

Doktor: Ja, bitte nehmen sie bitte keine anderen _____, das kann zu gefährlichen _____ führen.

Gaststudent: Stimmt es, dass die medizinische _____ in Deutschland zum großen Teil von den _____ bezahlt wird?

Arzt: Ja, das stimmt. Wenn man in die _____ muss, ist das fast kostenlos. Aber natürlich nicht bei einer Schönheitsoperation aus _____ Gründen.

Gaststudent: Gut, dass an ohne Geld einen Arzt _____ kann.

**D** Wie geht's und was hilft? Ergänzen Sie die Sätze mit folgenden Wörtern.

befriedigen ▪ zittern ▪ Zusammensetzung ▪ Unruhe

1. Ich bin ganz nervös. Ich habe eine innere _____.
2. Das Personal unserer Klinik ist darauf vorbereitet, all Ihre Bedürfnisse zu _____.
3. Ich habe heute körperlich schwer gearbeitet und jetzt _____ meine Hände.
4. Ich weiß, woraus dieses Arzneimittel besteht. Ich kenne seine _____ genau.

## 9.01 Sinneswahrnehmung und -äußerung • 9.02 Psychisches Befinden und Emotionen I

### Im Wald

Ich gehe gern durch den Wald. Dort gibt es viele *Geräusche*, z. B. von den Vögeln. Denen kann man *lauschen*, wenn man leise ist. Ich mag es auch, Pflanzen mit meinen Händen zu *berühren*. Ich finde, da wird die ganze Kraft der Natur *spürbar*. Ein Tier im Wald ist auch immer eine tolle *Beobachtung*. Aber die Tiere bekommen auch schnell einen *Schreck* und rennen weg. Sie *vernehmen* einen Menschen schon aus großer Entfernung. Für *gewöhnlich* gehe ich am Wochenende in den Wald. Dann habe ich Zeit dafür, kann den *Stress* der ganzen Woche vergessen und habe einfach gute *Laune*. Sobald ich dann zurück in der Stadt bin, habe ich schon wieder *Sehnsucht* zur Natur.

### Besuch im Museum

Ein Besuch in einem Museum mit Bildern ist das Größte! Hast Du dir schon mal richtig lang ein Bild *angeguckt*? Je länger Du es dir ansiehst, desto mehr wird darauf *erkennbar*. Manchmal erscheinen die Menschen auf dem Bild dann richtig *real*, sie stehen fast direkt vor dir. Das ist sehr *faszinierend*. Wenn man das Bild nicht intensiv mit den Augen *fixiert*, kann man leicht etwas *übersehen*. Ein gutes Bild bleibt mir lange im *Gedächtnis*. Ich kann mich an viele Kunstwerke erinnern. Auf die nächste Ausstellung in unserer Stadt freue ich mich immer schon lange vorher und erwarte sie mit großer *Spannung*.

### Schöne und schlechte Reize

An einer Blume kann man *riechen*. Sie hat einen guten *Geruch*.

Das Eis *schmeckt* süß. Kinder mögen den süßen *Geschmack*.

So ein *Lärm*. Das ist ja *unerträglich*.

### Die Wahrnehmung

Unser Gehirn nimmt *Reize* über verschiedene Organe wahr. Mit den Augen kann man sehen, mit den Ohren hören, mit dem Mund *schmecken* und auch unsere Haut kann *gereizt* werden. Sie wird z. B. durch Wärme oder wenn es kalt ist, *gereizt*. Auch elektrische *Impulse* können unsere Haut *reizen*. Schwache elektrische *Impulse* bekommen manche Leute beim Arzt Sie helfen bei einigen Krankheiten. Stärkere elektrische *Impulse* sind aber sehr gefährlich.

**A** Alles mit dem Kopf. Welches Wort passt zu welchem Wort? Ordnen Sie die Wörter einander zu.

1   riechen                    a   Geruch
2   erinnern                   b   Beobachtung
3   schmecken                  c   Geräusch
4   angucken                   d   Geschmack
5   lauschen                   e   Gedächtnis

**B** Eins zu viel. Welches Wort passt nicht dazu? Unterstreichen Sie dieses Wort.

1   Stress – Lärm – Schreck – Sehnsucht
2   berühren – angucken – übersehen – schmecken
3   sehen – riechen – hören – faszinieren

**C** Besuch eines Konzerts. Ergänzen Sie die Sätze mit den folgenden Wörtern.

unerträglich ▪ reizt ▪ erkennbar ▪ Laune ▪ Spannung ▪ gewöhnlich ▪ spürbar ▪ real

Ich freue mich wirklich sehr auf das Konzert am Wochenende. Die _____ ist für mich fast _____. Die Band ist in den letzten Jahren immer besser geworden. Ihre Fortschritte sind deutlich _____. Für _____ gehe ich ja nicht auf solche Konzerte, aber diese Band _____ mich. Es muss toll sein, die Musiker _____ auf der Bühne stehen zu sehen. Ich denke, die Musik wird live richtig _____ im Vergleich zum Radio. Ich denke, ich werde das ganze Wochenende richtig gute _____ haben.

**D** Es passiert alles zwischen den Ohren. Füllen Sie das Kreuzworträtsel aus.

1   Etwas, das man nicht vergisst, ist im …
2   Etwas sehr heißes auf der Haut ist ein …
3   Alle Reize, die unser Gehirn verarbeitet, zusammen nennt man die …
4   Die Haut wird gereizt durch einen elektrischen …
5   Ich … den Vögeln im Wald.
6   Die Tiere im Wald … den Geruch und die Geräusches des Menschen von weitem.

Senkrecht: Wir nehmen es mit der Nase wahr

**E** Unsere Sinne. Beantworten Sie die Fragen. Benutzen Sie dafür die Wörter dieses Kapitels.

Jeden Tag hören, schmecken, sehen und riechen wir viel. Was ist Ihnen am wichtigsten? Mögen Sie es ruhig oder laut? Was ist ihr liebster Geruch? Was bleibt Ihnen lange im Gedächtnis?

## 9.02 Psychisches Befinden und Emotionen II

### Angst vor der Prüfung

Felix ist immer *nervös* vor Prüfungen. Er lernt immer viel dafür. Die *Aufregung* kann er aber trotzdem nicht *unterdrücken*. Bis jetzt hat Felix jede Prüfung bestanden. Seine *Furcht* vor Tests kann er aber einfach nicht *verdrängen*. Dieses Gefühl *verwirrt* ihn manchmal so, dass er sich schon Tage vor einer Prüfung nicht konzentrieren kann. Felix möchte wegen diesem Problem mit einem Psychologen sprechen. Er *erhofft* sich von ihm Hilfe. Vielleicht kann der Arzt dafür sorgen, dass Felix vor der nächsten Prüfung weniger *besorgt* ist.

### Über einen Streit sprechen

Anna: Sag mal, worüber hast du dich denn vorhin mit deinem Freund gestritten?
Ich habe das zufällig gehört. Ich wusste gar nicht, dass du so *wütend* sein kannst.
Judith: Ach (*seufzt* Judith traurig), ich bin im Moment total *unglücklich* mit ihm.
Er sagt böse Dinge über meine Familie und mich. Er verletzt meinen *Stolz* und meine *Ehre*.
Wenn ich mich dann darüber *ärgere* oder *aufrege*, grinst er nur.
Anna: Das ist eine Überraschung. Das *verwundert* mich sehr. Warum macht er das?
Judith: Ich weiß es nicht. Es ist mir auch *peinlich,* darüber zu reden. Ich *schäme* mich.
Anna: Es muss dir nicht *peinlich* sein. Außerdem hilft reden, wenn man *verzweifelt* ist.
Judith: Es ist nicht nur die *Wut* bei einem Streit. Es ist vor allem die *Enttäuschung*.
Früher fand ich ihn so toll und heute *hasse* ich ihn manchmal.
Anna: Das klingt sehr anstrengend. Ich hoffe, diese schwierige Phase geht bald vorbei.

### Wie heißt das Gefühl, …

wenn die *Tränen* aus den Augen kommen?

Das ist die *Trauer*.

wenn man sich über etwas *ärgert*?

Das ist der *Ärger* oder die *Wut*.

wenn man vor etwas große Angst hat?

Das ist die *Furcht*.

### Entscheidungen

Manche Entscheidungen im Leben sind schwer und manche leicht. Für einige Entscheidungen braucht man viel *Mut*. Zum Beispiel, wenn man sich für ein Leben in einem anderen Land entscheidet. Bei vielen Entscheidungen spielt auch das *Gewissen* eine wichtige Rolle. Beispielsweise wenn man sich für einen neuen Partner entscheidet und dafür jemanden verlässt. Solche Entscheidungen in der Liebe sind meist sehr *emotional*. Manchmal *staunt* man später selbst über die eigene Entscheidung, man ist überrascht über den eigenen *Mut*. Wenn man sich über jemanden *ärgert*, soll man sich erst beruhigen, bevor man eine Entscheidung trifft. Man soll keine Entscheidung im *Hass* treffen.

**A** Gefühle. Welches Wort passt zu welchem Wort? Ordnen Sie die Wörter einander zu.

1 Ärger
2 Trauer
3 Stolz
4 Angst

a Furcht
b Ehre
c Wut
d Träne

**B** Unsere Psyche. Ordnen Sie ähnliche Sätze einander zu.

1 Ich staune immer wieder, wie glücklich du mit deinem Freund bist.
2 Ich hasse ihn für seine Lügen.
3 Sie unterdrückt ihre Angst vor dem Fliegen.
4 Ärgere dich doch nicht immer über die gleichen Dinge.
5 Dass sie so etwas Böses macht, habe ich nicht erwartet.
6 Ich schäme mich über Gefühle zu sprechen.

a Das war eine große Enttäuschung für mich.
b Emotionale Gespräche sind mir peinlich.
c Wenn sie muss, verdrängt sie ihre Angst, in ein Flugzeug einzusteigen.
d Ich bin verwundert, wie gut eure Beziehung funktioniert.
e Ich bin wütend, weil er nie die Wahrheit sagt.
f Warum regst du dich immer über die gleichen Sachen auf?

**C** Liebeskummer. Ergänzen Sie den Brief mit den folgenden Wörtern.

Hass ▪ grinst ▪ Gewissen ▪ Aufregung ▪ Mut ▪ unglücklich ▪ verwirrt

Liebe Anna, endlich habe ich genug _____, dir zu schreiben. Ich bin im Moment sehr _____ mit meinem Freund. Manchmal denke ich, wir fühlen nur noch _____ füreinander. Wir streiten uns jeden Tag. Außerdem habe ich auf Arbeit einen netten Typ kennen gelernt. Er _____ immer, wenn er mich sieht – und ich auch. Wenn ich ihn treffe, kann ich vor _____ nicht normal weiter arbeiten. Er wollte sich auch schon privat mit mir treffen, aber mein _____ hat mich davon abgehalten. Eigentlich habe ich ja einen Freund. Was soll ich tun? Ich bin echt _____. Hast du einen Rat für mich? Liebe Grüße, Judith

**D** Prüfungsangst. Ergänzen Sie die Sätze erst mit den folgenden Wörtern und ordnen Sie dann den Fragen die richtigen Antworten zu.

erhoffe ▪ nervös ▪ seufze ▪ besorgt

1 Was erwarten Sie von diesem Gespräch?
2 Wie fühlen Sie sich vor einer Prüfung?
3 Hilft Ihnen Ihr Partner vor einer Prüfung?
4 Verzweifeln Sie auch während eines Tests?

a Nein, eigentlich nicht. Während einer Prüfung bin ich nicht mehr so _____.

b Ja, wenn ich leise _____, nimmt er mich in den Arm. Das hilft manchmal.

c Vor einer Prüfung bin ich immer sehr _____.

d Ich _____ mir von Ihnen Hilfe bei meiner Furcht vor Prüfungen.

## 9.03 Körperliche Tätigkeiten I • 9.04 Sensorische Eigenschaften I

### Max' Schultag beginnt

Max hat heute gut geschlafen. Nach dem Aufstehen *richtet* er sich *auf,* dann *streckt* er sich. Das sieht aus, als ob er die Decke des Zimmers berühren möchte. Danach geht er in die Küche und *mischt* sich Müsli mit Milch. Nach dem Frühstück *stellt* er seine Bücher für den Schultag *zusammen.* Jetzt zieht Max sich warme Kleidung an, denn draußen ist es noch sehr *kühl.* Bevor er mit seinem Fahrrad Richtung Schule fährt, *befestigt* er ein Licht am Rad, denn es ist noch etwas *düster.* Dann fährt er los. Er *biegt* um die erste Ecke. Da sieht er Nicole. Sie will auch in die Schule. Sie *winkt* ihm freundlich zu und er zurück. Bis zur Schule fahren sie zusammen.

### Was wird gespielt?

hin und her *schwingen*     in den Sand *rutschen*     das Fahrrad an den Zaun *lehnen*     die Karten *mischen*

### Wochenende mit Kindern

Frank:   Sag mal Petra, was machst du mit deinen zwei Kindern eigentlich am Wochenende?
Petra:   Da haben wir keinen festen Plan. Das ist bei uns ganz *locker.*
         Wir bleiben aber nie in der Wohnung *hocken.*
Frank:   Geht ihr manchmal in den Zoo?
Petra:   Am Wochenende eigentlich nicht. Da sind zu viele Leute da. Man muss sich davor
         in einer Reihe *anstellen* und lange warten. Das machen wir in den Ferien.
Frank:   Wo geht ihr dann hin?
Petra:   In der Nähe gibt es einen tollen Spielplatz. Der ist aus *massivem* Holz gebaut. Dort können die Kinder durch die Luft *schwingen,* aus einem Holzhaus in den Sand *rutschen* oder durch einen Tunnel *kriechen.*
Frank:   Ist die Rutsche auch aus Holz? Ist das nicht zu *grob* zum *rutschen?*
Petra:   Dort ist alles aus Holz. Aber es ist ganz *glatt.* Man kann super *rutschen.* Und während die Kinder spielen, *lehne* ich mich irgendwo an einen Baum oder *hocke* mich auf den Boden und rede mit anderen Eltern.

### Wieso, weshalb, warum

- Das Auto macht komische Geräusche. Wahrscheinlich ist eine Schraube *locker.*
- Es hat geregnet. Das Holz auf dem Spielplatz ist noch *feucht.*
- Ich sehe Max nicht mehr. Wahrscheinlich ist er um die nächste Ecke *gebogen.*
- Karin hat viel eingekauft. Jetzt muss sie den schweren Einkauf nach Hause *schleppen.*
- Es ist Herbst. Früh am Morgen ist es noch *kühl* und *düster.*

*9 Wahrnehmung und Bewegung*

**A** So mache ich es und so ist es. Wie gehen die Sätze weiter? Ordnen Sie zu.

1 Wenn es geregnet hat,
2 Ich habe den Schrank
3 Nach dem Aufstehen
4 Das Fahrrad macht Lärm,
5 An einem sonnigen Tag
6 Im Winter muss man vorsichtig fahren,

a hocke ich mich im Park auf die Wiese.
b weil etwas daran locker ist.
c strecke ich mich.
d weil die Straßen glatt sind.
e mit einem Freund in meine Wohnung geschleppt.
f ist die Straße nicht mehr trocken, sondern feucht.

**B** Ein Cocktail aus Wörtern. Füllen Sie das Kreuzworträtsel aus.

1 Schwere, stabile Möbel sind … .
2 Wie eine Schlange über den Boden … .
3 Nicht hell sondern … .
4 Auf dem Spielplatz in den Sand … .
5 Nicht warm sondern … .
6 Hin und her … .
7 Im Supermarkt an der Kasse … .
Senkrecht: Ein Getränk aus Bier und Cola … .

**C** Unterwegs. Ergänzen Sie die Sätze erst mit den folgenden Wörtern und ordnen Sie dann den Fragen die richtigen Antworten zu.

lehne ▪ biegen ▪ befestigen ▪ winkt

1 Brauchst du eine Pause?
2 Wann kann man die Stadt endlich sehen?
3 Hast du kein Licht am Fahrrad?
4 Welches von den Mädchen da drüben ist Kristin?

a Doch, aber ich muss es vor jeder Fahrt erst _____ .
b Kristin ist die, die uns _____ .
c Wir müssen nur noch um diese Ecke _____ , dann sehen wir die ersten Häuser.
d Ja, ich _____ mich kurz an diese Mauer.

**D** Freizeit, Kochen, Sport. Ergänzen Sie die Dialoge mit den folgenden Wörtern.

grob ▪ zusammenstellen ▪ aufzurichten

Nicole: Was machen wir eigentlich am Wochenende?

Andreas: Ich überlege noch. Ich werde uns ein buntes Programm _____ .

Johanna: Soll ich das Gemüse für die Suppe noch kleiner schneiden?

Monika: Nein, es genügt, wenn du es ganz _____ schneidest.

Mario: Mist, ich bin gestürzt.

Paul: Warte, ich helfe dir, dich _____ .

## Mein Großvater, der Sportler

Großvater: Weißt du, wo diese golden *glänzenden* Medaillen *herkommen*? Soll ich mal eine aus dem Schrank *herausnehmen*?
Kind: Nein Großvater, weiß ich nicht. Wofür hast du die bekommen.
Großvater: Ich war früher ein erfolgreicher Sportler. Ich habe Bogenschießen gemacht.
Kind: Wie funktioniert das?
Großvater: Erst musst du einen Pfeil nehmen. Dann den Bogen *spannen*. Als nächstes wird auf die Mitte einer Scheibe *gezielt*. Als letztes muss man den Pfeil einfach nur *loslassen*.
Kind: Das klingt aber einfach.
Großvater: Es ist komplizierter, als man denkt. Erst muss man den Arm ganz *gleichmäßig beugen*. Dann darf man sich nicht mehr bewegen. Man muss ganz *starr* sein und man darf nicht mehr *zucken*.
Kind: Das möchte ich auch mal probieren.

den Arm *beugen* und den Bogen *spannen*

## Sport nach dem Frühstück

Seit vierzig Jahren mache ich jeden Morgen ein bisschen Sport. Früher war ich *motorisch* nicht so gut entwickelt. Heute kann ich mich gut bewegen. Eine Übung, die ich immer mache, geht so: Ich nehme eine große Flasche Wasser und stelle sie vor meine Füße. Dann *neige* ich meinen Körper nach vorn und *ergreife* dieFlasche. Ich *hebe* die Flasche *auf* und strecke die Arme mit der Flasche über den Kopf. Eine andere Übung geht so: Ich *presse* meine Arme gegen eine Wand. Man kann nicht erkennen, wie anstrengend das ist. Bei der *aufgehobenen* Flasche sieht man, was mit der Kraft passiert, hier ist die Wirkung *unsichtbar*. Aber die Übung ist gut für den Rücken und die Schultern.

## Fußball

Paul: Warst du schon einmal beim Fußball im Stadion?
Marko: Nein, noch nicht. Du?
Paul: Ich war letzte Woche das erste Mal. Eigentlich wollte ich nie ins Stadion gehen. Aber meine Freundin hat es sich von mir gewünscht.
Marko: Hat es dir gefallen?
Paul: Ja. Am Anfang war alles ganz locker. Die Spieler kommen herein und winken den Zuschauern. Dann beginnt das Spiel. Wenn ein Tor fällt, *springen* alle Fans *auf* und freuen sich. Man freut sich dann einfach mit. Ich habe dort eine *unsichtbare* Energie gespürt und wusste gleich: hier möchtest du immer wieder *herkommen*. Nach dem Spiel sind wir noch in einen Laden neben dem Stadion gegangen. Dort hat meine Freundin mich dann mit richtiger Kleidung für Fußballfans *versehen*.
Marko: Schön, dass ihr jetzt ein gemeinsames Hobby habt.

## Sportlich und gesund

einen frischen Saft *pressen*

den Körper zur Seite *neigen*

sich ein gesundes Frühstück *zusammenstellen*

**A  Sport machen oder ansehen? Ordnen Sie ähnliche Sätze einander zu.**

1. Ich kann nicht ganz starr stehen bleiben.
2. Ich habe die Münze losgelassen, jetzt liegt sie auf dem Boden.
3. Hier gefällt es mir gut.
4. Ich bin erst als Erwachsener sportlich geworden.
5. Meine Freundin kaufte mir die richtige Kleidung.

a. Als Kind war ich motorisch nicht so gut entwickelt.
b. Meine Freundin hat mich mit dem passenden T-Shirt versehen.
c. Hier möchte ich gern wieder herkommen.
d. Ich muss das Geldstück wieder aufheben.
e. Meine Arme und Beine zucken immer ein bisschen.

**B  Glieder und Klima. Welches Wort passt nicht dazu? Unterstreichen Sie dieses Wort.**

1. ergreifen – aufheben – aufspringen
2. neigen – spannen – beugen
3. pressen – drücken – zucken
4. feucht – kühl – grob

**C  Hobbys – Sport und sammeln. Ergänzen Sie die drei Dialoge mit den folgenden Wörtern.**

herausnehmen ▪ glänzende ▪ spannt ▪ gezielt ▪ beugst ▪ gleichmäßig

1. Du hast genau in die Mitte getroffen. Wie hast du das gemacht? – Ich weiß nicht, ich habe gar nicht _____ .
2. Wie _____ man den Bogen? – Das wichtigste ist, dass du den Arm ganz _____ _____ .
3. Schau mal. In diesem Schrank sammel ich _____ Münzen. – Oh, die sind aber schön. Darf ich mal eine _____ ?

**D  Ein Fußballfest. Ergänzen Sie den Text mit den folgenden Wörtern.**

aufspringen ▪ glänzende ▪ anstellen ▪ versehe ▪ unsichtbar

Ich gehe gern zum Fußball ins Stadion. Ich mag den Sport und auch die Stimmung da. Das Spiel kann jeder sehen, auch im Fernsehen. Aber die Stimmung ist _____ . Die kann man nur im Stadion spüren. Es ist ein besonderes Gefühl, wenn ein Tor fällt und alle Fans _____ . Die einen freuen sich dann und die anderen sind traurig. Manche von ihnen weinen. Aber alle haben _____ Augen. Ich gehe meistens zwei Stunden vor dem Spiel zum Stadion. Man weiß schließlich nie genau, wie lang man sich davor _____ muss. Ich hoffe, meine Freundin kommt auch irgendwann mit. Wenn es ihr gefällt, _____ ich sie auch mit der richtigen Fan-Kleidung.

**E  Wie sportlich sind Sie? Beantworten Sie die Fragen. Benutzen Sie dafür die Wörter dieses Kapitels.**

Machen Sie Sport oder schauen Sie lieber nur zu? Beschreiben Sie die Bewegungen, die in ihrem Lieblingssport wichtig sind. Was gehört für Sie zu einem gesunden Tag?

## 10.01 Schule I • 10.02 Unterricht I

### Noten in Deutschland

Bevor Kinder in die Schule kommen, gehen sie in den *Kindergarten*. Dort können sie malen und spielen. Die Kinder bekommen keine *Noten*, weil sie noch zu klein sind. Dann kommen sie in die *Grundschule*. In der *Grundschule* bekommen die Kinder in den ersten Jahren keine *Zeugnisse* mit *Noten*. Sie bekommen stattdessen einen schriftlichen Bericht über ihre Leistungen. Bis zur zehnten Klasse gehen die *Noten* dann von eins bis sechs. Eine Eins entspricht der besten *Note* – sehr gut. Eine Sechs ist die schlechteste *Note*, die vom Lehrer oder der *Lehrerin erteilt* wird. Auf dem Gymnasium gibt es in der elften und zwölften Klasse eine andere *Bewertung*. Es gibt Punkte von fünfzehn bis null, wobei fünfzehn das Beste ist und null das Schlechteste.

### Letzter Schultag

Heute ist der letzte Tag im Schuljahr. Die Schüler der neunten Klasse bekommen ihre *Zeugnisse*. Im *Zeugnis* findet man Informationen zu den *schulischen* Leistungen.
Sebastians Note in Musik ist sehr gut. Er hat dort eine Eins. Seine *schulischen* Leistungen in Mathe sind hingegen nicht so gut. Dort hat er eine Drei.

Die *Lehrerin* überprüft die *Anwesenheit* der Schüler in der Klasse. Alle Schüler sind im Raum. Nun *ruft* sie die Schüler einzeln *auf*. Zuerst kommt Ulrike nach vorn, denn sie ist die beste *Schülerin*. Am Ende der Stunde haben die Schüler ihre *Zeugnisse*. Alle wurden in die zehnte Klasse *versetzt*. Das heißt, niemand hat so schlechte *Noten*, dass er die neunte Klasse wiederholen muss.

Die letzten beiden Stunden *fallen* am letzten Schultag *aus*. Die Schüler freuen sich jetzt auf sechs Wochen Sommerferien.

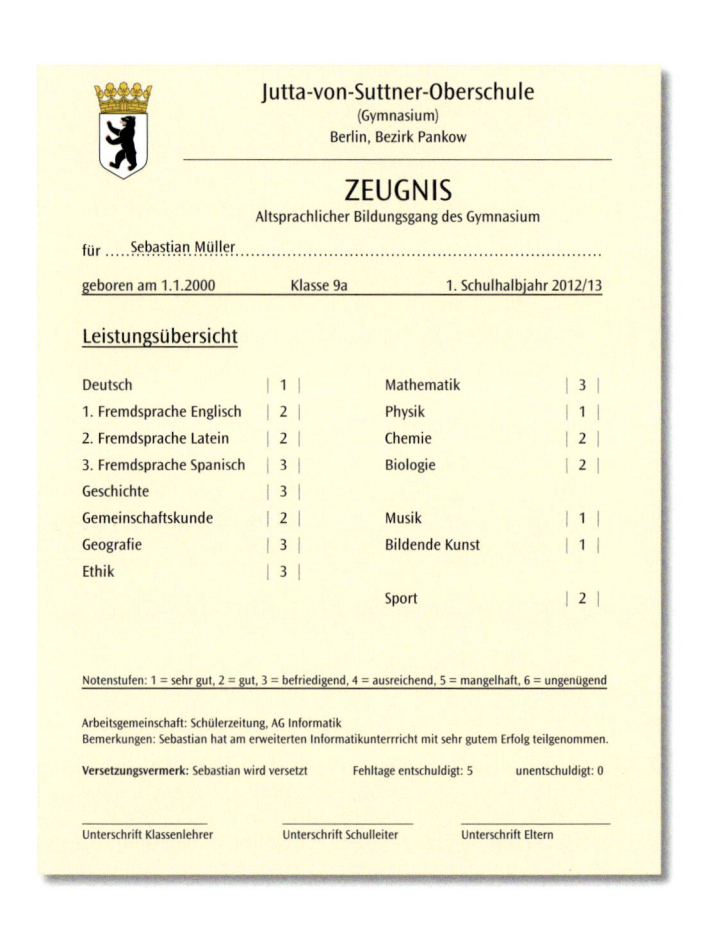

**Jutta-von-Suttner-Oberschule**
(Gymnasium)
Berlin, Bezirk Pankow

**ZEUGNIS**
Altsprachlicher Bildungsgang des Gymnasium

für .....Sebastian Müller.....

geboren am 1.1.2000     Klasse 9a     1. Schulhalbjahr 2012/13

Leistungsübersicht

| Deutsch | 1 | Mathematik | 3 |
| 1. Fremdsprache Englisch | 2 | Physik | 1 |
| 2. Fremdsprache Latein | 2 | Chemie | 2 |
| 3. Fremdsprache Spanisch | 3 | Biologie | 2 |
| Geschichte | 3 | | |
| Gemeinschaftskunde | 2 | Musik | 1 |
| Geografie | 3 | Bildende Kunst | 1 |
| Ethik | 3 | | |
| | | Sport | 2 |

Notenstufen: 1 = sehr gut, 2 = gut, 3 = befriedigend, 4 = ausreichend, 5 = mangelhaft, 6 = ungenügend

Arbeitsgemeinschaft: Schülerzeitung, AG Informatik
Bemerkungen: Sebastian hat am erweiterten Informatikunterrricht mit sehr gutem Erfolg teilgenommen.
Versetzungsvermerk: Sebastian wird versetzt     Fehltage entschuldigt: 5     unentschuldigt: 0

Unterschrift Klassenlehrer     Unterschrift Schulleiter     Unterschrift Eltern

### In der zwölften Klasse

- Frau Maringer hat ihr Studium kürzlich beendet. Jetzt ist sie unsere neue *Lehrerin* und unterrichtet Deutsch und *Philosophie*. Ich mag ihren *pädagogischen* Ansatz. Sie möchte alle Schüler *fördern*, aber nicht *überfordern*.
- Im Deutschunterricht sprechen wir über Gedichte. Die *Interpretation* von Gedichten ist nicht immer einfach, aber Frau Maringer *motiviert* uns. Zuerst sollen wir das Gedicht lesen. Anschließend sagen wir alles, was uns zu dem Gedicht einfällt. Sie schreibt dann die wichtigsten Informationen an die *Tafel*. Wir schreiben sie in unsere *Hefte*.
- Morgen schreiben wir einen Aufsatz. Deshalb wiederholen wir die Gliederung eines Aufsatzes. Zuerst muss man eine Einleitung schreiben, dann kommt der Hauptteil. Zum Schluss muss man alles in wenigen Sätzen zusammenfassen. Am Ende der Stunde gibt es noch eine *Übung*. Wir sollen alles zum Thema „Romantik" *aufschreiben*.
- Danach haben wir *Philosophie*. Es ist die sechste Stunde. Unsere *Konzentration* ist nicht mehr so gut. Deshalb *benehmen* wir uns manchmal wie kleine Kinder. Wir reden und sind laut. Frau Maringer sagt dann immer: „Bin ich hier in einem *Kindergarten*?" Dann sind wir wieder ruhig und sie bedankt sich für die *Aufmerksamkeit*.

**A** Im Unterricht. Welches Wort passt nicht dazu? Unterstreichen Sie dieses Wort.

1 Kindergarten – Grundschule – Gliederung
2 Heft – Bewertung – Tafel
3 Konzentration – Zeugnis – Aufmerksamkeit
4 Aufsatz – Schülerin – Lehrerin

**B** In der Schule. Ersetzen Sie die unterstrichenen Wörter durch ähnliche Wörter.

ausfallen ▪ Aufmerksamkeit ▪ Übung ▪ Bewertung ▪ benehmen ▪ erteilen

1 Die erste <u>Aufgabe</u> ist mir sehr leicht gefallen. Die zweite fand ich schwer.
2 Wegen der extremen Hitze werden die letzten beiden Stunden heute <u>nicht stattfinden</u>.
3 Die Lehrer <u>geben</u> den Schülern im Unterricht Noten.
4 Kleine Kinder <u>verhalten</u> sich manchmal wie Erwachsene und Erwachsene wie Kinder.
5 Die <u>Beurteilung</u> von Schülern ist gelegentlich eine Überraschung für die Eltern.
6 Nach einigen Stunden lässt die <u>Konzentration</u> der Schüler nach.

**C** Was ist dein Lieblingsfach? Ordnen Sie die Antworten den passenden Fragen zu.

1 Was sind deine Lieblingsfächer?
2 Hast du eine Idee, wie ich einen Aufsatz strukturiere?
3 Wie soll ich die Schüler aufrufen?
4 Bist du gern in die Schule gegangen?
5 Wie motivierst du dich?
6 Wurde die Anwesenheit schon kontrolliert?

a Zum Beispiel alphabetisch.
b Ich mag Philosophie und Geschichte.
c Ja, ein Schüler ist nicht da. Er ist krank.
d Nein, aber meine schulischen Leistungen waren immer gut.
e Ja, ich habe eine Gliederung in meinem Heft.
f Ich kaufe mir ein Eis, wenn ich eine gute Note bekomme.

**D** Als ich zur Schule ging. Ergänzen Sie den Text mit folgenden Wörtern.

überfordert ▪ pädagogisch ▪ versetzt ▪ Interpretation

Meine Zeit am Gymnasium war nicht immer einfach. Trotzdem denke ich gern daran zurück. Mein Lieblingsfach war Deutsch. Ich mochte die _____ von Gedichten besonders gern. Im Gegensatz dazu war ich in Mathe sehr schlecht. Ich hatte viele Schwierigkeiten. Bei komplizierten Aufgaben war ich immer _____. Ein Freund von mir hatte auch große Probleme. Er hatte in der achten Klasse zwei Mal die Note Fünf auf dem Zeugnis und wurde deshalb nicht in die neunte Klasse _____. Er musste die achte Klasse wiederholen. Ich frage mich auch heute noch, ob das Wiederholen einer Klasse _____ sinnvoll ist.

**E** Ihre Schulzeit. Beantworten Sie die Fragen. Benutzen Sie dafür die Wörter dieses Kapitels.

Wie funktioniert das Notensystem in Ihrem Land? Gibt es Noten, Punkte oder schriftliche Beurteilungen? Erzählen Sie von Ihrer Schulzeit. Wie sah ihr Schulalltag aus? Welchen Lehrer mochten Sie in Ihrer Schule besonders gern? Welches Fach hat er unterrichtet?

## Lieblingsfächer

Antons Lieblingsfach ist *Chemie*. Im Unterricht müssen sie unterschiedliche Elemente *benennen*. H entspricht zum Beispiel Wasserstoff; O entspricht Sauerstoff. Wenn man diese Elemente kennt, kann man chemische Verbindungen *ableiten*. Anton weiß, dass H$_2$O für die *Flüssigkeit* Wasser steht.

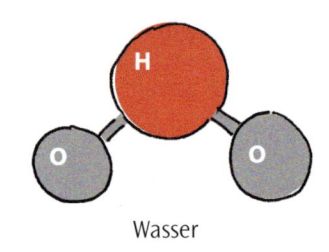

Wasser

$3874 - 277 = 3597$

Marie und Jörg mögen Mathe gern. Sie lösen im Unterricht gern *Gleichungen*. Sie müssen die Lösung *aufschreiben* und das Ergebnis *unterstreichen*. *Mathematisches* Denken fällt ihnen leicht.
Die *Differenz* von 3874 – 277 ist 3597. Das ist für sie kein Problem.

Andreas ist im Physikunterricht sehr konzentriert. Sein Vorbild ist Albert Einstein. Er findet *Atome*, *Teilchen* und *Elektronen* sehr spannend. Diese Begriffe sind *elementar*, wenn man Physik verstehen möchte. Auch Lisa mag Physik gern. *Experimente*, die *physikalische* Phänomene zeigen und erklären, interessieren sie am meisten.

Clara studiert *Biologie*. Wenn ihrer kleinen Schwester Marta etwas *unklar* ist, erklärt sie es ihr. Clara versteht jetzt zum Beispiel den Aufbau einer Pflanze besser. Der *Austausch* zwischen den Schwestern hilft Marta den Unterricht zu verstehen. Sie hat großes Interesse, einen guten *Überblick* zu bekommen. Auch sie möchte später einmal *Biologie* studieren.

## Hausaufgaben

Klaus: Was sollen wir für morgen in Geschichte machen?
Petra: Wir sollen alles *notieren*, was wir zum Thema „Wende in Deutschland im Jahr 1989" wissen. Kannst du mir sagen, welche Hausaufgaben wir in Mathematik haben?
Klaus: Wir sollen die *lineare Gleichung* aus dem Unterricht lösen und das Ergebnis morgen abgeben. Was ich dich noch fragen wollte: Möchtest du bei meinem *physikalischem Experiment mitmachen*? Ich möchte *herausfinden*, wie sich Licht auf unterschiedlichen Oberflächen bricht.
Petra: Ja, gern. Ich weiß zwar nicht viel darüber, aber du kannst es mir erklären. Ich muss jetzt leider los. Ich habe Klavierunterricht bei meiner Tante. Sie *bringt* mir Klavier spielen *bei*. Bis morgen.

## Lernen, lernen, lernen

- In Geographie haben wir eine *Übersicht* bekommen. In der *Übersicht* sind die Länder Europas und ihre Hauptstädte in einer Tabelle. Diese müssen wir bis zum nächsten Test lernen.
- Mein Philosophielehrer sagt oft, wir sollen nach Wissen *streben*. Er meint damit, dass wir jeden Tag lernen sollen.
- Nach dem Unterricht spielt Sabine im Schultheater. Sie lernt ihre Texte und möchte immer *weitermachen*, auch wenn die Probe schon vorbei ist. Sie wird bestimmt einmal Schauspielerin.

**A** Das Experiment. Welches Wort passt zu welchem Bild? Ergänzen Sie die folgenden Wörter.

das Experiment ▪ die Flüssigkeit ▪ die Übersicht ▪ die Biologie ▪ das Atom

1 _____  2 _____  3 _____  4 _____  5 _____

**B** Aktivitäten im Unterricht. Welches Wort passt nicht dazu? Unterstreichen Sie dieses Wort.

1 In Geographie müssen wir die Kontinente: **aufschreiben / weitermachen / benennen**
2 In Mathematik müssen wir rechnen und das Ergebnis: **unterstreichen / herausfinden / beibringen**
3 Im Sportunterricht spielen wir Fußball. Alle können: **teilnehmen / mitmachen / ableiten**

**C** Was passt? Ergänzen Sie die Wortgruppen mit den folgenden Wörtern.

Differenz ▪ Gleichung ▪ Austausch ▪ Überblick ▪ Experiment

1 ein _____ im Chemieunterricht durchführen
2 die _____ von zwölf minus fünf ausrechnen
3 einen _____ bekommen
4 den internationalen _____ von Schülern fördern
5 eine mathematische _____ lösen

**D** Rund um die Naturwissenschaften. Füllen Sie das Kreuzworträtsel aus.

1 ___E___
2 ___L___
3 ___E___
4 ___K___
5 ___T___
6 ___R___
7 ___O___
8 ___N___

1 Physik, Biologie und … gehören zu den Naturwissenschaften.
2 3x−7+5=x+6 ist ein Beispiel für eine … Gleichung.
3 3+4=7 Dieses Ergebnis ist … korrekt.
4 Ein erwachsener Mensch soll jeden Tag zwei Liter … trinken.
5 Die elektrische Ladung von … kann man messen.
6 Wie viele Tierarten es wirklich auf der Welt gibt, ist nicht sicher. Es ist noch …
7 Die Schüler sollen das Wichtigste in ein Heft schreiben. Sie … es.
8 Philipp möchte später Chemie studieren. Das Wissen aus dem Unterricht ist für das Studium … .

**E** Als Sie zur Schule gingen. Beantworten Sie die Fragen. Benutzen Sie dafür die Wörter dieses Kapitels.

Was war Ihr Lieblingsfach und welches Fach mochten Sie überhaupt nicht? Erklären Sie.
Berichten Sie, welche Aktivitäten Sie im Unterricht gemacht haben.

## 10.03 Studium

### Studium der *Germanistik*

Paul hat an der der Philologischen *Fakultät* der Universität Leipzig im *Fachbereich Germanistik* studiert. *Germanistik befasst* sich mit der deutschen Sprache und Literatur. Im Laufe seines Studiums hat er viele *Vorlesungen* und *Seminare* besucht. In *Vorlesungen* reden die Professoren, in *Seminaren* werden auch die Studenten aktiv und *bringen* ihr Wissen *ein*. Im *Seminar* halten sie vor den anderen Studenten und dem Professor *Vorträge*. Paul hat sein Studium vor Kurzem beendet. Er ist jetzt *Absolvent* und auf der Suche nach einem Job. Er hofft, dass er im Bereich der *kognitiven* Sprachwissenschaft arbeiten kann. Sein Ziel ist es, in ein paar Jahren als Professor an einer Universität zu arbeiten.

### Die Abschlussarbeit

Am Ende eines Bachelor- oder Masterstudiums müssen die Studenten eine *akademische* Arbeit schreiben. Je nach Thema entwickeln sie eine *Hypothese*, die sie empirisch überprüfen. Es gibt *methodisch* unterschiedliche Möglichkeiten. Man kann *qualitativ* oder *quantitativ* arbeiten. Die *qualitative* Forschung arbeitet zum Beispiel mit Interviews und Beobachtungen. Diese werden beschrieben, interpretiert und es werden Zusammenhänge *aufgezeigt*. In der *quantitativen* Forschung werden große Mengen an Daten erhoben. Dies geschieht z. B. durch Listen mit Fragen und möglichen Antworten. Diese Antworten sind in verschiedene *Skalen* eingeteilt, beispielsweise von „sehr wichtig" bis „überhaupt nicht wichtig". Die so erhobenen Daten werden dann vor allem mithilfe statistischer Berechnungen ausgewertet. Dadurch sollen Zusammenhänge möglichst genau *analysiert* und vorhersagbar gemacht werden.

### Gespräch in der Uni

Paula und Stefan haben zusammen Abitur gemacht. Sie treffen sich nach einigen Jahren zufällig in der Uni.

Paula: Schön dich hier zu sehen. Was machst du denn im Moment?

Stefan: Ich freu mich auch dich zu sehen. Ich schreibe gerade meine Doktorarbeit an der Fakultät für *Naturwissenschaften* im *Fachbereich* Biologie. Vielleicht kannst du dich noch erinnern, die *naturwissenschaftlichen* Fächer haben mich in der Schule immer am meisten interessiert. Du warst doch immer so kreativ. Was machst du denn jetzt?

Paula: Ich studiere an der *Akademie* der Künste. An meinem Institut *lehrt* eine sehr bekannte Professorin. Ich besuche viele ihrer Kurse. Der letzte Kurs hatte den Schwerpunkt *experimentelle* Kunst. Ich finde es spannend, wie unterschiedlich sich Menschen ausdrücken. Aber zurück zu dir: Worum geht es denn in deiner Arbeit?

Stefan: Ich *erforsche* die *Differenzierung* von Zellen, also wie sich einfache Zellen in Organismen nach kurzer Zeit spezialisieren und unterscheiden. Es gibt in Bezug auf die *Differenzierung* verschiedene *Thesen*. In meiner Doktorarbeit versuche ich zu dieser *Materie* meinen Beitrag zu leisten. Die Zellforschung ist auch für die Medizin interessant und wichtig. Ich fühle mich *berufen*, durch meine Forschung Leben zu retten.

Paula: Das klingt sehr spannend, aber auch kompliziert.

Stefan: Ja, das ist es. Aber zum Glück ist das Labor *technologisch* sehr gut ausgerüstet. Wir arbeiten mit der neusten Technik, die die Arbeit erleichtert.

**A** Methodensalat. Drei Wörter passen zusammen. Welches Wort passt nicht dazu?

1. Lehrveranstaltung – Seminar – These – Vorlesung
2. Fakultät – Materie – Fachbereich – Akademie
3. analysieren – erforschen – motivieren – aufzeigen
4. methodisch – qualitativ – quantitativ – kognitiv

**B** Junge Akademiker. Ordnen Sie ähnliche Sätze einander zu.

1. Martin und ich möchten akademisch erfolgreich sein.
2. In unserem Labor haben wir die neuste Technik.
3. Wir wollen Ärzte werden.
4. Wir machen viele Experimente.

a. Wir sind technologisch sehr gut ausgestattet.
b. Wir fühlen uns berufen, Leben zu retten.
c. Wir arbeiten experimentell.
d. Wir möchten Karriere an der Universität machen.

**C** Während des Studiums. Ersetzen Sie die unterstrichenen Wörter durch ähnliche Wörter.

Germanistik ▪ erforscht ▪ Seminar ▪ Vortrag ▪ befasst

1. Beate beschäftigt sich mit englischer Geschichte.
2. Ralf untersucht den Zusammenhang von Videospielen und Gewalt.
3. In dem Referat von Kristin geht es heute um die Französische Revolution.
4. Andrea studiert deutsche Sprache und Literatur.
5. Eine Lehrveranstaltung fällt heute aus, weil der Professor krank ist.

**D** Universitätswelt. Ergänzen Sie die Sätze mit den folgenden Wörtern.

naturwissenschaftlichen ▪ akademische ▪ Hypothese ▪ Differenzierung ▪ Skala ▪ einbringen

1. Es ist wichtig, dass die Studenten nicht nur zuhören. Sie sollen auch ihr eigenes Wissen _____.

2. In einer Umfrage sollte ich auf einer _____ von eins bis fünf einschätzen, wie glücklich ich bin.

3. Die _____ Fächer wie Chemie, Biologie und Physik interessierten mich schon immer besonders.

4. Es gibt viele unterschiedliche Zellen im Körper. Die _____ kann man graphisch darstellen.

5. Michael hat einen Bachelor- und einen Masterabschluss. Seine _____ Ausbildung dauerte insgesamt fünf Jahre.

6. Ulrike vermutet, dass musikalische Menschen besser Sprachen lernen. Diese _____ ist Grundlage ihrer Forschung.

**E** Forschung. Beantworten Sie die Fragen. Benutzen Sie dafür die Wörter dieses Kapitels.

Denken Sie an eine besonders interessante Studie. Was wurde mit welchen Methoden untersucht.
Haben Sie selbst eine Untersuchung durchgeführt? Wie sind Sie vorgegangen?

## 10.04 Berufsausbildung

### Möglichkeiten nach dem *Abitur*

Der Abschluss auf dem Gymnasium nennt sich in Deutschland *Abitur*. Nach dem *Abitur* hat man verschiedene Perspektiven.

- Anke hat sich für eine Ausbildung, auch Lehre genannt, entschieden. Sie *bewirbt* sich bei verschiedenen Banken um eine Stelle. Einige *Bewerber* werden zu einem Gespräch eingeladen. Danach wird entschieden, welcher *Bewerber* das meiste *Potential* hat und die Lehre beginnen kann. Innerhalb von zwei bis drei Jahren erlernt man nun einen Beruf. Die *fachliche* Ausbildung ist sehr praktisch orientiert, aber ein *Bestandteil* ist auch der Besuch der Berufsschule. Anke hofft, dass sie im Sommer mit der Ausbildung beginnen kann.

- Thomas wollte nach der Schule studieren. Es hat sich für Studium an einer *Fachhochschule* entschieden. Das Studium dort besteht nicht nur aus Vorlesungen und Seminaren. Thomas muss im Laufe des Studiums zusätzlich verschiedene *Praktika absolvieren*. Er arbeitet dann einige Monate in einem Betrieb. Die Studenten *verschaffen sich* während des *Praktikums* einen guten *Einblick* in die Arbeitswelt. Die Kombination aus Theorie und Praxis hat sich im Laufe der Jahre *bewährt*.

- Sabine wollte schon immer Medizin studieren. Ihr Studium an der Universität beginnt erst im Herbst. Sie nutzt die Zeit und macht ein *Praktikum* in einem Krankenhaus. Sie hat so die Möglichkeit alle Stationen im Krankenhaus kennenzulernen. Der *Einblick* soll ihr helfen, bestimmte Abläufe zu verstehen. Außerdem lernt sie schon einige Begriffe, die für das Studium nützlich sind. Während des Studiums wird sie weitere *Praktika absolvieren*. Sie sind *Bestandteil* des Studiums.

- Julia hat vor einigen Jahren das Abitur gemacht. Danach hat sie erst eine Ausbildung gemacht und dann studiert. Jetzt arbeitet sie in einem Betrieb und möchte sich *eigenständig* weiter *spezialisieren*. Sie ist der Meinung, dass man sich sein ganzes Leben lang weiter qualifiziert. Es ist auch im Interesse ihres Arbeitsgebers, dass sie zusätzliche *fachliche Qualifikationen* erlangt. Eine Möglichkeit ist der Besuch der *Volkshochschule*. An der *Volkshochschule* werden zahlreiche Kurse angeboten. Für Julia ist die *Verbesserung* ihrer englischen Sprachkenntnisse wichtig. Jetzt besucht sie zwei Mal pro Woche einen Kurs „Englisch für den Beruf". Den Kurs besucht sie *nebenbei*, also neben der Arbeit.

**A** Ausbildung und Bewerbung. Welches Wort passt zu welcher Erklärung? Ordnen Sie zu.

1 Abschluss am Gymnasium
2 Kandidat für einen Job
3 besondere Form einer Universität
4 positive Veränderung

a Fachhochschule
b Abitur
c Verbesserung
d Bewerber

**B** Nach der Schule. Ordnen Sie die Verben den passenden Wörtern zu.

teilnehmen ▪ bekommen ▪ bewerben ▪ absolvieren

1 sich für eine Lehre
2 ein Praktikum
3 einen Einblick
4 an einer Weiterbildung

a _____
b _____
c _____
d _____

**C** Während und nach der Ausbildung. Welches Wort passt am besten in welchen Satz?

nebenbei ▪ eigenständig ▪ spezialisiert ▪ Bestandteil ▪ bewährt

1 Während der Ausbildung und des Studiums lernt man allein, also _____ zu arbeiten.

2 Susan macht eine Lehre und besucht _____ Kurse, um ihr Spanisch zu verbessern.

3 Der Besuch der Berufsschule ist _____ der Lehre. Für die Ausbildung hat sich die Kombination aus der Arbeit in einem Betrieb und dem Besuch der Berufsschule im Laufe der Jahre _____.

4 Es ist von Vorteil, wenn man sich auch nach der Ausbildung weiter _____.

**D** Die Bewerbung. Ergänzen Sie die Sätze mit den folgenden Wörtern.

Volkshochschule ▪ Qualifikationen ▪ fachlich ▪ Praktika ▪ verschafft ▪ beworben

Julia hat sich auf eine Stelle als Sekretärin _____. Vor dem Gespräch _____ sie sich einen Überblick. Sie informiert sich über die Firma. Sie schaut auch, welche _____ man benötigt. Man braucht zum Beispiel gute Englischkenntnisse. Zum Glück hat sie an der _____ einen Englischkurs besucht. Auch _____ ist sie sehr gut ausgebildet. Sie hat nach ihrer Ausbildung verschiedene _____ gemacht und schon drei Jahre als Sekretärin gearbeitet.

## 10.05 Prüfungen

### Prüfungen allgemein

Im Laufe eines Studiums gibt es viele *mündliche* und schriftliche Prüfungen. In einer Prüfung wird Wissen entweder implizit oder *explizit getestet*. Dabei werden die Leistungen von den Studenten *erbracht* und von den Professoren *bewertet*. Das heißt, die Professoren entscheiden, welche Note man bekommt. Für die meisten Studenten sind Prüfungen eine *Herausforderung*, denn man muss oft während des Semesters Seminare besuchen und gleichzeitig für die Prüfung lernen. Viele haben auch Angst in der Prüfung zu *versagen*. Sie haben Angst die Prüfung nicht zu bestehen.

### Auf eine Prüfung vorbereiten

Die *Vorbereitung* auf eine Prüfung ist von Student zu Student sehr unterschiedlich. Einige lernen das ganze Semester über. Andere bereiten sich kurz vor dem Termin vor. Jeder Student muss selbst *einschätzen,* wie wichtig die Prüfung für ihn ist. Für eine *durchschnittliche* Leistung muss man nicht so viel lernen. Wenn man *ausgezeichnet* beziehungsweise über*durchschnittlich abschneiden* möchte, muss man mehr lernen.

- In einer schriftlichen Prüfung bekommt man eine oder mehrere Fragen. Bevor man beginnt zu antworten, soll man die *Fragestellung* genau lesen. Dann schreibt man alle *relevanten,* also wichtigen Informationen auf.
- Im Medizinstudium gibt es häufig Multiple-Choice-Aufgaben. Die Studenten müssen hier bei den *zutreffenden,* also richtigen Antworten ein Kreuz machen.
- In einer *mündlichen* Prüfung hat man den Vorteil, dass man nachfragen kann. Ist eine Fragestellung zu *kompliziert,* also zu schwierig, kann man den Professor bitten, die Frage zu *vereinfachen*. Auch der Professor kann nachfragen. War die Antwort nicht *korrekt*, hat der Student die Möglichkeit seine Antwort zu *korrigieren*.

### Nach der Prüfung

Nach der Prüfung wird die Leistung *ausgewertet*. Die *Auswertung* kann einige Tage oder Wochen dauern. Der Professor zählt die Punkte der *korrekten* und falschen Antworten. Dann gibt er dem Studenten eine Note. Die Note ist die *Einschätzung* seiner Leistung. Die *Beurteilung* soll möglichst objektiv sein. Aber nicht immer ist der Student mit dem *Resultat* der Prüfung zufrieden. Vielleicht muss er beim nächsten Mal mehr lernen. Nach allen Prüfungen und einer Abschlussarbeit bekommt man einen Abschluss.
In Deutschland gibt es beispielsweise den Bachelor- oder Masterabschluss oder das *Diplom*.

**A** Gar nicht so schwierig. Ordnen Sie den Wörtern das passende Gegenteil zu.

| | | | | |
|---|---|---|---|---|
| 1 | kompliziert | | a | unwichtig |
| 2 | mündlich | | b | schriftlich |
| 3 | korrekt | | c | falsch |
| 4 | implizit | | d | explizit |
| 5 | relevant | | e | einfach |

**B** Die Prüfung. Wer macht was? Kreuzen Sie an.

|   |   | Student | Professor |
|---|---|---------|-----------|
| 1 | Zum Lernen hat er kaum Zeit. Für die Vorbereitung auf den Test bleiben nur wenige Tage. | ☐ | ☐ |
| 2 | Er hat Angst vor mündlichen Prüfungen. Er hat Angst in der Prüfung zu versagen. | ☐ | ☐ |
| 3 | Er muss die Fragestellung genau lesen, bevor er die Frage beantwortet. | ☐ | ☐ |
| 4 | Er muss durchschnittlich 200 schriftliche Prüfungen pro Semester bewerten. | ☐ | ☐ |
| 5 | Die Auswertung aller schriftlichen Prüfungen dauert einige Tage. Er korrigiert die Prüfungen immer im Büro. | ☐ | ☐ |
| 6 | Am Ende des Studiums bekommt er ein Diplom. | ☐ | ☐ |

**C** Im Laufe des Studiums. Ergänzen Sie die Sätze mit den folgenden Wörtern.

ausgezeichnet ▪ erbringen ▪ abschneiden ▪ teste ▪ einzuschätzen ▪ zutreffenden

1 Bitte machen Sie ein Kreuz bei der _____ Antwort.

2 Stefans Professor hat gesagt: „Ihre Abschlussarbeit hat mir sehr gut gefallen. Sie war

_____."

3 Im Laufe eines Studiums muss man viele Leistungen _____, zum Beispiel Klausuren,

Hausarbeiten und Projekte.

4 Ich habe viel für die Prüfung gelernt, aber mein Professor ist sehr streng. Es ist schwer

_____, welche Note ich bekommen werde.

5 Die letzte Prüfung habe ich nicht bestanden. Ich hoffe, bei der Wiederholung der Prüfung werde ich besser

_____.

6 Bevor ich mich für einen neuen Spanischkurs entscheide, möchte ich wissen wie gut meine Kenntnisse sind.

Ich beantworte im Internet unter anderem Fragen zur Grammatik und höre Dialoge.

Ich _____ mein Wissen im Internet.

**D** Prüfungen. Beantworten Sie die Fragen. Benutzen Sie dafür die Wörter dieses Kapitels.

Beschreiben Sie Ihre letzte Prüfung. Was haben Sie vor und während der Prüfung gemacht?
Welche Vor- und Nachteile haben mündliche und schriftliche Prüfungen?
Erzählen Sie aus eigener Erfahrung.

## 11.01 Berufsbezeichnungen I

### Auf dem Meer und in der Küche

Der *Maler* malt ein Bild.

Der *Kapitän* fährt mit seinem Schiff über das Meer.

Der *Koch* macht eine Suppe.

Der *Dirigent* leitet ein großes Orchester.

Der *Jäger* arbeitet im Wald und manchmal schießt er auf ein Tier.

### Brücken bauen

Der *Ingenieur* Herr Schulz und der *Architekt* Herr Meier planen eine Brücke. Der *Ingenieur* plant die technischen Details. Der *Architekt* entscheidet, wie die Brücke aussieht. Herr Schulz ist *Spezialist* für Brücken über große Flüsse. Er ist nicht nur *Ingenieur*, sondern auch *Physiker*. Er hat Physik studiert und weiß deshalb, worauf man zum Beispiel bei den großen Mengen Wasser unter einer Brücke achten muss. Die beiden *Fachleute* wollten sich am Donnerstag treffen. Aber Herr Meier war krank und konnte nicht selbst kommen. Deshalb hat er seinen seinen *Assistenten*, Herrn Schröder, zu dem Treffen geschickt. Herr Schröder war Herrn Meiers *Stellvertreter*. Er hat dort für ihn gesprochen.

### Zusammen arbeiten

- Der *Komponist* schreibt auf, welche Töne das Orchester spielen soll. Der *Dirigent* zeigt dem Orchester mit seinem Stock, wie und wann es die verschiedenen Töne machen soll. Die *Musiker* des Orchesters machen die Musik auf ihren Instrumenten und die *Sänger* mit ihren Stimmen.
- Es gibt viele verschiedene Sprachen. Manchmal braucht man einen Brief oder ein anders schriftliches Dokument auch in einer anderen Sprache. Schriftliche Texte in einer anderen Sprache verfügbar zu machen, ist die Aufgabe von *Übersetzern*. Müssen mündliche Texte übersetzt werden, zum Beispiel bei einer Verhandlung, dann braucht man einen *Dolmetscher*. Er kann sofort in meiner Sprache sagen, was jemand in einer anderen Sprache gesagt hat.
- Ein *Regisseur* arbeitet für den Film oder das Theater. Wenn er für den Film arbeitet, überlegt er sich genau, wie der Film sein soll. Er sagt den *Schauspielern* ganz genau, was sie machen sollen. Ein Film ist nur gut, wenn der *Regisseur* hinter der Kamera und die *Schauspieler* vor der Kamera gut sind.
- Herr Funk ist *Unternehmer*. Er ist der Chef einer großen Firma mit über 200 *Angestellten*. Seine wichtigste *Angestellte* ist seine *Sekretärin*. Sie hat immer den Überblick und kennt alle wichtigen Termine. Sie kauft auch alle Tickets für wichtige Reisen für Herrn Funk. Ihre *Arbeitskraft* ist für ihn besonders wichtig, denn als *Geschäftsführer* kann er sich nicht um alles kümmern.
- Wenn man gern mit Gesetzen arbeiten will, muss man studieren. Am Ende des Studiums ist man *Jurist*. Dann kann man entweder für den Staat, z. B. als Richter arbeiten. Eine andere Möglichkeit ist es, für private Leute zu arbeiten. Dann ist man ein *Anwalt*.

### Musik als Beruf

Wenn man mit Musik sein Geld verdienen möchte, muss man ein echter *Profi* sein und jeden Tag viele Stunden üben. Ein berühmter *Profisänger* war Caruso. Wenn man in der Oper singt, muss man *Sänger* und *Schauspieler* gleichzeitig sein. Über Caruso wurde viel in der Zeitung geschrieben, weil er ein interessanter Mensch war. Die *Journalisten* haben gern über ihn geschrieben.

**A** Wer macht was? Welches Wort passt zu welchem Satz? Ordnen Sie zu.

1. Die Dirigentin
2. Der Kapitän
3. Der Assistent
4. Der Jäger
5. Der Koch
6. Die Schauspielerin

a ist der Stellvertreter vom Chef, wenn der keine Zeit hat.
b arbeitet in der Küche.
c steht vor der Kamera für einen Film.
d leitet das Orchester.
e ist meistens im Wald unterwegs.
f steuert das große Schiff über das Meer.

**B** Wichtige Leute. Welches Wort passt zu welcher Erklärung?

1. Er verteidigt Leute vor Gericht.
2. Er schreibt neue Musik.
3. Sie leitet eine Firma.
4. Er versteht und spricht mehrere Sprachen sehr gut.
5. Sie macht alle wichtigen Termine für den Chef.
6. Er schreibt Artikel für die Zeitung.

a die Geschäftsführerin
b der Journalist
c die Sekretärin
d der Anwalt
e der Dolmetscher
f der Komponist

**C** Eine Brücke bauen. Ergänzen Sie den Text mit den folgenden Wörtern.

Physiker ▪ Juristen ▪ Maler ▪ Angestellten ▪ Unternehmer ▪ Ingenieur ▪ Profis ▪ Spezialist ▪ Architekt

Für den Bau einer Brücke braucht man verschiedene _____. Der _____ entscheidet, wie die Brücke aussehen soll. Der _____ weiß, welches Material benutzt werden muss. Bei komplizierten Brücken braucht man auch einen _____. Der weiß, worauf man bei den großen Mengen Wasser unter der Brücke achten muss. Der _____ gibt der Bücke am Ende die richtige Farbe. Beim Bau einer großen Brücke geht es um viel Geld. Für die Verträge benötigt man deshalb auch einen _____. Der sollte am besten ein _____ für Verträge bei großen Gebäuden und Brücken sein. Manchmal arbeiten all diese Leute für den gleichen Chef. Er ist dann der _____ und sie sind die _____.

**D** Auf der Bühne. Ergänzen Sie die Dialoge mit den folgenden Wörtern.

Regisseur ▪ Schauspieler ▪ Schauspielern ▪ Übersetzer

Claudia: Kennst du jemanden, der mir diese Bewerbung aus dem Deutschen ins Spanische übersetzen kann?
Franz: Ja, mein Freund Karl. Er ist staatlich anerkannter _____.

Markus: Ich arbeite jetzt beim Theater.
Heike: Schön, dann stehst du als _____ auf der Bühne?
Markus: Nein, ich bin der _____. Ich sage den _____ wie sie spielen sollen.

## Gründe für die Kündigung

Für viele Leute ist *Arbeitslosigkeit* ein großes Problem. Es gibt viele Gründe, warum Menschen keine *Beschäftigung* mehr haben. Oft wird ein Unternehmen anders *strukturiert*. Es soll *effizienter* werden. Deshalb werden *Arbeiter entlassen*. Stellen in einem Unternehmen *abbauen* und den *Arbeitern* eine *Kündigung* schicken, ist also manchmal notwendig. Einige Leute *kündigen* auch selbst bei ihrer Firma. Ein Grund dafür kann sein, dass sie ein eigenes Geschäft *konzipiert* haben. So kann zum Beispiel aus einem *Verkäufer* ein selbstständiger *Händler* werden. Wenn man bei so einem *Vorhaben professionell* vorgeht, kann man schon bald selbst *Personal* einstellen.

## Berufsgruppen

- Maler oder Koch sind Berufe, die man als *Handwerk* bezeichnet. Sie arbeiten mit ihren Händen und *verarbeiten* verschiedene Materialien. Der Maler Farbe, der Koch Lebensmittel. Man *übergibt* Aufgaben an *Handwerker*. Man *beauftragt* sie. Ein *Pilot* steuert den ganzen Tag ein Flugzeug. Am Abend möchte er nicht zu Hause kochen oder seine Wohnung streichen. Jeder kann etwas besonders gut. Jeder hat seine *Kompetenzen*.
- Nicht bei allen Krankheiten helfen Tabletten. Manchmal muss ein besonderes Training als Therapie genutzt werden. Diese Trainer nennt man *Therapeuten*. Wenn man sich ein Bein bricht und das Laufen wieder üben muss, hilft ein Physio*therapeut*.
- Jeder von uns hat schon über das Leben nachgedacht. Was ist der Sinn des Lebens? Warum sind wir hier? Wohin gehen wir? Manche Menschen beschäftigen sich *professionell* mit solchen Fragen. Das sind die *Philosophen*.

## Meine *Karriere*

- Ich bin *Händler*. Früher war ich ein angestellter *Verkäufer*. Dann hatte ich die Idee für ein eigenes *Vorhaben* und habe *gekündigt*. Ich habe dann mein eigenes Geschäft eröffnet. Nach wenigen Wochen konnte ich selbst *Personal* einstellen. Auch ohne Studium habe ich *Karriere* gemacht.
- Heute bin ich *Pilot* und steuere große Flugzeuge. Aber die Ausbildung dazu war sehr lang und teuer. Meine Eltern konnten mir nicht so viel Geld geben. Deswegen habe ich nebenbei als *Arbeiter* in der Fabrik gearbeitet. Heute ist mein Traum von damals Wirklichkeit. An Bord meines Flugzeugs freu ich mich, dass ich diese *Karriere* gemacht habe.
- Ich wollte schon immer *Handwerker* werden. Deswegen habe ich Maler gelernt. Es hat mir immer Spaß gemacht. Für manche Aufträge braucht man besondere *Kompetenzen*. Das habe ich schnell erkannt. Deswegen habe ich mich spezialisiert – auf Brücken. Heute beschäftige ich über zehn *Arbeiter*. Wenn irgendwo eine Brücke eine neue Farbe braucht, *übergibt* man diesen Auftrag an mein Unternehmen. Ich bin mit meiner *Karriere* zufrieden.

## E-Mail an die Eltern

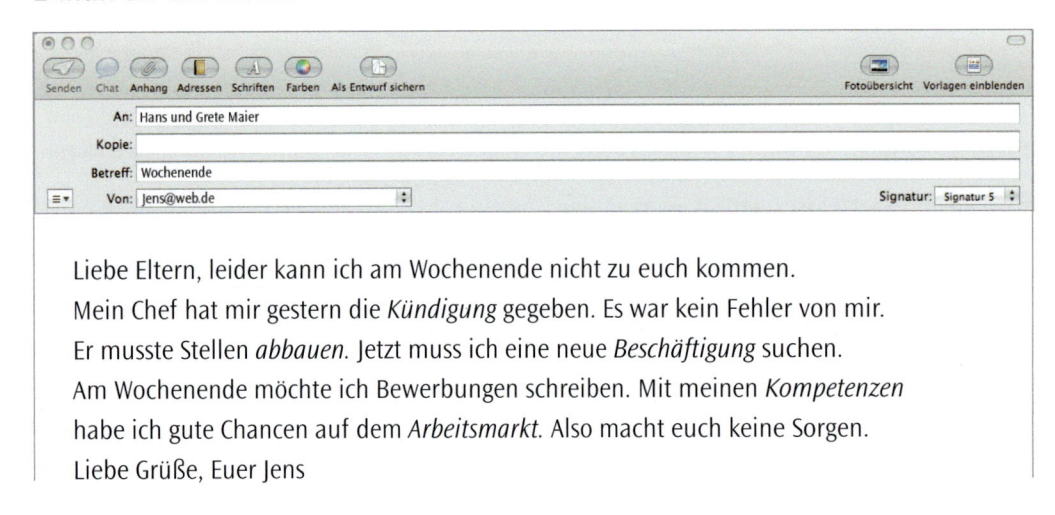

**An:** Hans und Grete Maier
**Kopie:**
**Betreff:** Wochenende
**Von:** Jens@web.de
**Signatur:** Signatur 5

Liebe Eltern, leider kann ich am Wochenende nicht zu euch kommen.
Mein Chef hat mir gestern die *Kündigung* gegeben. Es war kein Fehler von mir.
Er musste Stellen *abbauen*. Jetzt muss ich eine neue *Beschäftigung* suchen.
Am Wochenende möchte ich Bewerbungen schreiben. Mit meinen *Kompetenzen*
habe ich gute Chancen auf dem *Arbeitsmarkt*. Also macht euch keine Sorgen.
Liebe Grüße, Euer Jens

**A** Kündigen oder gekündigt werden? Ordnen Sie den Fragen die richtigen Antworten zu.

1. Wer hat dir die Kündigung ausgesprochen?
2. Warum haben Sie Arbeitsplätze abgebaut?
3. Wie sieht es auf dem Arbeitsmarkt für dich aus?
4. Warum hast du gekündigt?

a. Ich musste mein Unternehmen neu strukturieren, um effizienter zu sein.
b. Mein Chef hat mich entlassen.
c. Ich möchte mir eine neue, interessantere Beschäftigung suchen.
d. Mit meinen Kompetenzen finde ich sicher schnell eine neue Beschäftigung.

**B** Jeder hat seine Aufgabe. Wie gehen die Sätze weiter? Ordnen Sie zu.

1. Als erfahrener Pilot
2. Als Therapeut versuche ich Menschen zu helfen,
3. Wenn in meinem Haus etwas kaputt ist,
4. Über die Fragen des Lebens nachzudenken,

a. ist die Aufgabe eines Philosophen.
b. beauftrage ich einen professionellen Handwerker.
c. die wegen ihrer Arbeitslosigkeit psychische Probleme haben.
d. bin ich schon oft von Europa nach Amerika geflogen.

**C** Ein neues Autohaus. Ergänzen Sie den Brief mit den folgenden Wörtern.

Personal • konzipiert • übergeben • Verkäufer • Händler • Vorhaben • Karriere

Lieber Max, ich möchte dir von einigen Veränderungen in meinem Berufsleben berichten. Du weißt, ich war viele Jahre _____ in einem Autohaus. Ich habe in dieser Zeit Geld gespart und jetzt ein eigenes _____ ausgedacht. Ich möchte selbst _____ sein. Wenn alles gut geht, mache ich so vielleicht ein bisschen _____. Ich habe mein eigenes Autohaus so _____, dass ich noch einige Leute anstellen kann. Momentan suche ich noch zuverlässiges _____, dem ich einen Teil der Aufgaben _____ kann. Kennst du jemanden? Auf jeden Fall weißt du jetzt, bei wem du dein nächstes Auto kaufst ;-) Ich mache dir auch einen besonders guten Preis. Wir eröffnen in der nächsten Woche.
Herzliche Grüße, Bert

**D** Lieber einen Handwerker. Ergänzen Sie den Text mit den folgenden Wörtern.

verarbeitet • beauftragen • Handwerk • Handwerker

Viele verschiedene Berufe bezeichnet man als _____. In jedem handwerklichen Beruf werden verschiedene Materialien _____. Der Maler nutzt Farben, der Koch braucht Lebensmittel. _____ sind Fachleute. Wenn im Haus oder am Auto etwas kaputt ist, kann man einen Handwerker mit der Reparatur _____. Das ist zwar teurer, aber auch zuverlässiger als wenn man es selbst versucht.

## 11.02 Berufliche Aufgaben und Tätigkeiten II

### Gute Zusammenarbeit

Wir sind ein richtig gutes Team in unserer Firma. Einmal im Monat treffen wir uns alle zu einer gemeinsamen *Beratung*. In so einer *Sitzung gehen* wir immer als erstes das *Protokoll* der letzten *Beratung durch*. Für jedes Meeting wird ein *Protokoll erstellt*. So *dokumentieren* wir, was wir besprochen haben und wer dabei war. So ein *Protokoll* ist wirklich *effektiv*. Man kann alle Entscheidungen nachlesen. Trotzdem hat niemand Lust, es nach einer *Beratung* zu *erstellen*. Deswegen wechseln wir uns ab. Jeden Monat ist jemand anderes dran. So ist die *Last* gleichmäßig auf alle Kollegen verteilt. Es ist auch gar nicht so schwer. Es gibt eine *Vorlage* für das *Protokoll*. In der *Vorlage* ist schon alles grob *geordnet*. Man muss nur noch die Ergebnisse der *Sitzung* an der richtigen Stelle eintragen. So ähnlich wie bei einem *Profil* bei einem Social Network.

### Die Firma wächst

Herr Schuster: Hallo Frau Lehmann!
Frau Lehmann: Guten Tag Herr Schuster. Schön, dass ich Sie treffe. Unsere Firma wird immer größer. Früher konnten wir eine *Beratung* mit allen Mitarbeitern noch in meinem Büro machen. Jetzt passen nicht mehr alle Kollegen rein. Ihre Firma ist doch viel größer. Wie organisieren Sie so eine *Versammlung*?
Herr Schuster: Wir haben da ein *effektives* System. Es kommen nicht alle Mitarbeiter zu einer *Sitzung*, sondern jede Abteilung schickt eine Person als *Vertretung*. Dieser Kollege spricht dann *stellvertretend* für seine Abteilung auf der *Versammlung*. Dadurch können alle anderen auch weiter ihre Aufgaben *bearbeiten* und sind trotzdem gut informiert.
Frau Lehmann: Wieso sind alle informiert, wenn sie weiter arbeiten und nicht zur *Sitzung* kommen?
Herr Schuster: Ganz einfach. Nach jeder *Versammlung* schreiben wir ein *Protokoll*. Das schicken wir dann als E-Mail an alle Mitarbeiter. Das ist wirklich *effektiv*.
Frau Lehmann: Stimmt. War das Ihre Idee?
Herr Schuster: Leider nein. Diese *Konzeption* hat schon mein *Vorgänger erfunden*. Der ist inzwischen Rentner. Aber seine Ideen werden immer noch umgesetzt.

### Eine gute *Erfindung*

Eine *Vorlage* für *Sitzungsprotokolle* war die beste *Erfindung*, die es in unserer Firma je gab. Jetzt spart man viel Zeit bei der *Bearbeitung*. Man *verknüpft* einfach alles, was sich wiederholt mit dem, was man neu *erarbeitet* hat. Am Ende *ergeht* dann die Bitte an alle Mitarbeiter, die E-Mail mit dem *Protokoll* zu lesen. *Organisatorisch* ist das kein Problem. Es ist schnell und zuverlässig. Wir wollen jetzt auch *Vorlagen* für *Gutachten* zu unseren Produkten *erstellen*. Dann sparen wir noch mehr Zeit. Sie sind selbst *berufstätig*? Dann *ergeht* es Ihnen sicher ähnlich: Zeit ist immer knapp.

**A  Eine Sitzung im Büro. Welches Wort passt nicht dazu? Unterstreichen Sie dieses Wort.**

1  Beratung – Vorlage – Sitzung – Versammlung
2  erstellen – erarbeiten – ergehen – machen
3  Protokoll – Vorlage – Konzeption – Vorgänger

**B  Eine Firma verwalten. Wie gehen die Sätze weiter? Ordnen Sie zu.**

1  Jede Abteilung schickt nur eine Person zur Sitzung.
2  Herzlich Willkommen zu unserer heutigen Beratung.
3  Jede Abteilung muss einmal im Jahr das Protokoll schreiben.
4  War die Einführung von Vorlagen für technische Gutachten nützlich?
5  Wie ordnen Sie Ihre Protokolle?

a  So ist die Last gleichmäßig in der Firma verteilt.
b  Ja, wir bearbeiten die Gutachten jetzt viel effektiver, eine tolle Erfindung.
c  Als erstes sollten wir das Protokoll der letzten Sitzung durchgehen.
d  Wir ordnen die Protokolle nach Datum, das ist organisatorisch so am einfachsten.
e  Dieser Mitarbeiter spricht dann stellvertretend für seine Abteilung.

**C  Viel Arbeit. Ergänzen Sie die Dialoge mit den folgenden Wörtern.**

Profil • berufstätig • erfindet • verknüpfen • dokumentieren • Vorlagen • bearbeiten • Vertretung • Sitzungen • Versammlung • Bearbeitung

Herr Haller:  Am kommenden Mittwoch ist wieder eine _____.
Wird ihre ganze Abteilung dabei sein?

Frau Eiger:  Nein, wir schicken eine _____. Wir _____ im Moment viele andere Aufgaben. Wir können nicht alle kommen.

Herr Richard:  Frau Schwan, sie haben zwei Kinder und sind außerdem voll _____.

Frau Schwan:  Naja. Familie und Arbeit miteinander zu _____ ist nicht immer leicht. Die _____ mancher Aufgaben dauert eben einfach etwas länger. Manchmal wünsche ich mir auch, dass endlich jemand eine Maschine _____, die berufstätigen Mamas beim Job oder im Alltag hilft.

Herr Wagner:  Wie _____ Sie die Ergebnisse Ihrer _____?

Frau Schmiedel:  Wir benutzen dafür _____. In denen ist vieles schon vorgegeben. Das ist so ähnlich wie bei einem _____ bei einem Social Network.

**D  Organisation im Beruf. Bilden Sie Fragen zu den Sätzen.**

1  Die Vorlage für die Gutachten soll so ähnlich sein wie die Vorlage für Protokolle.
2  Ja, ich vertrete auf dieser Sitzung unsere gesamte Abteilung.
3  Nein, die Last wird gleich auf alle Abteilungen verteilt.

## 11.03 Arbeitsplatz und Arbeitsbedingungen

### Die Versicherungsagentur

Ich arbeite für eine *Agentur*, die verschiedene *Versicherungen* verkauft. Unsere *Versicherungen* schützen bei Unfällen, Krankheit oder Diebstahl. Viele Leute haben die *Notwendigkeit* erkannt, gut versichert zu sein. Wenn etwas passiert, *steht* unseren Kunden Geld *zu*. Je mehr *Versicherungen* ich verkaufe, umso höher ist mein *Lohn*. Trotzdem kann ich meine *Arbeitszeit* selbst bestimmen. Wenn ich jeden Tag fünfzehn Stunden arbeite und viele *Versicherungen* verkaufe, bekomme ich ein gutes *Gehalt*. Wenn ich nur zwei Stunden arbeite, habe ich ein kleineres *Einkommen*. Dafür habe ich dann mehr Zeit für meine Familie. Wie viel ich arbeite, ist auch abhängig von meiner *Motivation*. Wenn ich keine Lust habe, *überlasse* ich die Arbeit manchmal auch einfach den Kollegen.

### Der Lohn für harte Arbeit

Viele Menschen arbeiten am *Schreibtisch*.

Auch in *Fabriken* arbeiten viele Leute.

Am Ende eines Monats bekommt man den *Lohn* für seine Arbeit.

Alte Menschen müssen nicht mehr arbeiten. Sie bekommen jeden Monat eine *Rente*.

### Arbeitsgespräche unter Freunden

A: Sag mal Dieter, arbeitest du nicht in einer Firma, die irgendwas mit *Metall* macht?
B: Ja, wir machen *Werkzeuge* aus Eisen und anderen *Metallen*.
A: Und, habt ihr viel zu tun?
B: Ja, wir können die vielen Aufträge fast nicht *bewältigen*.
A: Dann kommt sicher auch mal eine *Lieferung* mit euren *Werkzeugen* zu spät?
B: Nie! Die *Vorgabe* unseres Chefs ist: immer pünktlich liefern.

C: Warum hast du eigentlich immer dein Telefon dabei?
D: Das ist eine *betriebliche Vorgabe*.
C: Du meinst, du hast *Bereitschaft* für deine Arbeit und wenn sie dich anrufen, musst du hin? Jeden Tag?
D: Nicht jeden Tag. Wir haben da einen *Zettel* in der Firma, wo jeder einträgt, wann er *Bereitschaft* haben kann.
C: Und das ist gerecht?
D: Ja, es gibt einen *Ordner*. Da tun wir am Ende eines Monats immer den *Zettel* rein. In diesem *Ordner* können wir immer nachsehen, wer wie oft *Bereitschaft* hatte.

E: Ich habe jetzt meine eigene kleine Firma. Ich habe den Schritt in die *Selbstständigkeit* gewagt.
F: Und, wie läuft's?
E: Sehr gut. Wir haben so viele Aufträge, dass wir mit *externen* Partnern *zusammenarbeiten* müssen.
F: Lohnt sich das denn?
E: Ja, wenn wir Aufträge abgeben, müssen wir weniger Geld an den Staat zahlen und machen trotzdem Gewinn. Es gibt da *steuerliche* Vorteile. Den Gewinn investiere ich dann wieder *intern* in die technische *Ausstattung* meiner Firma.
F: Du bist ja ein richtig cleverer Geschäftsmann. Du verdienst große *Anerkennung*. Ich bin stolz auf dich.

### Mitarbeiter des Monats

Paul Schröder ist unser Mitarbeiter des Monats. Er hat die *Bereitschaft* gezeigt, auch schwere Aufgaben zu *bewältigen*. Oft arbeitet er noch am Abend, wenn die normale *Arbeitszeit* vorbei ist. Auch daran erkennt man seine *Motivation*. Er arbeitet effektiv mit seinen Kollegen zusammen. Aber er beweist auch große *Selbstständigkeit,* wenn man ihm neue Aufgaben *überlässt*. Die Firmenleitung hat beschlossen, dass ihm nicht nur unsere *Anerkennung*, sondern auch eine *Gehalts*erhöhung *zusteht*. Wir gratulieren Paul Schröder.

**A** Wo, wofür und wie lange arbeiten? Ordnen Sie die Wörter den richtigen Erklärungen zu.

1. das Geld, das man für seine Arbeit am Ende des Monats bekommt
2. ein Stück Papier, auf dem man Notizen macht
3. wenn man in einer Fabrik arbeitet, kann man sie nicht selbst bestimmen
4. ein Tisch, an dem man arbeitet
5. dieses Geld bekommt man, wenn man alt ist und nicht mehr arbeitet
6. die Lust, etwas zu tun

a. der Schreibtisch
b. die Rente
c. der Zettel
d. die Motivation
e. die Arbeitszeit
f. der Lohn

**B** Verschiedene Anforderungen. Wie gehen die Sätze weiter? Ordnen Sie zu.

1. Für gute Arbeit …
2. Er hat die Notwendigkeit erkannt, …
3. Diese Agentur für Werbung …
4. Intern arbeiten wir in unserer Firma gut zusammen, …
5. Die Vorgabe unseres Chefs ist, …

a. ist ein externer Partner unserer Firma.
b. aber wir suchen noch externe Partner.
c. dass keine Lieferung zu spät zum Kunden kommt.
d. bekommt sie von ihrem Chef Anerkennung.
e. eine Versicherung gegen Unfälle abzuschließen.

**C** Spezielle Firma. Ergänzen Sie den Text mit den folgenden Wörtern.

Werkzeuge (2x) ▪ bewältigen ▪ Bereitschaft ▪ Einkommen ▪ überlässt ▪ Selbstständigkeit ▪ Ausstattung

In unserem kleinen Betrieb machen wir spezielle _____ um alte Autos zu reparieren.

Die technische _____ in unserer Werkstatt ist super. Damit können wir auch komplizierte

Aufgaben _____ . Weil wir die einzige Firma in Deutschland sind, die solche

_____ produziert, verdienen wir viel Geld. Wir haben ein gutes _____ .

Unser Job macht uns Spaß. Deswegen zeigen wir auch große _____ , unsere Arbeit gut zu

machen. Unser Chef weiß das und _____ uns viele wichtige Entscheidungen. Er erwartet von

uns nicht nur Zusammenarbeit, sondern auch große _____ .

**D** Zufriedene Mitarbeiter? Ergänzen Sie die Dialoge mit den folgenden Wörtern.

zusteht ▪ Gehalt ▪ Ausstattung ▪ steuerlichen ▪ betriebliche

Lisa: Warum trägst du eigentlich immer weiße Kleidung? Du arbeitest doch nicht in einem Krankenhaus!

Karen: Das ist eine _____ Vorgabe. Alle Mitarbeiter sollen helle Kleidung tragen.

Frank: Ich muss jedes Jahr so viel Geld an den Staat zahlen. Es bleibt nie Geld übrig, um in die technische

_____ unserer Firma zu investieren.

Nicole: Hast du dich beim Finanzamt schon nach einer _____ Entlastung erkundigt?

Für kleine Firmen wie deine gibt es da viele Möglichkeiten.

Eric: Bist du eigentlich zufrieden mit deinem _____ ?

Paul: Es ist nicht schlecht. Aber ich finde, dass mir für die viele Arbeit mehr Geld _____ .

## 12.01 Spracherwerb und Sprache allgemein

### Wie Kinder Sprache lernen

Kleine Kinder *erlernen* ihre Sprache durch viele Faktoren. Einer davon ist das *Vorlesen*. Jedes Kind mag es, wenn die Eltern eine Geschichte aus einem Buch *vorlesen*. Die Kinder hören die Worte und sehen die Bilder im Buch. Aber auch andere *kommunikative* Handlungen sind wichtig. Kinder lernen zum Beispiel auch, wenn sie den *Dialogen* zwischen Mutter und Vater zuhören. Schon Johann Gottfried Herder (1744–1803) hat gesagt: „Das Ohr ist der erste Lehrmeister der Sprache". Von allen, die in der Nähe eines Babys kommunizieren, wird die Sprache an das Kind *weitergegeben*. Zuerst lernt ein Kind also das Hören und Verstehen. Danach lernen Kinder zu sprechen. Erst viel später lernt man lesen und schreiben. Die wissenschaftliche *Bezeichnung* für diesen Prozess ist Spracherwerb.

### Deutsch ist nicht gleich Deutsch

- *Dialekte*: Überall in Deutschland sprechen die Menschen Deutsch. Aber sie sprechen nicht überall gleich. Im Norden spricht man anders als im Osten, im Süden anders als im Westen. Die Sprache unterscheidet sich von Region zu Region, zum Beispiel bei bestimmten Wörtern oder in der Aussprache. In Sachsen spricht man Sächsisch, in Bayern Bayrisch und an der Nordsee Plattdeutsch. Statt „herum" sagt man z. B. im Bayrischen „umanand", in Sachsen sagen viele Leute nicht „Mund" sondern „Gusche".
- *Varianten*: Deutsch wird nicht nur in Deutschland gesprochen. Auch Österreich und die Schweiz gehören zum *deutschsprachigen* Raum. In jedem der drei Länder ist die Sprache aber dennoch anders. Es gibt also einen österreichischen, einen bundesdeutschen und einen schweizer Standard. Diese drei Standards des Deutschen nennt man *Varianten* oder „Varietäten". Wenn ein Schweizer aus Zürich spricht, ist das für einen Berliner manchmal schwer *verständlich*. Die *Varianten* des Deutschen sind zum Teil sehr unterschiedlich.

### Kommunikative Probleme

Meine Freundin kommt, wie ich, aus Hannover. Hier sprechen wir „normales" Deutsch, man nennt es auch Hochdeutsch. Seit sechs Monaten arbeitet sie in der Schweiz. Jetzt hat sie schon ganz viele *Formulierungen* aus dem Schweizerdeutschen übernommen. Das Meiste habe ich im Kontext verstanden, aber manches war nicht *verständlich*. Dann konnte ich nicht mal *interpretieren*, was sie meint. Sie hat mir einen *Witz* erzählt, über den in der Schweiz alle lachen. Ich konnte nicht lachen, bis sie mir eine *Übersetzung* gegeben hat. Also eine *Übersetzung* vom Deutschen ins Deutsche.
In der Schweiz sprechen auch viele Leute Französisch und Italienisch. Meine Freundin muss bei ihrem Job auch viel Französisch sprechen. Inzwischen spricht sie *fließend* und ohne Probleme Französisch. Ich hatte diese Sprache nur kurz in der Schule und die meisten Wörter sind mir längst *entfallen*. Manchmal liest meine Freundin etwas auf Französisch und möchte mir davon erzählen. Auch dann brauche ich eine *Übersetzung* vom Französischen ins Deutsche.

### *Geheime* Sprachen

Eigentlich gibt es Sprachen, damit sich möglichst viele Menschen möglichst gut verstehen. Aber es gibt auch Sprachen, die nur für ganz wenige Leute *verständlich* sind. Diese Sprachen sind *geheim*. Die Regeln und Wörter dieser Sprache müssen dann diese Leute *klären* und nur sie wissen, was sie bedeuten. Man kann so über Dinge sprechen, die andere Leute nicht wissen dürfen. Kinder lieben *Geheim*sprachen. Eine einfache *Geheim*sprache geht so: In jedem Wort wird jeder Vokal durch den *Buchstaben* „A" ersetzt. (Prabaran Sa as!*)
Die *Unterscheidung* von *geheimen* Sprachen und „normalen" Sprachen liegt darin, dass sich „normale" Sprachen natürlich entwickelt haben, *Geheim*sprachen sind künstlich.

\* = Probieren Sie es!

**A** Kommunikativ handeln. Welches Wort passt zu welcher Erklärung?

1 zwei Menschen sprechen miteinander     a der Witz
2 etwas, dass nicht jeder wissen soll     b fließend
3 ein kurzer Text, über den man lachen kann     c geheim
4 eine Sprache gut und ohne Probleme sprechen     d der Dialog

**B** Bedeutung der Sprache(n). Wie gehen die Sätze weiter? Ordnen Sie zu.

1 Die Worte in einem Gedicht oder Lied …     a die Kommunikation zwischen Lebewesen.
2 Die wichtigste Aufgabe von Sprachen ist …     b sind etwas anders als im Hochdeutschen.
3 Für berühmte Bücher …     c gibt es Übersetzungen in viele Sprachen.
4 Viele Formulierungen im Schweizerdeutschen …     d kann man verschieden interpretieren.

**C** Verstehen Sie Deutsch? Ergänzen Sie den Text mit den folgenden Wörtern.

> Kontext ▪ Buchstaben ▪ Variante ▪ deutschsprachigen ▪ erlernen ▪ Dialekte (2x) ▪ Bezeichnung ▪ verständlich ▪ Übersetzung

Deutschland, Österreich und die Schweiz nennt man den _____ Raum. Dort spricht man überall Deutsch. In Deutschland spricht man von Region zu Region ein wenig anders. Das sind die _____, wie z. B. Sächsisch. Manche _____, z. B. das Bayrische, sind nicht so leicht _____, wenn man sie nicht kennt. Man muss sie entweder _____ oder braucht sogar eine _____ vom Deutschen ins Deutsche. Meistens kann man die Bedeutung der Wörter aber doch aus dem _____ erschließen. Auch in den drei Ländern gibt es verschiedene Standards des Deutschen. Die _____ dafür ist _____ oder Varietät. Die geschriebenen _____ in den Wörtern sind aber in allen drei Ländern gleich.

**D** Wie lernt das Kind seine Sprache? Ergänzen Sie die Dialoge mit den folgenden Wörtern.

> weitergegeben ▪ Dialogen ▪ klären ▪ vorlesen

Mutter: Du musst unserem Baby mehr Geschichten _____. Dadurch lernt es die Sprache.

Vater: Das ist doch nicht notwendig. Ich habe gelesen, Babys lernen die Sprache auch, wenn sie den _____ zwischen Mutter und Vater zuhören.

Professor: Wer von ihnen weiß, wie die Sprache an die kleinen Kinder _____ wird?

Student: Ich habe gelesen, dass alles, was die Babys hören ganz wichtig ist.

Professor: Das ist richtig. Und wie das genau funktioniert, _____ wir in der nächsten Woche. Schönes Wochenende.

## 12.02 Sprechhandlungen

### E-Mail an den Berater

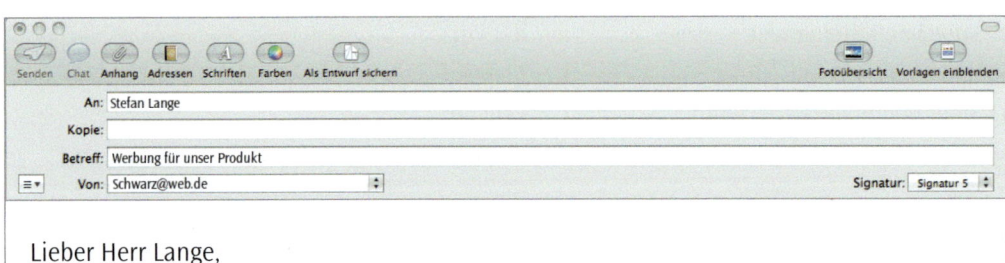

**An:** Stefan Lange
**Kopie:**
**Betreff:** Werbung für unser Produkt
**Von:** Schwarz@web.de
**Signatur:** Signatur 5

Lieber Herr Lange,
ich *danke* Ihnen für Ihre Teilnahme an unserer letzten Sitzung. Ihre *Bemerkung* zu unserem Problem mit der Werbung für unser Produkt war sehr wichtig für uns. Wir haben da wirklich *unglaubliche* Fehler gemacht. Diese *bedauern* wir sehr. Sie haben uns *geraten*, in unserer Werbung besonders die Vorteile unserer Produkte zu betonen. Diese *Anregung* war genau richtig. Jetzt verkaufen wir wieder viele Produkte und machen Gewinn. Leider hatten wir keine Zeit mehr, andere Themen zu *besprechen*. Deswegen möchte ich Sie gern auch zu unserer nächsten Sitzung einladen. Wir sind uns sicher, dass Sie auch noch weitere Verbesserungen *anregen* werden. Wir hoffen, Sie nehmen unsere Einladung an.
Bitte *grüßen* Sie auch Ihre Familie von mir!
Mit freundlichen Grüßen, Matthias Schwarz

### Über Männer reden

Silke: Sag mal, du hast in unserem letzten Gespräch *angedeutet*, dass du Probleme mit Andreas hast.
Sarah: Es stimmt ja auch. Er *schimpft* ständig mit mir. Ich habe den falschen Job, die falschen Freunde, die falsche Kleidung. Wenn ich ihm *widerspreche, brüllt* er mich an. Er ist dann richtig laut.
Silke: Und was *erwiderst* du dann?
Sarah: Es ist egal, was ich dann sage. Er *brüllt* weiter und sagt, ich *lüge*. Er denkt, ich sage nie die Wahrheit. Meistens bin ich dann ganz leise und *murmele* nur noch, dass er Recht hat.
Silke: Das ist ja wirklich *unglaublich*. Du hast wirklich allen Grund dich zu *beklagen*.
Sarah: Ich muss aber auch *anmerken,* dass wir beide gerade viel Stress haben. Bald haben wir Urlaub. Ich hoffe, dann ist alles wieder ok. Es ist gut, sich mal mit jemandem darüber *auszutauschen.* Danke.

### Politische Aussagen

- Der König hat *verkündet*, dass es einen neuen Feiertag gibt. Im ganzen Land soll an diesem Tag niemand arbeiten.
- Die *Äußerung* des Politikers zu den neuen Steuern hat verschiedene Reaktionen hervorgerufen. Einige haben seine Aussage *gelobt*. Aber viele andere Politiker *widersprachen* ihm. Man wird sich im Parlament noch weiter über seine *Äußerung austauschen.*
- Heute haben in Berlin viele Leute *demonstriert.* Sie *beklagen* sich über einige Entscheidungen der Regierung. Fast eine Million Menschen haben vor dem Brandenburger Tor *demonstriert.* Viele haben laut *gebrüllt.* Andere hatten Plakate dabei. Auf den Plakaten haben sie ihre Meinung *verkündet.*

### Unterschiedliche Meinungen

Meine Mama *schimpft* immer über Politiker. Sie *beklagt* sich über die Steuern. Manchmal *erwidere* ich dann, dass man die Politiker für manche Entscheidungen auch *loben* muss. Letztens habe ich z. B. *angemerkt,* dass der Schutz der Umwelt heute viel besser ist. Solche *Bemerkungen* hört meine Mama nicht gern. Ich sage dann auch: Wenn alles so schlimm ist, dann geh doch *demonstrieren*. Aber das will sie auch nicht. Manchmal *bedaure* ich, dass ich mich mit meiner Mutter nicht vernünftig über Politik *austauschen* kann.

**A** Wie SAGT man? Ordnen Sie die Wörter den richtigen Erklärungen zu.

1. etwas leise/undeutlich sagen
2. etwas laut sagen, schreien
3. nicht die Wahrheit sagen
4. jemandem Hallo sagen
5. jemanden auf eine Idee bringen
6. etwas indirekt ansprechen
7. anderer Meinung sein

a anregen
b widersprechen
c andeuten
d grüßen
e murmeln
f brüllen
g lügen

**B** Gespräche in der Firma. Ordnen Sie die Antworten den richtigen Fragen zu.

1. Haben Sie die E-Mail mit der Tabelle bekommen?
2. Was halten Sie von Herrn Langes Anregungen?
3. Hast du schon gehört, dass wir 10% weniger Lohn bekommen sollen?
4. Was raten Sie mir bei diesem Problem?

a Ja, danke! Die Tabelle hilft mir sehr.
b Ich empfehle Ihnen, sich mit einem Anwalt auszutauschen.
c Ich finde seine Äußerungen überflüssig und weiß nicht, warum der Chef ihn so gelobt hat.
d Ja, ich finde das unglaublich. Wie soll ich denn dann meine Miete bezahlen.

**C** Gespräche über Beruf und Politik. Ergänzen Sie die Dialoge mit den folgenden Wörtern.

beklagen ▪ beklagst ▪ demonstrieren ▪ demonstriert ▪ unglaublich ▪ schimpfst ▪ Bemerkung ▪ besprechen

Chef: Herr Schwarz, können Sie morgen um 11.00 Uhr in mein Büro kommen? Ich muss dringend etwas mit Ihnen _____.

Herr Schwarz: Natürlich. Verraten Sie mir, worum es geht?

Chef: Es geht um ihre _____ in der letzten Sitzung. Ich habe darüber nochmal nachgedacht.

Lisa: Hallo John. Hast du gehört, wie viele Menschen am Samstag in Berlin gegen die neuen Steuern _____ haben?

John: Ja, es sollen fast eine Million Menschen gewesen sein. _____, wie viele Leute sich im Moment über die Politik _____. Da muss sich bald etwas verändern.

Tochter: Es bringt doch nichts, wenn du immer nur über die Politik _____.

Mutter: Was soll ich sonst tun? Etwa in meinem Alter noch _____ gehen?

Tochter: Warum nicht? Das ist besser, als wenn du dich immer zu Hause _____.

**D** Mit allem zufrieden? Beantworten Sie die Fragen. Benutzen Sie dafür die Wörter dieses Kapitels.

Sind Sie mit der Politik in Ihrem Land einverstanden? Was gefällt Ihnen, was nicht?
Muss jeder immer die Wahrheit sagen? Wenn ja, warum? Wenn nicht, wann darf man lügen?

## Unter Müttern

Karin: Unsere Kinder wollen ohne Eltern Campingurlaub machen. Ich habe da meine *Bedenken*.
Monika: Ich habe meine *Zustimmung* auch noch nicht gegeben. *Prinzipiell* bin ich aber *einverstanden*. *Meinetwegen* können sie zusammen Urlaub machen.
Karin: Wir müssen uns bei der Entscheidung jedenfalls *einig* sein. Wir müssen *übereinstimmen*, ob wir *zustimmen* oder es verbieten.
Monika: Da bin ich *vollkommen* deiner Meinung. Vielleicht können wir uns mit den Kindern auch auf einen *Kompromiss* einigen? Kann nicht dein Bruder mitfahren?
Karin: *Ausgerechnet* mein Bruder Wolfgang?
Monika: Wen schlägst du *stattdessen* vor?
Karin: Nein, *meinetwegen* frage ich Wolfgang. Früher war er etwas wild, aber er ist auch *ernsthafter* geworden.
Monika: Und die Kinder werden *einsehen*, dass ein Erwachsener dabei sein muss. Letztendlich werden sie froh sein, dass sie ohne Eltern fahren dürfen.

## Nach der Vorlesung

Julian: Der Professor hat mich mit seinen *Ausführungen* heute echt *erstaunt*. Seine *Auffassung* zur Veränderung des Klimas hat mich *regelrecht* überrascht.
Theresa: Worüber *wunderst* du dich denn so? Seine *Begründung* war doch *vollkommen logisch*.
Julian: Seine *Überzeugung* ist, dass der Mensch mit der Zerstörung der Umwelt *gewissermaßen* nicht zur Klimaveränderung beiträgt. Ihm *zufolge* ist alles ein natürlicher Kreislauf.
Theresa: Ja, und diese *Annahme* resultiert aus einer *objektiven* Analyse des Klimas der Erde.
Julian: Ich möchte ihm ja auch nicht *unterstellen*, dass er *Unsinn* gesagt hat. Aber bei anderen Wissenschaftlern ist dieses *Argument* immer noch sehr *umstritten*.

## Brauchen wir ein Boot?

Doris: Warum willst du *ausgerechnet* jetzt ein Boot kaufen? Müssen wir nicht *stattdessen* auf ein neues Auto sparen?
Stefan: Wieso bist du denn plötzlich so *erstaunt*? Du hast doch schon vor einem Jahr *zugestimmt*.
Doris: Ja, *prinzipiell* sind wir uns *einig*. Aber es gibt *sachliche Argumente* gegen den Kauf eines Boots. Wir haben wenig Geld, wir müssen umziehen und das Auto ist kaputt.
Stefan: Du hast *vollkommen* Recht. Ich *sehe* es ja *ein*. Aber dann mieten wir uns im Sommer ein Boot und machen Urlaub auf dem Wasser?
Doris: Mit diesem *Kompromiss* bin ich *einverstanden*. Ich freue mich, dass wir uns ohne Streit *geeinigt* haben.

## Musik macht klug

Es ist unter Wissenschaftlern nach wie vor *umstritten*, ob Musik klüger macht. Einige sind der *Überzeugung*, dass Intelligenz aus einer Beschäftigung mit Musik *resultiert*. Die *Begründung* dafür ist, dass viele Musiker auch Wissenschaftler waren. Andere Wissenschaftler haben die *Überzeugung*, dass die Reihenfolge anders ist. Intelligente Menschen machen *gewissermaßen* Musik, weil sie sowieso intelligent sind. Beide *Auffassungen* klingen *logisch*. Aber vielleicht sind sie auch beide *Unsinn*. Denn es gibt auch Wissenschaftler, die nicht musikalisch sind und gute Musiker, die nicht so intelligent sind. Man sollte jedenfalls niemandem *unterstellen*, dass er dumm ist, nur weil er kein Instrument spielen kann. *Letztendlich* kann jeder Mensch etwas besonders gut.

**A** Was ist logisch? Ordnen Sie den Sätzen die richtigen Ausdrücke zu.

1 Eigentlich habe ich nichts gegen den Urlaub unserer Kinder.   a der Kompromiss
2 Meine Mutter muss den Urlaub noch erlauben.   b die Bedenken
3 Ich habe noch Zweifel, ob das eine gute Idee ist.   c letztendlich
4 Wir brauchen eine Lösung, mit der wir beide zufrieden sind.   d prinzipiell
5 Am Ende wird schon alles gut gehen.   e die Zustimmung

**B** Überzeugungen. Welches Wort passt nicht dazu? Unterstreichen Sie dieses Wort.

1 zustimmen – einigen – unterstellen
2 Auffassung – Unsinn – Überzeugung
3 wundern – erstaunen – resultieren
4 sachlich – umstritten – objektiv

**C** Ein Mann braucht ein Motorrad. Ergänzen Sie den Text mit den folgenden Wörtern.

einverstanden ▪ einig ▪ sieht … ein ▪ meinetwegen ▪ stattdessen ▪ Argumente ▪ ausgerechnet

Meistens bin ich mir mit meiner Frau _____. Aber mit meiner Idee, ein Motorrad zu kaufen, ist sie gar nicht _____. _____ darüber streitet sie mit mir. Dabei gibt es so ein günstiges Angebot. Sie _____ einfach nicht _____, dass wir viel Geld sparen, wenn wir das Motorrad jetzt kaufen. Ich verstehe auch ihre _____ nicht. Sie sagt, wir haben zu wenig Geld. Aber die Bank gibt mir einen Kredit. _____ will sie mit mir Urlaub in der Schweiz machen. _____ können wir ja beides machen – Urlaub und Motorrad.

**D** Studentische Angelegenheiten. Ergänzen Sie die Dialoge mit den folgenden Wörtern.

ernsthaft ▪ Begründung ▪ prinzipiell ▪ Ausführung ▪ Zustimmung ▪ Annahme ▪ objektiv ▪ vollkommen ▪ stimme … überein

Jerry: Denkst du _____ darüber nach, für ein Jahr in den USA zu studieren?

Nicole: Ja, das ist eine tolle Chance. Ich brauche nur noch die _____ von meinem Professor.

Julia: Wie fandest du die _____ des Professors wegen der Veränderung des Klimas?

Ich fand seine Erklärung nicht richtig _____ und _____ deshalb nicht 100 % mit ihm _____.

Daniel: Ich gebe ihm _____ dennoch Recht, auch wenn er nicht _____ sachlich argumentiert hat.

Katharina: Kennst du ein anderes Wort für Hypothese?

Mike: Logisch. Sag doch einfach _____.

Katharina: Danke. Jetzt wird mir die _____ der nächsten Hausaufgabe noch leichter fallen.

## 12.03 Diskussions- und Redemittel II • 12.04 Meinung II

### Vorlesung

Professor: Ich möchte die heutige Vorlesung damit *einleiten,* die wichtigsten Ergebnisse der letzten Woche zu *reflektieren.* Diese sind nicht nur für diese Vorlesung, sondern in *Hinblick* auf Ihr gesamtes Studium wichtig. Die Erde wird wärmer. Dafür gibt es nicht nur einen Grund. Das müssen Sie immer *bedenken.* Ein Grund ist der natürliche Wechsel von kalten und warmen Phasen auf der Erde. Auf diesen *Gesichtspunkt* hat der Mensch keinen Einfluss. Ein weiterer Grund ist Gas, das vor allem durch den Menschen produziert werden. Wenn mehr Gase in der Luft sind, verändert sich die *Reflexion* des Lichts von der Sonne. Auch *infolge* der veränderten Licht*reflexion* wird es wärmer auf der Erde. An beiden Gründen können wir im Moment nur wenig ändern. *Folglich* müssen die Menschen – und Tiere und Pflanzen – *hinnehmen,* dass es wärmer wird. Es ist *geradezu absurd* zu glauben, dass man die Klimaveränderung heute noch stoppen kann. Ich werde das nächste Woche mit konkreten Beispielen aus Afrika und Südeuropa noch *verdeutlichen. Abschließend* bitte ich Sie, bis nächste Woche Kapitel Acht des Buchs, das dieser Vorlesung *zugrunde* liegt, zu lesen. Vielen Dank.

### Meinung eines Umweltschützers

Meine ganz persönliche, *subjektive* Meinung zum Thema Klimaveränderung ist: Der Mensch hat Schuld. Doch *hierzu* gibt es auch andere Meinungen. Einige sagen, die Klimaveränderung ist natürlich. Ich denke, diese Wissenschaftler *irren* sich. Die *Feststellung,* dass es immer warme und kalte Phasen auf der Erde gab, ist zu wenig. *Ferner* hat sich das Klima noch nie so schnell verändert wie unter menschlichem Einfluss. *Nunmehr* muss man wirklich fragen, ob es nicht sogar gefährlich ist, *bezüglich* der Klimaveränderung keine Schuld beim Menschen zu suchen. Besonders in *Hinblick* auf unsere Kinder ist es *absurd,* jetzt nichts zu verändern. Helfen Sie mit.

### Totale Erholung

Frank: Letzte Woche wolltest du mit mir in den Urlaub fahren. *Daraufhin* habe ich für uns eine Reise gekauft. Heute *entschließt* du dich plötzlich, lieber deine Mutter zu besuchen.

Manuela: Ich sehe da keinen *Widerspruch.* Wir hatten uns noch nicht auf ein Ziel für die Reise geeinigt. Ein Besuch bei meiner Mutter ist für mich Urlaub. Im Vergleich zu einem anstrengenden Flug habe ich da *weitaus* mehr Erholung.

Frank: Und ich finde es *weitaus* anstrengender bei deiner Mutter. Wie sollte ich denn *ahnen,* dass du sie schon wieder besuchen willst?

Manuela: Ich konnte auch nicht *ahnen,* dass du einfach eine Reise kaufst. *Demnach* haben wir beide einen Fehler gemacht. Das nächste Mal sollten wir *zweifellos* eher miteinander sprechen.

### Humboldts Reisen

Alexander von Humboldt hat auf seinen Reisen viele Entdeckungen gemacht. Auf der Reise nach Südamerika war sein *primäres* Ziel, Pflanzen und Tiere zu erforschen. *Hierbei* hat er viele wichtige Informationen für Biologie und Medizin gesammelt. Auf seinen Reisen hat er aber auch Flüsse und Gebirge beschrieben. *Indirekt* hat er so auch viel für andere Wissenschaften getan. Noch heute *basieren* viele naturwissenschaftliche Bücher auf den Informationen, die Humboldt im 19. Jahrhundert gesammelt hat. Es ist wirklich *erstaunlich,* welche Leistungen dieser Mann in seiner Zeit erbracht hat. *Dementsprechend* tragen noch heute viele Universitäten und Schulen seinen Namen.

**A** Eigenschaften von Aussagen oder Fragen. Welches Wort passt zu welcher Erklärung?

1. etwas ist unglaublich oder falsch
2. etwas ist anders als erwartet
3. es gibt keine Zweifel
4. nach der eigenen Meinung

a. erstaunlich
b. absurd
c. subjektiv
d. zweifellos

**B** Wie gehen die Sätze weiter? Ordnen Sie zu.

1. Ich möchte die Vorlesung
2. Ein Grundsatz in der Physik ist:
3. Bitte bedenken Sie immer,
4. Mit dem modernen Menschen veränderte sich das Klima schnell,
5. Diese Feststellung basiert nicht auf der Annahme, dass
6. Beispiele hierzu

a. Energie verschwindet nie.
b. folglich hat der Mensch Einfluss auf das Klima.
c. dass es infolge der Klimaveränderung noch zu weitaus schlimmeren Katastrophen kommen kann.
d. es immer warme und kalte Phasen auf der Erde gab.
e. mit einer Reflexion der letzten Woche beginnen.
f. sollen das Problem weiter verdeutlichen.

**C** Forschung und Lehre. Ergänzen Sie die Sätze mit den folgenden Wörtern.

hinnehmen ▪ abschließend ▪ indirekt ▪ primäres ▪ Hinblick ▪ einleiten ▪ reflektiert ▪ hierbei ▪ dementsprechend ▪ zugrunde

1. Ich möchte meinen Vortrag mit einem Zitat _____ .
2. Die Erforschung von Pflanzen und Tieren war Humboldts _____ Ziel, _____ hat er aber auch viel für die Geographie getan.
3. Humboldt war ein berühmter Wissenschaftler, _____ tragen viele Universitäten seinen Namen.
4. Sie müssen in dieser Vorlesung in _____ auf Ihr weiteres Studium wirklich aufpassen.
5. Das Licht der Sonne wird von der Erde _____ .
6. Im Moment müssen wir die Klimaveränderung einfach _____ .
7. Ich muss die Prüfung allein schaffen. _____ kann mir niemand helfen.
8. Diesen Annahmen liegen folgende Untersuchungen _____ .
9. _____ möchte ich Sie bitten, bis zur nächsten Woche Kapitel Zehn des Buchs zu lesen.

**D** Richtige und falsche Entscheidungen. Beantworten Sie die Fragen.
Benutzen Sie dafür die Wörter dieses Kapitels.

Welches Fahrzeug bevorzugen Sie, wenn Sie unterwegs sind? Welches Fahrzeug mögen Sie nicht? Erklären Sie. Nennen Sie einen Politiker, der sich schon geirrt hat. Was war sein Fehler.

## 12.05 Wahrscheinlichkeit

### Prüfungen bestehen

Alexandra: In diesem Semester habe ich *enorm* viel zu tun. *Hoffentlich* schaffe ich alle Prüfungen.
Klara: Mir geht es ähnlich. Ich finde es *quasi* unmöglich alle Prüfungen zu bestehen. Unsere Professoren denken *scheinbar,* wir müssen nie schlafen.
Alexandra: Ich habe ja *generell* kein Problem mit Tests. *Mitunter* habe ich sogar Spaß daran. In diesem Jahr ist es aber *nahezu* ausgeschlossen, alles zu lernen.
Klara: Aber *womöglich* schaffen wir es doch. Wir sind ja nicht die ersten Studenten, die diese Prüfungen machen. *Anscheinend* muss es also möglich sein.
Alexandra: Ach Klara, *hoffentlich* hast du Recht.

### Deutschland im Herbst

In den Bergen wird es am Wochenende *voraussichtlich* Schnee geben. In den anderen Teilen des Landes bleibt es *zumeist* sonnig. *Allenfalls* ein wenig Regen ist *denkbar*. Nach dem Wochenende wird es überall kälter und *voraussichtlich* gibt es dann im ganzen Land Schnee. *Inwieweit* damit der Winter endgültig begonnen hat, kann man nicht genau sagen. Manchmal wird es nach dem ersten Schnee noch einmal *unerwartet* wärmer.

### *Zufall* in Berlin

John: Kannst du dich erinnern, wie wir uns damals in Berlin zufällig getroffen haben?
Lisa: Ja, das war wirklich *Zufall*. Ich dachte damals, du bist in Frankreich.
John: Zum Glück war deine *Vermutung* falsch. Aber trotzdem ist es *unwahrscheinlich,* dass sich zwei Menschen zufällig in Berlin treffen. Schließlich ist Berlin eine sehr große Stadt.
Lisa: Vielleicht hat uns damals der *Zufall* zusammen gebracht. Heute sind wir seit zwei Jahren verheiratet.
John: Und *hoffentlich* bleibt das noch viele Jahre so.

### Fortschritte in der Medizin

Früher war die Zahl *potenziell* tödlicher Krankheiten sehr hoch. Heute ist die Medizin viel besser als noch vor 100 Jahren. Es ist in vielen Ländern *nahezu* ausgeschlossen, dass heute ein Kind an Fieber stirbt. Früher war das noch anders. *Zwangsläufig* gibt es immer mehr Menschen auf der Erde. *Inwieweit* dieser Zuwachs einmal ein Problem wird, kann man noch nicht absehen. Manche Wissenschaftler halten es für möglich, einen Teil der Menschen in ein paar Jahren auf einen anderen Planeten zu fliegen. Andere Experten halten das für *unwahrscheinlich*. *Denkbar* ist vieles, wenn man sich z. B. die *unerwartete* Entwicklung der Medizin ansieht.

**A** Stress an der Uni. Welches Wort passt zu welchem Satz? Ordnen Sie zu.

1 Das ist wirklich sehr viel Arbeit.
2 Im Allgemeinen habe ich keine Angst vor Prüfungen.
3 Ich wünsche mir, dass ich den Test bestehe.
4 Andere Leute haben die Prüfungen auch bestanden. Es muss also möglich sein.
5 Es ist ein großer Zufall, wenn man sich an dieser großen Universität einfach so trifft.
6 Ich schaffe die Prüfung bestimmt.

a voraussichtlich
b hoffentlich
c anscheinend
d generell
e unwahrscheinlich
f enorm

**B** Zukunft und Vergangenheit. Ordnen Sie die Antworten den richtigen Fragen zu.

1 Hältst du es für denkbar, dass Menschen einmal auf einem anderen Planeten leben?
2 Wie viele potenziell tödliche Krankheiten gab es vor 200 Jahren?
3 Kommt es womöglich dazu, dass die Menschen in Zukunft fast alle 150 Jahre alt werden?

a Früher konnte nahezu jede Krankheit gefährlich für die Menschen werden.
b Ich denke, dieses Alter werden Menschen auch in Zukunft allenfalls in Ausnahmen erreichen.
c Nein, ich halte das, wie viele andere Wissenschaftler, für unwahrscheinlich.

**C** Neuer Job. Ergänzen Sie den Text mit den folgenden Wörtern.

Zufall ■ quasi ■ mitunter ■ unerwartet ■ zwangsläufig

Die Nachricht vom Verlust meiner Arbeit kam für mich völlig _____. Ich war _____ über Nacht arbeitslos. Ich musste mir _____ schnell einen neuen Job suchen, denn ich muss ja meine Wohnung bezahlen. Das Glück und der _____ waren aber auf meiner Seite. Nach nur zwei Tagen hatte ich einen neuen Job gefunden. Jetzt verdiene ich noch mehr Geld. _____ haben schlechte Ereignisse also auch ihr Gutes.

**D** Karls Wettervorhersage. Ergänzen Sie die Sätze mit den folgenden Wörtern.

scheinbar ■ zumeist ■ Vermutung ■ inwieweit

Karl hat die _____, dass es am Wochenende regnet. _____ spürt er das irgendwie in seinem Körper. Im Radio haben sie aber Sonne angekündigt. Wir werden sehen, _____ Karls Körper zuverlässiger ist als das Radio. Bisher konnte man sich auf Karls Prognosen ja _____ verlassen.

**E** Zufälle im Leben. Beantworten Sie die Fragen. Benutzen Sie dafür die Wörter dieses Kapitels.

Erzählen Sie von einem schönen Zufall in Ihrem Leben. Warum kam dieses Ereignis überraschend?
Welche schwierige Aufgabe haben Sie geschafft? Warum war sie am Anfang scheinbar unlösbar?

## 13.01 Veranstaltungen

### Konzert im Park

In einer Zeitung habe ich *Tipps* für das Wochenende gelesen. Eine Empfehlung war ein Konzert im Park. Die Konzerte im Park sind im Sommer sehr *beliebt* beim Publikum. Das Wetter ist schön warm und man kann die Musik in der Natur genießen. Auch ich gehe gern zu diesen Konzerten. Dieses Jahr kamen die Bands aus zehn Ländern Europas. Der musikalische *Höhepunkt* war eine sehr bekannte Gruppe aus Frankreich. Das Konzert *ging* pünktlich um 20 Uhr *los*. Die ersten Bands begannen zu spielen. Das Publikum war gut gelaunt, die Leute tanzten und sangen mit. Dann kam die französische Band und mit ihr dunkle Wolken am Himmel. Während die Band spielte, begann es fürchterlich zu regnen. Es regnete so sehr, dass der Park innerhalb weniger Minuten aussah wie ein See. Die Menschen, aber auch die Technik auf der Bühne, wurden komplett nass. Nach fünfzehn Minuten beschlossen die *Veranstalter*, das Konzert *abzubrechen*. Die Band hörte auf zu spielen und wir versuchten uns, unter Bäumen vorm Regen zu schützen. Das Konzert wird in einem Monat wiederholt. Unsere Tickets sind dann noch gültig. Sie *verfallen* nicht. Für die *Veranstalter* war das Wetter bestimmt eine Katastrophe, aber ich fand den Abend trotzdem schön und freue mich auf das nächste Konzert.

### Ein *Kongress* für die ganze Familie

Andrea ist verheiratet und hat zwei Kinder. Die Gesundheit ihrer Familie ist ihr sehr wichtig. Seit einigen Jahren gibt es in ihrer Stadt einen *Kongress* zum Thema Gesundheit. Das *Motto* lautet dieses Jahr: „Bewegung und Ernährung für Kinder". Eine *Besonderheit* der Konferenz ist die *Teilnahme* von Kindern. So gibt es für Kinder die Möglichkeit, einen Kochkurs zu besuchen. Sie lernen hier gesunde Lebensmittel kennen und kochen einfache Gerichte. Außerdem gibt es viele Spiele und sportliche Aktivitäten. Erwachsene können sich unter anderem in kurzen Vorträgen und in Gesprächen mit Experten informieren. Für die Organisation und *Durchführung* des *Kongresses* suchen die *Veranstalter* noch fleißige *Helfer*. Andrea findet die Idee eines *Kongresses* für die ganze Familie sehr *spannend* und möchte gerne helfen. Sie freut sich sehr auf diese Veranstaltung, an der auch ihre Kinder und ihr Mann teilnehmen werden.

### Das Film*festival*

- Jedes Jahr *veranstaltet* die Stadt Wien im Herbst ein wichtiges Filmfest. Es ist eines der *bedeutsamsten* Film*festivals* in Österreich. Es wird seit über 50 Jahren in der Hauptstadt *abgehalten*.
- Bis Ende Januar kann man eigene Filme an die Organisatoren senden. Dieses Jahr wurde die Frist um zwei Wochen *verlängert*. Man hat also vierzehn Tage mehr Zeit, sich mit seinem Film zu bewerben.
- Während des *Festivals* kosten die Karten für jeden Film fünf Euro. Ein Teil des *Eintritts* geht *zugunsten* der Förderung des Filmnachwuchses. Das heißt, Projekte, die zum Beispiel junge Regisseure unterstützen, werden finanziell gefördert.
- Am Ende des *Festivals* wird ein Preis für den besten Film *verliehen*. Das ist der *Höhepunkt* der Veranstaltung. Der Sieger bekommt mehrere Tausend Euro.

**A** Veranstaltungen. Welches Wort passt zu welchem Wort? Ordnen Sie die Wörter einander zu.

1 das Motto
2 der Tipp
3 die Durchführung
4 der Kongress

a die Empfehlung
b die Umsetzung
c die Konferenz
d das Thema

**B** Das Musikfestival. Ordnen Sie den Fragen die richtigen Antworten zu.

1 Wann beginnt das Festival?
2 Wie teuer ist der Eintritt?
3 Gibt es etwas Besonderes?
4 Was passiert, wenn es regnet?
5 Verfallen dann unsere Tickets?

a Das kann ich mir nicht vorstellen. Man bekommt bestimmt sein Geld zurück.
b Im schlimmsten Fall wird das Festival dann abgebrochen.
c Eine Besonderheit ist, dass die Konzerte auf einer Bühne im Park sind.
d Es geht morgen 20 Uhr los und geht dann drei Tage.
e Eine Karte kostet pro Tag 25 Euro. Für das gesamte Festival bezahlt man 70 Euro.

**C** Der Kongress. Ergänzen Sie den Dialog mit den folgenden Wörtern.

Teilnahme ▪ beliebt ▪ Veranstalter ▪ Helfer ▪ spannend ▪ Motto ▪ Kongress

Nick: Am Wochenende gibt es einen zweitägigen Kongress unter dem _____ „Kunst trifft Naturwissenschaft". Der Fachbereich Biologie der Universität und das „Museum für Bildende Künste" veranstalten diesen _____ . Sie sind also die _____ .

Tanja: Ja, ich weiß. Ich finde das Thema sehr _____ . Ich werde bei dem Kongress dabei sein und bei der Durchführung helfen. Für _____ ist die _____ kostenlos.

Nick: Deshalb ist es auch bei Studenten so _____ – wenn man nicht arbeitet, kann man sich alle Vorträge und Ausstellungen umsonst ansehen.

**D** So viele Veranstaltungen. Ergänzen Sie die Dialoge mit den folgenden Wörtern.

verliehen ▪ bedeutsam ▪ Höhepunkt ▪ verlängert

Johannes: Weißt du, bis wann ich mich für den Kongress anmelden kann?

Anja: Man kann sich noch bis Ende nächsten Monat anmelden. Die Frist wurde _____ .

Johannes: Zum Glück habe ich noch Zeit. Der Kongress ist wirklich _____ für mich. Wichtige Wissenschaftler aus der ganzen Welt kommen dort zusammen und halten Vorträge.

Markus: Ich muss leider schon gehen.

Gerd: Schade, dann siehst du nicht, an wen der Hauptpreis _____ wird.

Markus: Ja, wirklich schade. Den _____ des Abends werde ich verpassen.

## 13.02 Gesellige Anlässe

### Die Hochzeit

Vor kurzem hat mein Bruder Gregor seine langjährige Freundin Jenni in einer Kirche geheiratet. Die ganze Familie, Verwandte und Freunde waren bei der *Hochzeit anwesend*. Unsere kleine Schwester lebt im Moment im Ausland. Auch sie ist extra gekommen. Wir haben niemandem verraten, dass sie *anwesend* sein wird. Es war eine schöne *Überraschung*, als sie auf einmal vor der Kirche stand. Dann saßen alle Gäste auf ihrem Platz, die Musik von Felix Mendelssohn Bartholdy begann und Jenni und ihr Vater *schritten* langsam durch die Kirche. Schritt für Schritt ging Jenni auf Gregor zu. Meine Mutter fing gleich an zu weinen, weil es so schön war. Dann fragte der Pfarrer, ob Jenni meinen Bruder zum Mann haben möchte und ob er Jenni zur Frau haben möchte. Natürlich haben beide mit „Ja" geantwortet und spätestens jetzt haben fast alle geweint. Sogar mein Vater hatte Tränen in den Augen.

Danach hatten wir eine tolle *Feier*. Der erste *Tanz* auf dem Fest war für das junge Ehepaar – ein Walzer, ganz traditionell. Dann haben alle bis spät in die Nacht viel *getanzt* und gelacht. Es war eine wirklich schöne *Hochzeit*.

### Ins Bett oder zur Party

Es ist Samstagabend. Sabine und Peter sind heute Abend auf eine *Party* eingeladen. Zwei Freunde feiern ihren Geburtstag in einer Bar. Sabine freut sich darauf und hat Lust *wegzugehen*. Sie möchte zu lauter Musik *tanzen*. Peter ist müde und möchte lieber ins Bett gehen. Sabine findet, dass Peter *langweilig* ist. Er hat nie Lust auf *Partys* zu gehen. Peter meint, dass Sabine in einer Bar immer zu viel Geld ausgibt, weil sie viele Freunde auf Getränke einlädt. Die beiden streiten sich. Es geht hin und her. Zum Schluss geht Sabine allein auf die *Feier* und Peter bleibt zu Hause. Dann sieht Peter, dass Sabine die *Geschenke* für ihre Freunde vergessen hat. Er entschließt sich, nun auch auf die *Party* zu gehen. Sabine hat das alles geplant. Ihr Trick hat funktioniert.

### Kurz vor Weihnachten

Wie jedes Jahr, wenn im Dezember *Weihnachten bevorsteht*, gibt es viel Stress. Normalerweise gehe ich gerne einkaufen, aber im Dezember macht es mir keinen Spaß. Es ist wirklich kein *Vergnügen* in die Geschäfte zu gehen, wenn tausende Menschen auf der Suche nach *Geschenken* sind. Im Zentrum der Stadt herrscht *Chaos*. Es gibt viel zu viele Autos und zu wenige Parkplätze. In den Geschäften suchen zu viele Leute nach tollen Angeboten. Vielleicht sollte ich endlich anfangen, *Geschenke* für meine Familie und Freunde im Internet zu kaufen. Ich kann auch einfach meinen *Weihnacht*seinkauf von Dezember in den November *verlegen*. Dann kann ich das *Weihnacht*sfest auch viel mehr genießen.

### Der *Empfang* der deutschen Nationalmannschaft

Alle vier Jahre gibt es eine Fußballweltmeisterschaft. In Deutschland kann man dann überall Fußball schauen: Alleine oder mit Freunden zu Hause, in Bars oder auf riesigen Bildschirmen in der Stadt. Wenn die deutsche Mannschaft gut spielt, gibt es am Ende der Meisterschaft einen großen *Empfang* in Berlin. Es ist nicht *außergewöhnlich*, dass dann zirka eine halbe Millionen Menschen die Fußballer begrüßen. Zur *Unterhaltung* der Fans spielen auch viele berühmte Bands. Das Team feiert zusammen mit seinen Fans den Erfolg.

**A** Es gibt immer einen Grund zu feiern. Welches Wort passt zu welchem Bild? Ergänzen Sie die Sätze.

Tanz ▪ Geschenk ▪ Weihnachten ▪ Hochzeit

1 Zu meinem Geburtstag habe ich ein schönes _____ bekommen.

2 Jedes Jahr zu _____ besuche ich meine Familie.

3 Die _____ war im Juni.

4 Auf einer Hochzeit ist der erste _____ meist ein Walzer.

**B** Ja, ich will. Ordnen Sie ähnliche Sätze einander zu.

1 Die Hochzeit steht kurz bevor.
2 Die Familie und Freunde sind anwesend.
3 Das Paar schreitet durch die Kirche.
4 Die Gäste hatten viel Spaß auf dem Fest.

a Sie gehen langsam den Gang entlang.
b Die Feier war nicht langweilig.
c Viele Gäste sind gekommen.
d In wenigen Tagen heiraten sie.

**C** Die Party und der Empfang. Ergänzen Sie die Dialoge mit den folgenden Wörtern.

Party ▪ Empfang ▪ Chaos ▪ langweilig ▪ verlegt ▪ weggehen

Stefan: Was wollen wir heute Abend machen? Wollen wir _____ oder zu Hause bleiben?

Lea: Katja hat heute Geburtstag und gibt eine große _____ . Da habe ich Lust drauf.

Angela: Wie war es denn gestern auf Katjas Geburtstagsparty?

Stefan: Um ehrlich zu sein, war es am Anfang total _____ . Keiner hat etwas gesagt und es gab keine Musik. Dann gab es auf einmal totales _____ , weil die Katze den Vogel gefressen hatte.

Paul: Weißt du wann der _____ im Rathaus stattfindet?

Sascha: Ja, er wurde von Freitag auf Samstag _____ .

**D** Anlässe zum Feiern. Beantworten Sie die Fragen. Benutzen Sie dafür die Wörter dieses Kapitels.

Zu welchen Anlässen bekommt man in Ihrem Land Geschenke? Welche Art Geschenke sind das?
Feiert man Weihnachten auch in Ihrem Land oder gibt es ein anderes Fest, wo sich die Familie trifft und es viele Geschenke gibt? Wann und wo kaufen Sie Ihre Geschenke? Was mögen Sie an diesem Fest und was nicht?
Beschreiben Sie, was auf einer Hochzeit in Ihrem Land passiert? Gibt es Besonderheiten oder Traditionen? Wenn möglich, berichten Sie von einer Hochzeit, die Sie besucht haben oder sprechen Sie über Ihre eigene Hochzeit.

## 13.03 Museum, Ausstellungen und Sehenswürdigkeiten

### Eröffnung einer neuen Ausstellung

In der *Galerie* Schneider wird am Wochenende eine neue Ausstellung eröffnet. Zu sehen sind *Zeichnungen* eines jungen amerikanischen Künstlers sowie Bilder einer berühmten Berliner Fotografin. Beide Künstler *widmeten* sich auf ihre Art dem Thema: „*Abstrakt* nackt". Entstanden sind sehr unterschiedliche *Kunstwerke* mit verschiedenen *ästhetischen* Konzepten. Beide werden bei der Eröffnung anwesend sein. Freuen Sie sich auf einen schönen Abend mit interessanten Gästen.

### Die eigene Ausstellung

Angela, Katja, Michael und Jerry sind gute Freunde. Sie verbringen sehr viel Zeit miteinander und haben immer kreative Ideen. Im Moment arbeiten sie an einem Fotoprojekt. Sie haben zehn Themen bestimmt, z. B. „Taschen" oder „In der Bahn". Jetzt haben sie zwei Wochen Zeit, Fotos zu diesen Themen zu machen. Sie haben ihre *Kamera* immer dabei und machen *permanent* Bilder. Sie *fotografieren* Häuser, Menschen, Pflanzen und Tiere – einfach alles. Dabei sind der Kreativität keine Grenzen gesetzt. Der Spaß an der Fotografie ist dabei das Wichtigste, er steht im *Vordergrund*. Am Ende *stellen* sie ihre eigenen Bilder in Katjas Wohnung *aus* und es gibt eine große Party.

### Im Bildermuseum

Sabine interessiert sich für *Malerei*. Sie mag Maler der Renaissance wie Rembrandt, Rafael und da Vinci. Aber sie interessiert sich auch für die *Moderne*. Sie geht zusammen mit ihrer Freundin Lea in ein Bildermuseum. Sie möchten sich die normale Ausstellung und eine *Sammlung* zur *Abstrakten Malerei* anschauen. Die *Kunstwerke* stammen aus dem *Bestand* eines privaten Besitzers und sind nur zwei Monate zu sehen.
Zuerst gehen sie in die Ausstellung zur traditionellen *Malerei*. Sie nehmen sich viel Zeit, um einige *Kunstwerke* genau anzusehen. Sabine erklärt Lea, dass viele *Symbole* in den Bildern eine bestimmte Bedeutung haben und eine Art geheime Sprache darstellen. So sind *abgebildete* Vögel oft ein *Symbol* der Hoffnung. Die beiden schauen sich ein berühmtes *Kunstwerk* von da Vinci genau an. Bei der *detaillierten Betrachtung* sieht Lea nun mit Hilfe von Sabine viele *Symbole* und deren Bedeutung. Sie befinden sich im *Vordergrund*, aber auch im Hintergrund des Bildes.
Dann gehen sie in die neue Ausstellung. Sabine erklärt ihrer Freundin nun, dass Künstler der *Abstrakten Malerei* sehr viele Freiheiten bei der *Gestaltung* haben. Es ist ein Spiel mit Farben und Formen ohne konkrete Gegenstände. Nicht immer weiß der *Betrachter*, was der Maler eigentlich ausdrücken möchte. Lea hat im Museum viel über Kunst erfahren. Nach diesem interessanten Nachmittag möchte sie sich mehr der Kunst *widmen*. Lea will demnächst die echte „Mona Lisa" in Paris sehen.

### Das Brandenburger Tor in Berlin

In der Hauptstadt Deutschlands gibt es zahlreiche Sehenswürdigkeiten. Eines der bekanntesten ist das „Brandenburger Tor". Es wurde in den Jahren 1788 bis 1791 im *Stil* des Frühklassizismus *errichtet*. Das Brandenburger Tor ist 26 Meter hoch, 65 Meter breit und 11 Meter tief. Rechts und links gibt es je sechs *Säulen*, die auf Elemente der klassischen griechischen *Architektur* verweisen. Auf dem Tor befindet sich ein Wagen mit vier Pferden, der Quadriga genannt wird. Die Quadriga wurde erst 1796 fertig und stammt aus einem *Entwurf* von Johann Schadow. Während des Zweiten Weltkrieges wurde sie stark beschädigt. Deshalb ist heute eine Re*konstruktion* von 1957 zu sehen. Das Brandenburger Tor ist eng mit der deutschen Geschichte verbunden. Bis 1989 war es ein *Symbol* für die Teilung Berlins und Deutschlands, denn es stand zwischen Ost- und Westberlin. Wegen der politischen Ereignisse 1989/90 ist es nun unter anderem ein *Symbol* der Freiheit und Einheit.

**A** Die Ausstellung. Welches Wort passt zu welcher Erklärung? Ordnen Sie zu.

1. Die Person, die ein Bild ansieht.
2. Ein Ort, wo Kunst ausgestellt wird.
3. Eine Epoche in der Architektur, Literatur und Kunst.
4. Ein Zeitpunkt, an dem etwas öffentlich gemacht wird.

a die Eröffnung
b die Moderne
c die Galerie
d der Betrachter

**B** Besuch im Museum. Wie gehen die Sätze weiter? Ordnen Sie zu.

1. Du kannst deine Kamera zu Hause lassen,
2. Die Sammlung gehört nicht dem Museum,
3. Ich mag den Stil des Künstlers, denn seine Zeichnungen
4. Die Gestaltung der Konstruktion wird sich noch verändern,
5. Sieh doch mal genauer hin,
6. Ich kann hier gar nichts Konkretes drauf erkennen,
7. Er hat tagelang gemalt

a das ist mir zu abstrakt.
b und sich nur der Kunst gewidmet.
c nur bei genauer Betrachtung, sieht man Details.
d sie stammt aus einem privaten Bestand.
e sehen aus wie fotografiert.
f denn fotografieren ist im Museum nicht erlaubt.
g denn das hier ist nur der erste Entwurf.

**C** Im Louvre in Paris. Ersetzen Sie die unterstrichenen Wörter durch ähnliche Wörter.

abgebildet ▪ permanent ▪ ausgestellt ▪ errichtet

1. Der Louvre wurde über mehrere Jahrhunderte <u>gebaut</u>.
2. Einige Kunstwerke von da Vinci werden im Museum <u>gezeigt</u>.
3. Das wohl bekannteste Kunstwerk von da Vinci ist die „Mona Lisa". Sie ist <u>dauerhaft</u> in der Ausstellung zu sehen.
4. Auf dem Bild „Mona Lisa" ist eine lächelnde Frau <u>zu sehen</u>.

**D** Fotos aus dem Urlaub. Ergänzen Sie die Dialoge mit den folgenden Wörtern.

Architektur ▪ Symbol ▪ Malereien ▪ Vordergrund ▪ Säulen

1. Hier sieht man die Reste auf der Akropolis in Athen. Sie bestehen aus einzelnen _____.
2. Das ist ein Foto von den Malediven. Im _____ sieht man die Insel, wo unser Hotel war. Im Hintergrund sind man noch hunderte andere Inseln.
3. Hier waren wir im Vatikan. Ich bin ein großer Fan von den _____ in den Kirchen.
4. Hier waren wir in Paris. Ich habe ich einen Strauß roter Rosen bekommen, denn rote Rosen sind ein _____ der Liebe.
5. Das war in Italien. Das Wetter, die Landschaft und die _____ der Häuser sind einfach wunderschön.

## 13.04 Theater, Kino und Konzert

### Ein Wochenende in München

Marko und Jasmin arbeiten viel und haben kaum Zeit für einander. Damit sie viel Zeit miteinander verbringen können, entschließen sie sich, vier Tage nach Berlin zu fahren. Dort möchten sie tagsüber Museen anschauen und abends ins Kino, auf ein Konzert und in die *Oper* gehen.

### Die Premiere eines Films

Am ersten Tag gehen sie abends ins Kino. Sie haben Karten für die *Premiere* eines Films bekommen, d. h., der Film wird zum ersten Mal *aufgeführt*. Aus diesem Grund sind nicht nur der Regisseur und die Schauspieler anwesend, sondern auch andere *Stars* aus Film und Fernsehen. Marko und Jasmin freuen sich schon seit Tagen darauf und sind sehr *gespannt*. Die *Handlung* des Films basiert auf einer wahren Geschichte. Es geht um einen Mann, der vielen Menschen das Leben gerettet hat und anschließend als *Held* gefeiert wird. Der Film ist sehr *dramatisch*, so dass Jasmin manchmal die Augen schließt. Sie *flüstert* Marko leise ins Ohr, dass sie Angst hat und gar nicht hinsehen kann. Nach der *Aufführung* gibt es eine Diskussion mit den Schauspielern und dem Regisseur. Die Zuschauer erfahren weitere interessante Details. Obwohl Jasmin während des Films manchmal Angst hatte, ist sie der Meinung, dass man den Film unbedingt sehen sollte. Man sollte ihn sich nicht *entgehen* lassen.

### Der Besuch der Oper

Am zweiten Abend entschließt sich das Paar, in die *Oper* zu gehen. Sie möchten „Aida" sehen, eine *Oper* von Guiseppe Verdi in vier *Akten*. Eigentlich steht die Geschichte eines Liebespaares aus Ägypten im Mittelpunkt, das zum Schluss stirbt. In der neuen *Inszenierung* jedoch befinden sich die *Akteure* in Ost- und Westberlin, als Deutschland noch geteilt war. Das Ende ist ebenfalls *dramatisch*: Während der *Chor* laut singt und das *Orchester* spielt, wird das Liebespaar an der Grenze erschossen. Marko und Jasmin sind überrascht, wie gut die *Oper inszeniert* wurde. Ihnen gefällt die neue Art der Interpretation und die *Umsetzung* in die heutige Zeit.

### Das Konzert

Am letzten Abend in Berlin geht das Paar in eine Bar. Dort spielt eine Band *Jazz*. Jasmin und Marko sind schon eine Stunde vor Beginn des Konzertes dort. Deshalb hören sie noch die *Probe* der Band. Sie üben ihre Lieder, überprüfen die Technik, verbessern den *Klang* ihrer Instrumente und verändern die Position des *Klaviers* ein wenig. Alles soll heute Abend perfekt sein. Die vier Mitglieder des *Ensembles* betreten 20 Uhr die Bühne. Sie spielen bekannte, aber auch eigene Stücke. Die Musik gefällt allen sehr. Als die musikalische *Aufführung* vorbei ist, bleiben Marko und Jasmin noch auf ein Glas Wein in der Bar. Sie reden über all die schönen Sachen, die sie in den letzten Tagen erlebt haben. Dann gehen sie ins Hotel und fahren am nächsten Tag wieder nach Hause.

**A** Hier spielt die Musik. Welches Wort passt nicht dazu? Unterstreichen Sie dieses Wort.

1 Konzert – Probe – Kino
2 Inszenierung – Orchester – Umsetzung
3 Klavier – Held – Akteur

**B** Wie heißt es richtig? Ergänzen Sie die Wortgruppen mit den folgenden Wörtern.

dramatisches ▪ Chor ▪ flüstern ▪ aufführen

1 Einen Film _____ .           3 Der Film hat ein _____ Ende.
2 Jemandem etwas ins Ohr _____ .   4 Einen _____ singen hören.

**C** Musik und Film. Welches Wort passt zu welcher Erklärung?

1 der Ablauf einer Geschichte     a der Akt
2 viele Menschen, die zusammen singen → b die Handlung
3 ein Abschnitt einer Oper        c der Chor
4 ein Instrument mit schwarzen und weißen Tasten  d der Jazz
5 eine berühmte Persönlichkeit    e der Star
6 ein musikalischer Stil          f das Klavier

**D** Was machst du heute Abend? Ergänzen Sie die Sätze mit den folgenden Wörtern.

Ensemble ▪ entgehen ▪ Klang ▪ Stars ▪ Premiere ▪ gespannt

Paul:   Was machst du heute Abend?

Anja:   Heute Abend gehe ich mit meiner Freundin ins Kino. Der Film wird zum ersten Mal in Deutschland gezeigt.

        Wir haben Karten für die _____ . Es sind sogar _____ aus

        Hollywood hier. Sie geben am Ende der Aufführung noch Interviews. Ich bin schon total aufgeregt und

        _____ auf den Film.

Paul:   Das klingt wirklich gut. Ich wollte dich eigentlich fragen, ob du mit in ein Konzert kommst. Es spielt

        ein _____ aus Bayern. Ich habe sie schon einmal gesehen und war von der

        Sängerin begeistert. Der _____ ihrer Stimme ist wirklich wunderbar. Wenn sie noch

        einmal in unserer Stadt spielen, lass es dir nicht _____ . Es lohnt sich wirklich!

Anja:   Das mach ich bestimmt. Aber für heute Abend wünsche ich uns beiden erst einmal viel Spaß!

**E** Oper und Film. Beantworten Sie die Fragen. Benutzen Sie dafür die Wörter dieses Kapitels.

Berichten Sie von Ihrem letzten Besuch in einer Oper oder von einem Film, den Sie zum Beispiel
im Kino gesehen haben. Was haben Sie sich angeschaut? Sagen Sie etwas zur Handlung.
Kennen Sie eine Oper, die neu inszeniert wurde? Wie unterscheiden sich die alte und die neue Version?

## Medien

### Radio und Fernsehen

- Ein *Fernseher* ist ein elektrisches Gerät. Es wird auch *TV* genannt. Wenn man fernsieht, kann man zwischen verschiedenen *Sendern* wählen. Es gibt zum Beispiel *Sender* für Sport oder Nachrichten. Auf einem Sport*sender* wird zum Beispiel Fußball gezeigt. Die *Übertragung* eines wichtigen Fußballspiels ist dann oft live und ein Moderator *kommentiert* das Spiel. Es gibt auch *Sender* speziell für Kinder, d. h., die *Sendungen* sind extra für Kinder konzipiert.
- Ein anderes *Medium* ist das *Radio*. Auch hier gibt es verschiedene *Sender*, die man wählen kann. Die *Reichweite* der *Sender* ist unterschiedlich. Es gibt lokale *Sender*, die man zum Beispiel nur in einem Bundesland hören kann. Es gibt aber auch *Sender*, die man in ganz Deutschland hören kann. Entsprechend gibt es mal mehr und mal weniger *Hörer*. Viele Menschen hören im Auto *Radio*. Deshalb gibt es nach den Nachrichten auch *Meldungen,* also Informationen zum Verkehr und Wetter. Dann wissen die *Zuhörer*, wo es Probleme im Verkehr gibt und wie die Temperaturen werden.

### Siehst du gerne fern?

Nina: Hast du gestern die *Übertragung* der Weltmeisterschaft gesehen?

Michael: Nein, ich habe ein *Video* mit Freunden gesehen. Ich schau mir auch nicht gerne Sport im Fernsehen an. Laufend wird ein Spiel durch *Werbung* unterbrochen. Manchmal verpasst man sogar ein Tor, weil sie gerade für ein neues, schnelles Auto *werben*.

Nina: Das stimmt, manchmal stört *Werbung*. Ich nutze die Pausen immer, um etwas zu essen oder ich bringe zum Beispiel schnell den Abfall nach draußen. Schaust du gar kein Fernsehen oder nur keinen Sport?

Michael: Ich versuche so wenig Zeit wie möglich vor dem *Fernseher* zu verbringen. Allerdings muss ich zugeben, dass ich Fan einer *Serie* bin. Jeden Donnerstagabend sehe ich eine Folge der *Serie*.

Nina: Ja, ja, das kenne ich. Wenn man erst einmal eine Folge gesehen hat, schaltet man immer wieder ein. Mir geht es ähnlich mit einer *Show* am späten Nachmittag. In dieser *Show* müssen zwei Kandidaten Fragen beantworten. Der Gewinner bekommt dann eine große Summe Geld. Ich rate immer mit und möchte auch einmal Kandidat in dieser *Sendung* sein. Ich glaube, ich werde mich noch heute bewerben.

### Als meine Kinder noch klein waren

Als meine Kinder noch klein waren, habe ich ihnen immer aus Büchern vorgelesen. Als sie etwas größer waren, hatten sie *Kassetten*. Sie haben sich Lieder und Geschichten für Kinder angehört. Ich erinnere mich, dass die *Erzähler* solcher Kindergeschichten immer so tolle Stimmen hatten und meine Kinder ganz gespannt zugehört haben. Später interessierten sie sich nicht mehr für *Kassetten*. Es gab nun *CDs*. Die Musik war laut und kaum zu ertragen. Jetzt haben meine Kinder Computer. Sie hören im Internet *Radio*, sehen *Videos*, lesen Zeitung, telefonieren mit ihren Freunden und so weiter. Manchmal frage ich mich, welchen Einfluss diese *mediale* Welt auf sie hat.

**A** Wie heißt …? Welches Wort passt zu welcher Erklärung? Ordnen Sie zu.

1 ein Gerät mit einem Bildschirm
2 eine Person, die Radio hört
3 eine kurze Nachricht oder Information im Radio oder Fernsehen
4 ein Programm zur Unterhaltung
5 eine Person, die etwas vorträgt

a die Meldung
b der Erzähler
c der Zuhörer/Hörer
d die Show
e der Fernseher

**B** Medien. Welches Wort passt nicht dazu? Unterstreichen Sie dieses Wort.

1 Meldung – CD – Kassette
2 Show – Serie – Medium
3 Video – Reichweite – Frequenz
4 TV – Erzähler – Fernseher

**C** Das Fußballspiel. Ergänzen Sie die Sätze mit den folgenden Wörtern.

Radio • werben • Reichweite • kommentiert • Sender

1 Das Spiel Deutschland gegen die Niederlande kommt im Fernsehen. Peter sieht sich das Spiel auf einem _____ für Sport an.

2 Das Fußballspiel wird live übertragen. Ein Moderator _____ das Spiel.

3 Das Spiel wird durch Pausen unterbrochen. In diesen Pausen _____ Firmen für ihre Produkte.

4 Olaf fährt auf der Autobahn. Er hört sich das Spiel im _____ an. Gerade als es spannend wird, kann er kaum noch etwas verstehen. Die _____ des Senders ist nicht so groß, daher wird der Empfang immer schlechter.

**D** Unser Abendprogramm. Ergänzen Sie die Sätze mit den folgenden Wörtern.

Kassette • Übertragung • Werbung • Video • Sendung

Lisa: Was wollen wir heute Abend machen?

Martin: Ich schlage vor, dass wir es uns zu Hause gemütlich machen und fernsehen. Es kommt eine _____ über Tiere, die ich gerne sehen möchte. Hast du auch Lust darauf?

Lisa: Zu Hause bleiben klingt gut. Aber ich will eigentlich die Rede der Bundeskanzlerin sehen. Die Rede wird direkt aus dem Bundestag gesendet. Die _____ der Rede ist live.

Martin: Ich interessiere mich zwar nicht besonders für Politik, aber wenigstens gibt es keine _____, wenn die Kanzlerin spricht. Vielleicht können wir die Sendung über Tiere auf _____ aufnehmen, dann kann ich es mir später anschauen. Haben wir noch eine leere _____?

## Medien

*Tageszeitungen*, *Zeitschriften* und *Magazine* werden unter dem Begriff *Presse* zusammengefasst.
- *Tageszeitungen* werden täglich *herausgegeben*. Jeden Tag wird eine neue Zeitung gedruckt.
- *Zeitschriften* und *Magazine* erscheinen in größeren Abständen, z. B. einmal pro Woche.
  Es gibt *Zeitschriften* und *Magazine* für die Wissenschaft, Wirtschaft, für Frauen, Sport, Kultur usw.
  Die *Auflage* ist sehr unterschiedlich, das heißt, die Zahl der gedruckten Exemplare unterscheidet sich.

## Jeder kann schreiben

- Mein Vater *verfasst* in seiner Freizeit gerne *Gedichte*. Die besten Ideen bekommt er am Abend. *Zeile* für *Zeile* schreibt er sorgfältig auf. Beim Frühstück trägt er uns sein *Gedicht* dann mit tiefer Stimme vor. Meine Mutter, meine Schwester und ich sind seine *Kritiker* und dürfen sagen, was uns besonders an dem *Gedicht* gefällt oder auch nicht. Er nimmt unsere *Kommentare* sehr ernst und verändert dann Teile. Mittlerweile hat er schon viele wunderschöne *Gedichte* geschrieben. Er ist ein richtiger *Dichter*.
- Anton schreibt *Erzählungen*. Die kurzen Geschichten stammen aus seinem Leben. Sie sind manchmal traurig, manchmal lustig, aber immer sehr spannend.
- Linda ist 16 Jahre alt. Sie schreibt täglich ihre Erlebnisse und Gefühle in ihr *Tagebuch*. Natürlich ist das alles streng geheim. Sie versteckt es in ihrem Zimmer und liest nie daraus vor.
- Frank schreibt eine akademische Arbeit zu einem *literarischen* Thema. Er beginnt seine Arbeit mit einem *Zitat* von Friedrich Schiller „Was man nicht aufgibt, hat man nie verloren." Im Laufe der Arbeit wird er viele deutsche *Dichter* zitieren.

## Mein Besuch beim Arzt

Wenn man in Deutschland zum Arzt geht, muss man oft noch eine Weile warten, bis man an der Reihe ist. Man sitzt dann in einem Wartezimmer, wo es viele *Zeitungen*, *Zeitschriften* und *Magazine* gibt. Der Mann neben mir liest eine *Zeitschrift* mit vielen bunten Bildern. Die Überschriften sind besonders groß. Sie werden *hervorgehoben*, damit man sofort sieht, worum es geht. Man findet in dieser Art von *Zeitschrift* unter anderem viele Informationen über die Beziehungen von bekannten Sängern, Schauspielern, Sportlern und Politikern. Die Informationen entsprechen nicht immer der Wahrheit. Es sind meistens keine *Fakten* bzw. Tatsachen, sondern *Gerüchte*. Der Mann scheint sich sehr für die Geschichten der Stars sehr zu interessieren. Als sein Name aufgerufen wird, ist er so *vertieft*, dass er gar nicht reagiert. Erst beim dritten Mal realisiert er, dass er zum Doktor gehen kann. Ich entscheide mich für eine *Zeitung*. Ich *schlage* die *Zeitung auf* und lese in der rechten *Spalte* die aktuellen Nachrichten aus der Welt. Dann lese ich auf einer anderen Seite die Artikel zu Kultur und Literatur. Da ich meiner Freundin zum Geburtstag ein Buch kaufen möchte, interessieren mich die neusten *Veröffentlichungen* auf dem Buchmarkt. Ein *Kritiker* empfiehlt ein Buch mit verschiedenen *Erzählungen*. Es sind kurze, spannende Geschichten von Autoren aus ganz Europa. Das wäre eine Idee. Neu *verlegt* wurden auch die *Märchen* der Brüder Grimm, die ich schon aus meiner Kindheit kenne. Die *Märchen* sind natürlich schon sehr alt, aber die Zeichnungen sind neu. Darüber würde sich meine Freundin bestimmt auch freuen. Bevor ich mich entscheiden kann, muss ich jedoch zum Doktor gehen.

**A** Welches Wort passt nicht dazu? Unterstreichen Sie dieses Wort.

1. Kommentar – Magazin – Zeitschrift – Tageszeitung
2. Erzählung – Gerücht – Märchen – Gedicht
3. Zeile – Spalte – Fakten – Seite

**B** Ergänzen Sie die Wortgruppen mit den folgenden Wörtern.

aufschlagen ▪ hervorheben ▪ vortragen

1. ein Gedicht _____
2. eine Überschrift _____
3. eine Zeitung _____

**C** Wer oder was ist das? Welches Wort passt zu welcher Erklärung? Ordnen Sie zu.

1. Eine Person, die Gedichte schreibt, ist ein …
2. Etwas, das nicht 100 % wahr ist, nennt man ein …
3. Eine Person, die etwas oder jemanden beurteilt, nennt man …
4. Etwas, in das man regelmäßig persönliche Erlebnisse und Gedanken schreibt, nennt man …
5. Die Zahl der gedruckten Exemplare eines Buches, einer Zeitung etc. nennt man …

a Auflage
b Tagebuch
c Gerücht
d Kritiker
e Dichter

**D** Der Weg zur Veröffentlichung. Ergänzen Sie die Sätze mit den folgenden Wörtern.

verfasst ▪ Zitate ▪ Veröffentlichung ▪ herausgegeben ▪ literarischen

Frau Schneider ist Wissenschaftlerin. Sie möchte einen Artikel zu einer _____ Epoche veröffentlichen, der in einer wissenschaftlichen Zeitschrift _____ wird.

Zuerst liest sie sehr viel über dieses Thema und schreibt sich wichtige _____ auf.

Dann _____ sie den Artikel und schickt ihn an den Verlag. Wenn der Verlag die Zeitschrift verlegt, hat Frau Schneider eine weitere wissenschaftliche _____ .

**E** Lesen und Schreiben. Beantworten Sie die Fragen. Benutzen Sie dafür die Wörter dieses Kapitels.

Welche Arten von Zeitungen, Zeitschriften und Magazinen lesen Sie privat oder beruflich?
Schreiben Sie selbst oder kennen Sie jemanden, der oder die Texte verfasst?
Um welche Art von Texten handelt es sich? Worum geht es inhaltlich?

## In der Schwimmhalle

- Lisa macht gerade einen Kurs. Sie möchte gern *tauchen* lernen.
- Marko kommt zum Schwimmen in die Schwimm*halle*. Er *gleitet* langsam durch das Wasser.
- Silke geht auf den Turm in der *Halle*. Sie springt aus fünf Metern Höhe in die Tiefe. Dieser *Sprung* erfordert viel Mut.

## Sportliche Aktivitäten

Paula fährt oft ins Gebirge. Sie *klettert* gerne in den Bergen.

Max kann schnell *rennen*. Er braucht für 100 Meter nur 13,9 Sekunden.

Jens ist *Sportler*. Er *trainiert* täglich, damit er stark wird. Sein *Training* dauert zwei Stunden.

Horst ist *Jäger*. Er *zielt* mit seinem Gewehr auf ein Wildschwein.

Leo hat einen *Schlag* ins Gesicht bekommen. Er geht zu Boden.

## Der Wettbewerb

- Die Teilnehmer des Wettbewerbs treten in unterschiedlichen *Disziplinen* gegeneinander an. Sie müssen unter anderem weit springen und schnell laufen.
- Sebastian startet beim 100-Meter-Lauf. Sein stärkster Gegner, Tom, läuft direkt neben ihm. Sebastian hofft, dass er schneller rennt als sein *Konkurrent*. Sebastian möchte gewinnen, weil Tom beim letzten Lauf schneller war.
- Nach dem Lauf sind Sebastian und Tom erschöpft. Die *Anstrengung* sieht man ihnen an. Sie haben ein rotes Gesicht und der *Schweiß* läuft ihnen von der Stirn.

## Das Fußballspiel

Alex ist ein guter *Sportler*. Seine Lieblings*sportart* ist Fußball. Er *trainiert* drei Mal die Woche in einem Verein. Durch das intensive Training möchte er seine *Leistungsfähigkeit* steigern, also erhöhen. Er träumt davon, Fußballer in der ersten Bundesliga zu werden. Deshalb ist die *Steigerung* seiner Leistung sehr wichtig. Am Wochenende spielt er mit seiner Mannschaft gegen ein anderes Team derselben Stadt. Da Winter ist, spielen sie in einer *Halle*. Die *Konkurrenten* spielen gut, aber dann hat Sebastian den *Ball*. Er *zielt*, schießt und trifft das Tor. Die *Fans* freuen sich und rufen dem anderen Team zu „Ihr könnt nach Hause gehen".

**A** In meiner Freizeit. Ordnen Sie ähnliche Sätze einander zu.

1. Mein Training muss ich heute leider absagen.
2. Meine Lieblingsdisziplinen sind Fußball und Handball.
3. Bis zum nächsten Spiel muss ich meine Leistungsfähigkeit erhöhen.
4. Im Wald ziele ich auf ein Tier.

a. Die Steigerung meiner Leistung ist notwendig.
b. Auf der Jagd schieße ich mit einem Gewehr.
c. Ich mag Sportarten mit Ball sehr gern.
d. Ich kann heute nicht trainieren.

**B** Wie nennt man …? Welches Wort passt zu welcher Erklärung? Ordnen Sie zu.

1. eine Person, die viel Sport macht
2. ein Gebäude, in dem man zum Beispiel schwimmen kann
3. ein rundes Sportgerät
4. eine Aktivität, die man im Wald macht
5. ein starker Gegner

a. der Konkurrent
b. der Ball
c. die Jagd
d. die Halle
e. der Sportler

**C** Sport ist Mord. Füllen Sie das Kreuzworträtsel aus.

1. Alex geht in die Halle oder fährt in die Berge, um zu…
2. Ich springe nur vom Rand in das Wasser. Ein … aus 10 Metern Höhe ist mir zu gefährlich.
3. Die Mannschaft hat viele …, die zu jedem Spiel kommen.
4. Tom schwimmt ganz gemütlich. Er … durch das Wasser.
5. Carsten ist Jäger. Er besitzt ein Gewehr. Zum Üben muss er auf eine Scheibe ….
6. Nach dem Spiel ist Lisa sehr warm. Der … läuft ihr von der Stirn.
7. Andrea ist sehr schnell. Sie kann schneller … als ihr Freund.
8. Pass auf, dass du keinen … ins Gesicht bekommst, sonst hat du später ein blaues Auge.

**D** Was ist wichtiger? Ergänzen Sie die Sätze mit den folgenden Wörtern.

rennt • Fan • Konkurrent • trainiert • tauchen • klettern • Anstrengung

Meine Freundin hat abends kaum Zeit für mich. Der Sport ist wichtiger als die Zeit mit mir.

Montags fährt sie zum See. Dort macht sie einen Kurs. Sie möchte _____ lernen.

Dienstags _____ sie in einem Verein Fußball. Davon bin ich überhaupt kein _____. Frauen und Fußball, das passt irgendwie nicht zusammen.

Mittwochs fährt sie in eine Halle. Dort übt sie an künstlichen Felsen _____.

Donnerstags ist sie zu Hause. Dann beschwert sie sich, dass ich jede Art körperlicher _____ vermeide. Dann bin ich froh, wenn ich freitags wieder meine Ruhe habe.

Denn freitags fährt sie zum Sportplatz und _____ zwei Stunden im Kreis. Ich habe das Gefühl, der Sport ist mein stärkster _____. Aber der Sport hat noch nie Blumen für sie gekauft.

## Sport

Die *olympischen* Ringe sind ein Symbol der *Olympischen* Spiele.

*Tennis* ist eine Sportart, die man zu Zweit oder zu Viert spielt.

Ein *Stadion* ist ein Gebäude, in dem z. B. sportliche Veranstaltungen oder Konzerte stattfinden. Viele Zuschauer finden dort Platz.

Michael hat alle *Rennen* gewonnen. Er ist der *Champion*.

## Die Bundesliga

In unterschiedlichen Sportarten wie zum Beispiel Fußball oder Handball spielen Mannschaften in einer *Liga*. In einer *Liga* werden Teams regional zusammengefasst. In der Landes*liga* spielen zum Beispiel nur die besten Mannschaften eines Bundeslandes. In der Bundes*liga* spielen die besten aus der Bundesrepublik Deutschland. Viele Menschen in Deutschland interessieren sich für die *Bundesliga* im Fußball. Deshalb finden die Spiele in großen *Stadien* statt. In einem *Stadion* finden viele tausend Fans Platz und können dem Spiel *zusehen*. Die Ergebnisse der Spiele sieht man in einer Tabelle. Die erfolgreichste Mannschaft *führt* die Tabelle *an*. Sie ist auf dem ersten *Rang*. Wenn ein Spiel stattfindet, bekommt der *Sieger* des Spiels drei Punkte. Das Team, das verloren hat, also dem anderen Team *unterliegt*, bekommt keine Punkte. Haben beide Teams keine Tore geschossen oder gleich viele Tore, bekommen sie beide einen Punkt. Nach einer *Niederlage* darf die Mannschaft nicht aufgeben. Sie muss beim nächsten Mal versuchen, ihre Leistung zu *steigern* und immer wieder *angreifen*, damit sie viele Tore schießt.

## Das *Tennisturnier*

Das älteste und eines der berühmtesten *Tennisturniere* findet jedes Jahr in Wimbledon statt. Die besten Tennisspieler können sich für diesen Wettbewerb *qualifizieren* und spielen in einer *Partie* gegeneinander. Wenn man ein Spiel bzw. eine *Partie* verliert, spricht man von einer *Niederlage*. Verliert man zu oft, *scheidet* man aus dem *Turnier aus*, man darf dann nicht mehr mitspielen. Die Person, die das *Turnier* gewinnt, ist der *Sieger* oder auch *Champion*. Sie bekommt einen Preis und viel Anerkennung.

## Internationale Wettbewerbe

- Bevor man zu den besten Sportlern der Welt gehört, muss man sich zunächst in nationalen Wettkämpfen *anmelden* und *qualifizieren*. Wenn man seine Leistung immer weiter *steigert*, kann man eines Tages an einer *Weltmeister*schaft teilnehmen.
- Die besten Sportler aus vielen Ländern der Welt treten in einer *Weltmeister*schaft gegeneinander an. Die *Beteiligung* an den Wettkämpfen ist international. Der *Sieger* einer Sportart ist dann der *Weltmeister*.
- Die Formel 1 ist eine *Weltmeister*schaft im Motorsport. Es finden jährlich neunzehn einzelne *Rennen* statt. In den *Rennen* versucht jeder Fahrer in seinem Auto der schnellste zu sein. Der Fahrer, der am Ende der neunzehn *Rennen* auf *Rang* eins ist, ist der *Champion*.
- Die *Olympischen* Spiele finden alle vier Jahre im Sommer und im Winter statt. Ein Sportler, der in einer Disziplin gewinnt, ist *Olympiasieger*. 1972 waren die *Olympischen* Spiele in München. Dort gibt es noch heute den *Olympia*park.

A  Was ist das? Finden Sie die richtige Lösung für die Rätsel.

1  Man spielt es zu zweit oder zu viert.                          a  die Olympischen Spiele
2  Es findet alle vier Jahre im Sommer und im Winter statt.       b  der Sieger
3  Ein Ort, wo viele Zuschauer einem Spiel zusehen können.        c  Tennis
4  Eine Person, die einen Wettkampf gewinnt.                      d  das Stadion

B  Sieg und Niederlage. Ordnen Sie den Fragen die richtigen Antworten zu.

1  Wer hat das Rennen gewonnen?                                   a  Du scheidest aus dem Wettbewerb aus.
2  Was muss ich tun, damit ich am Wettbewerb teilnehmen kann?     b  Ein Verein aus Dortmund ist auf Rang eins.
3  Was passiert nach einer Niederlage?                            c  Michael war der Sieger.
4  Wer führt die Tabelle in der Bundesliga an?                    d  Du musst dich dafür anmelden und
                                                                     dann qualifizieren.

C  Du bist der Sieger. Ergänzen Sie die Dialoge mit den folgenden Wörtern.

Weltmeister ▪ Champion ▪ Rang ▪ Turnier ▪ Partie

Lydia:     Wer ist auf Platz eins?

Martina:   Ralf ist auf dem ersten _____. Er hat sich damit automatisch für die

           Weltmeisterschaft qualifiziert.

Lydia:     Wow, er kann also _____ werden. Wie toll!

Kristin:   Hast du Lust Tennis zu spielen?

Linda:     Zu einer _____ Tennis sage ich nicht nein.

Martin:    Schade, dass ich das letzte Spiel nicht gewonnen habe. Jetzt bin ich nur auf Platz zwei.

Johanna:   Du hast zwar das _____ nicht gewonnen, aber für mich bist du trotzdem

           der _____ .

D  Das Fußballspiel. Ergänzen Sie den Text mit folgenden Wörtern.

unterlag ▪ zugesehen ▪ Partie ▪ Bundesliga ▪ angegriffen ▪ gesteigert

Am Wochenende spielte Hamburg gegen München in der ersten _____ .

Ich hatte Glück und habe eine Karte für das Spiel bekommen. Ich habe im Stadion _____ .

In den ersten 45 Minuten war Hamburg die schwächere Mannschaft. Nach der Pause jedoch haben sie ihre

Leistung enorm _____ . Sie haben das Tor immer wieder _____

und dann gleich zwei Tore geschossen. Am Ende des Spiels _____ München 0 : 2.

München hat die _____ gegen Hamburg verloren.

## 14.01 Art der persönlichen Beziehung I • 14.02 Liebe und Trennung I

### Gute Beziehung zur Mutter

Meine Mutter ist schon immer mein *Vorbild*. Sie hat viele gute Eigenschaften. Wenn ich traurig bin, *tröstet* sie mich. Wenn ich einen Fehler gemacht habe, *vergibt* sie mir. Ich habe keine *Geheimnisse* vor ihr. Wir wissen fast alles *voneinander*. Wir haben wirklich eine enge *Bindung*. Mit meiner Mutter kann man sich einfach nicht *streiten*. Jeder *kommt* gut mit ihr *aus*. Ich *verdanke* ihr viel, zum Beispiel meine gute Bildung.

### Die schwere Trennung

Die *Trennung* von meinem Freund ist sehr schwer für mich. Plötzlich *stehe* ich jetzt alleine *da*. Am Anfang unserer Beziehung waren wir so *verliebt* ineinander. Unsere erste *Begegnung* war in einem Zug. Schon unsere ersten Gespräche waren so *vertraut*. Wir haben im Zug dann unsere Telefonnummern ausgetauscht. Noch am selben Abend habe ich ihn so *vermisst*, dass ich ihn anrufen musste. Nach einer Woche haben wir uns dann wiedergesehen und noch am gleichen Abend haben wir uns *geküsst*. Eigentlich *bewahre* ich länger *Distanz*, bevor ich jemanden *küsse*. Doch auf ihn konnte ich mich irgendwie schneller *einlassen*. Schließlich waren wir wie füreinander gemacht. Auch *sexuell* lief alles fantastisch. Ich verstehe einfach nicht, warum er sich jetzt einfach von mir *abgewendet* hat. Manchmal weiß ich nicht, wie ich die Trennung *überstehen* soll. Ich bin so einsam ohne ihn. Wie konnte er mir das nur *antun*? Ich hoffe, das Schicksal wird uns eines Tages wieder *vereinen*.

### Ratgeber Partnerschaft

In einer *Partnerschaft* kann es immer wieder Probleme geben. Besonders, wenn man nicht mehr frisch *verliebt* ist, kann das *Zusammenleben* kompliziert werden. Aber es ist ganz normal, dass man sich *aneinander gewöhnt*. Das Wichtigste ist dann, den *Respekt* voreinander zu behalten. Nehmen Sie *Rücksicht* auf ihren Partner/ihre Partnerin. Wenn er oder sie etwas ohne Sie unternehmen möchte, bedeutet das nicht, dass er/sie Sie *loswerden* will. *Halten* Sie den geliebten Menschen nicht davon *ab*, *Freundschaften* außerhalb ihrer *Partnerschaft* zu pflegen. *Ersparen* Sie sich und ihrem/r Partner/in diesen Streit. Der häufigste Grund für eine Trennung ist aber, dass ein Mensch den anderen in einer Beziehung *dominiert*. Der Schwächere ist also in einer Art *Abhängigkeit* von einem Stärkeren. Vermeiden Sie ein solches Verhältnis oder ändern Sie es, wenn es schon so ist. So finden Sie sicher wieder *zueinander*.

### Männergespräch

Frank: Hast du eigentlich *Geheimnisse* vor deiner Freundin?
Eric: Nein. Wir haben schon so viel gemeinsam *überstanden*. Ich bin immer ehrlich zu ihr. Hast du *Geheimnisse*?
Frank: Nur ein kleines *Geheimnis*. Ich war schon an meine Freundin *vergeben*, da habe ich noch ein Mal ein anderes Mädchen *geküsst*.
Eric: Und warum hast du es ihr nie gesagt? Das ist doch schon viele Jahre her, oder?
Frank: Ja, fünf Jahre. Aber ich wollte ihr das nicht *antun* und mir den Streit *ersparen*.
Eric: Ein Grund für eine *Trennung* ist das sicher nicht. Du hast dich in das andere Mädchen ja nicht *verliebt*. Vielleicht ist es besser, wenn du ihr es irgendwann sagst. Aber jetzt schauen wir uns erst mal das Fußballspiel an.

**A** Verschiedene Wege. Welches Wort passt zu welcher Erklärung?

1. nicht mehr zusammenleben
2. jemandem nicht alles sagen
3. jemanden treffen
4. die Eigenschaften eines Menschen gut finden
5. von jemandem dominiert werden

a. die Begegnung
b. das Vorbild
c. die Abhängigkeit
d. das Geheimnis
e. die Trennung

**B** Liebe, Lüge, Leidenschaft. Ordnen Sie ähnliche Sätze einander zu.

1. Ich bin seit drei Wochen vergeben.
2. Die ganze Wahrheit wollte ich ihm nicht antun.
3. Ich vermisse dich sehr.
4. Sie kann sich nicht so schnell auf einen neuen Mann einlassen.
5. Meine Freundin hat sehr viel für mich getan.
6. Ich habe Angst davor, einsam zu sein.
7. Er hat sich einfach von mir abgewendet.
8. Vielleicht vereint uns das Schicksal noch einmal.

a. Ein Geheimnis habe ich meinem Freund erspart.
b. Ich lebe seit kurzer Zeit in einer Partnerschaft.
c. Mein Freund wollte mich nur noch loswerden.
d. Ich möchte nicht alleine dastehen.
e. Ich hoffe, wir finden noch einmal zueinander.
f. Sie bewahrt am Anfang einer Partnerschaft eine Distanz.
g. Ich verdanke meiner Partnerin eine Menge.
h. Ich weiß nicht, wie ich die Zeit ohne dich überstehen soll.

**C** Tipps für die Partnerschaft. Wie gehen die Sätze weiter? Ordnen Sie zu.

1. Nehmen Sie Rücksicht
2. Gewöhnen Sie sich nicht
3. Wenn Sie lange Zeit miteinander auskommen möchten,
4. Gegenseitiger Respekt muss ein

a. Grundsatz in jeder Partnerschaft sein
b. daran, sich zu streiten.
c. vermeiden Sie ein Verhältnis großer, einseitiger Abhängigkeit.
d. auf Ihren Partner.

**D** Liebesbrief. Ergänzen Sie den Brief mit den folgenden Wörtern.

Bindung • vertraut • küssen • Freundschaft • verliebt • sexuell • abhalten

Liebe Anna, seitdem ich dich das erste Mal sah, bin ich in dich _____. Ich fand es so toll, dich im Regen zu _____. Niemand außer dir kann mich davon _____, dich wiederzusehen. Unsere _____ ist so _____. Es ist, als ob ich dich schon viele Jahre kenne. Wenn ich an deinen Körper denke, bin ich _____ erregt. Eine _____ ist mir nicht genug. Ich will mit dir zusammen sein. Ich liebe dich.

Ich hoffe, du fühlst das Gleiche. Kuss, dein Max

**E** Partnerschaft und Trennung. Beantworten Sie die Fragen. Benutzen Sie dafür die Wörter dieses Kapitels.

Hat sich ein Freund/eine Freundin von Ihnen schon einmal von seinem/r Partner/in getrennt? Warum?
Was ist wichtig in einer Beziehung? Was sollte nie passieren? Darf man Geheimnisse haben?

## Der Chef und seine Geliebte

Mein Chef hat keinen guten *Ruf*. Die Leute sagen, er hat eine *Geliebte*. Eigentlich ist er aber verheiratet. Alle wissen aber, dass er nicht nur eine Frau, sondern auch noch eine Freundin hat. Das muss für seine Frau schwer *auszuhalten* sein. Er *traut* sich aber nicht, sich von ihr scheiden zu lassen. Dann müsste er viel Geld an sie bezahlen. Vielleicht will sie ihm bei einer Trennung auch die gemeinsamen Kinder *wegnehmen*. Aber eigentlich glaube ich nicht, dass sie ihm das Recht, seine Kinder zu sehen, *entziehen* kann. Trotzdem ist es nicht richtig, was mein Chef macht. Aber am Ende müssen wir sein Verhalten *dulden*. Trotzdem sprechen die Mitarbeiter *untereinander* viel über dieses Thema.

## Rote Rosen und kein Glück

Franz: Ich bin so lieb zu Sarah. Die rote Rose war doch eine nette *Geste*, oder?
Trotzdem spüre ich von ihr nur *Ablehnung*.
Paul: Deine *Bemühungen* um Sarahs *Gunst* sind sehr deutlich.
Aber es gibt für sie natürlich keine *Verpflichtung*, mit dir *zusammenzukommen*.
Vielleicht wird sie sich dir auch eher *zuwenden*, wenn du sie ein bisschen in Ruhe lässt.
Franz: Du meinst, ich soll sie *vernachlässigen*?
Paul: So ungefähr. Das ist jedenfalls oft besser, als eine Frau ständig *beeindrucken* zu wollen.
Vielleicht fehlst du ihr dann.
Franz: Ich weiß nicht, ob ich es *vermag*, sie in Ruhe zu lassen. Aber ich probiere es eine Woche lang.
Paul: Eine Woche ist ein Anfang. Und du *vernachlässigst* sie damit ja auch nicht. Ich fühle mich doch auch nicht *vernachlässigt*, wenn du mir eine Woche keine Rose schenkst. Trotzdem sind wir Freunde.
Franz: *lacht*

## Dankbarkeit

Liebe Julia,
ich schreibe dir diesen Brief, weil ich dir sagen möchte, dass ich dir wirklich *dankbar* bin.
Du warst im letzten Jahr immer für mich da, als ich so krank war. Dir konnte ich all meine
Geheimnisse *anvertrauen*. Du warst der einzige Mensch, der wusste, wie es mir wirklich geht.
Manchmal hatte ich Angst, du fühlst dich von mir *ausgenutzt*. Du hast alles für mich getan und
ich konnte nichts für dich tun. Ich werde nie zurück geben können, was du mir gegeben hast,
Hoffnung und Kraft. Aber vielleicht darf ich mich mit einer *symbolischen Geste* bei dir bedanken.
Ich möchte dich gern zu einer Woche Urlaub in einem Hotel an der Ostsee einladen.
Ich hoffe, du kommst mit und ich umarme dich, dein Petrik

## Unterschiedliche Gesten zur Begrüßung

In vielen Ländern ist es normal, sich zur Begrüßung zu *umarmen*. In manchen Ländern küsst man sich auch. Wenn man aus einer anderen Kultur kommt, empfindet man diese *Gesten* oft als *Verpflichtung*. Vielleicht ist man daran gewöhnt, nur den eigenen Partner zu *umarmen* oder zu küssen. Dann ist die Ablehnung dieser *Gesten* gegenüber weniger vertrauten Menschen ganz normal, auch wenn sie bei einer Begrüßung nur *symbolisch* sind. Wenn man eine Sprache lernt, darf man auch solche kulturellen Regeln nicht *vernachlässigen*. Wenn man sich nicht sicher ist, wie man sich verhalten soll, kann man sich aber auch immer *trauen*, danach zu fragen. Wenn man sich bei Menschen aus einer anderen Kultur nach ihren typischen *Gesten* erkundigt, sind sie meistens *dankbar* dafür und geben gerne Auskunft.

**A  Wer gehört hier zusammen? Verbinden Sie die Satzteile.**

1  Mein Chef hat einen
2  Ich möchte mit dieser symbolischen
3  Immer wenn ich nach Hause komme,
4  Auch wenn du jetzt eine Freundin hast,
5  Dir kann ich alle
6  Ich hoffe, dass mein Freund

a  und ich wieder zusammenkommen.
b  Geheimnisse anvertrauen.
c  solltest du deine alten Freunde nicht vernachlässigen.
d  Geste zeigen, wie dankbar ich bin.
e  schlechten Ruf.
f  umarmt mich meine Mutter.

**B  Nicht jeder passt zu jedem. Unterstreichen Sie das richtige Wort.**

1  Ich  traue / entziehe / beeindrucke  dir nicht. Du hast schon zu oft gelogen.
2  Vielleicht wird sich Sarah dir  beeindrucken / zuwenden / umarmen, wenn du sie eine Weile in Ruhe lässt.
3  Ein kreatives Geschenk  übersteht / beeindruckt / traut  eine Frau oft mehr als eine rote Rose.
4  Wir sprechen in der Firma  symbolisch / aneinander / untereinander  oft über das Verhalten unseres Chefs.
5  Ich  vernachlässige / vermag / entziehe  es nicht, ihm meine Gunst zu schenken. Ich liebe ihn einfach nicht.

**C  Sehr private Fragen. Ordnen Sie die Antworten den richtigen Fragen zu.**

1  Hast du am Wochenende irgendwelche Verpflichtungen?
2  Warum hat dein Chef keinen guten Ruf?
3  Was kann ihm bei einer Trennung passieren?
4  Hast du inzwischen Sarahs Gunst gewonnen?
5  Wieso duldest du, dass dein Freund dich ständig ausnutzt?

a  Er hat eine Geliebte, obwohl er verheiratet ist.
b  Ich liebe ihn, also muss ich das aushalten.
c  Sie könnte ihm die Kinder entziehen. Sie entscheidet dann, wann er die Kinder sehen darf.
d  Leider stoße ich bei ihr noch immer auf Ablehnung.
e  Nein, ich kann machen, was ich will.

**D  Unglückliche Bemühungen. Ergänzen Sie den Text mit folgenden Wörtern.**

Ablehnung • zuwendet • symbolische • beeindrucken • Bemühungen

Deine _____, Sarahs Gunst zu gewinnen, sind echt übertrieben.

Du schenkst ihr jeden Tag eine rote Rose. Das ist keine _____ Geste mehr.

Damit kannst du sie auch sicher nicht _____. Du musst dich nicht wundern,

dass sie sich dir nicht _____. Ihre _____ ist ganz natürlich.

Wenn ich dir einen guten Rat geben darf: lass die Frau einfach in Ruhe.

**E  Leben und Liebe international. Beantworten Sie die Fragen. Benutzen Sie dafür die Wörter dieses Kapitels.**

Was kann man tun, damit man die Gunst eines Menschen gewinnt? Was sollte man nicht tun?
Wofür sind Sie dankbar? Mit welcher symbolischen Geste haben sie ihre Dankbarkeit gezeigt?
Welche Gesten, z. B. bei der Begrüßung, sind in ihrem Land anders als in Deutschland? Beschreiben Sie sie.

## 14.03 Einladungen und Verabredungen

### E-Mail zum Wochenende

| An: | Alex, Abraham, Ben, Betty, Claudius, Debbi, Eleonora, Florian, Henrik, Kim, Lena, Rodrigo |
|---|---|
| Kopie: | |
| Betreff: | Abschiedsfeier |
| Von: | Ingo@Hamburg.de |

Signatur: Signatur 5

Liebe Freunde,
ich habe jetzt viele Wochen *vergeblich* versucht einen Termin zu finden, zu dem ihr alle Zeit habt. In wenigen Wochen ziehe ich in die USA. Mir *verbleibt* also nur noch wenig Zeit hier in Hamburg. Bevor ich aber von hier wegziehe, möchte ich unbedingt noch meinen *Abschied* feiern. Deswegen habe ich mich *spontan* dazu entschlossen, dieses Fest am nächsten Samstag, dem siebenten Mai, zu feiern. Ich kann meine *Abschieds*feier nicht länger *verschieben*. Wir treffen uns ab 20 Uhr im Biergarten am Park. Ich hoffe, ihr habt Zeit. Ihr müsst mir nicht *verbindlich zusagen*, aber über eine kurze *Mitteilung* freue ich mich natürlich. Bis dahin *verbleibe* ich mit ganz lieben *Grüßen*, Euer Ingo

### *Abschieds*feier

Nicole: Was *hast* du heute Abend *vor*?
Kristin: Ich habe eine *Einladung* von einem Freund bekommen. Er geht für ein Jahr in die USA und feiert seinen *Abschied*.
Nicole: *Schade,* ich dachte, wir können uns später auf eine Tasse Tee treffen. Aber dann *verschieben* wir das einfach auf nächste Woche.
Kristin: *Entschuldigung*, aber ich habe ihm schon vor einem Monat *zugesagt*, zu kommen. Aber du kannst mitkommen. Die *Einladung* ist für zwei Personen und mein Freund hat keine Zeit.
Nicole: *Herzlichen* Dank für die *Einladung*. Aber soll ich wirklich *anstelle* deines Freundes mitkommen?
Kristin: Klar, warum nicht? Ich freue mich. Holst du mich dann um acht Uhr ab?
Nicole: Einverstanden, bis dann.

### Die Hochzeit

Jenni und Gregor heiraten im Juni. Sie sind schon sechs Jahre ein Paar. Sie haben sechs Jahre *abgewartet*, bis sie sich für die Hochzeit entschieden haben. Es wird eine große Feier geben. Das Paar hat Einladungen an über 80 Freunde und Verwandte geschickt. Jeder, der eine Einladung bekommen hat, sollte *verbindlich zu-* oder *absagen*. Das war wichtig, um das Fest gut planen zu können. Fast alle haben *zugesagt*. Die Hochzeit wird in einer Kirche sein. Danach *empfangen* Jenni und Gregor ihre Gäste in einem Restaurant. Das Restaurant liegt an einem schönen Ort, direkt neben einem Fluss. Viele Leute, die sich lange nicht getroffen haben, werden sich auf diesem Fest *wiedersehen*. Bestimmt bekommen die beiden zur Hochzeit auch viele Geschenke. Dafür werden sich Jenni und Gregor nach dem Fest bei allen *bedanken*, vielleicht mit einer E-Mail oder sogar einem Brief.

### Viele *Grüße* an der Bar

Harald: Ich soll dir einen schönen *Gruß* von Karl sagen.
Peter: Wieso ist er denn nicht mitgekommen? Er hat doch eigentlich *zugesagt*, heute Abend ein Bier mit uns zu trinken. Ich hoffe, er hat eine gute *Entschuldigung*.
Harald: Ja, Karl fand es auch sehr *schade*. Er musste *spontan* ins Krankenhaus zu seiner Tochter.
Peter: Was ist denn passiert?
Harald: Karl hat zwei Tage *vergeblich* versucht, sie anzurufen. Dann hat er von seinem Schwiegersohn erfahren, dass seine Tochter Karin im Krankenhaus liegt. Er ist dann sofort zu ihr gefahren.
Peter: Ich verstehe nicht, warum der Schwiegersohn diese *Mitteilung* nicht eher gemacht hat. Hoffentlich geht es Karls Tochter bald wieder besser. Wenn du ihn das nächste Mal siehst, sag ihm einen schönen *Gruß* von mir.
Harald: Wird gemacht. Aber wollen wir uns jetzt nicht endlich ein Bier bestellen?

**A** Hast du etwas Zeit für mich? Ordnen Sie den Fragen die richtigen Antworten zu.

1. Was hast du heute Abend vor?
2. Hast du Lust am Sonnabend zu meiner Party zu kommen?
3. Können wir den Termin von heute auf nächste Woche verschieben?
4. Darf ich anstelle meiner Freundin auch Karl zu deiner Party mitbringen?

a. Heute Abend gehe ich zu einer Abschiedsparty.
b. Das geht leider nicht so spontan. Sie haben den Termin für heute schließlich verbindlich zugesagt.
c. Klar, bring mit, wen du willst. Schade, dass deine Freundin nicht kann.
d. Ich möchte mich ganz herzlich für die Einladung bedanken. Ich komme gern.

**B** Man trifft sich und man grüßt sich. Verbinden Sie die Satzteile.

1. Ich freu mich
2. Wir empfangen die Gäste
3. Ich habe vergeblich versucht
4. Monika kann leider nicht kommen, aber

a. in unserem großen Garten.
b. einen besseren Termin zu finden.
c. sie schickt dir einen lieben Gruß.
d. schon sehr auf unser Wiedersehen.

**C** Ein neuer Termin. Ergänzen Sie den Text mit den folgenden Wörtern.

abwarten • Mitteilung • Verbleiben • Entschuldigung

Ich habe heute eine _____ von Karl bekommen. Er bittet um _____, aber er kann morgen nicht zu unserer Sitzung kommen, er ist krank. Wir müssen also _____, bis es ihm wieder besser geht. _____ wir so, dass ich nächste Woche noch einmal eine E-Mail an alle schicke, um einen neuen Termin zu vereinbaren?

**D** Die Hochzeit. Ergänzen Sie den Dialog mit den folgenden Wörtern.

wiederzusehen • spontane • habe … vor • einladen • herzlich

Jenni: Was machst du denn am 18. Juni?

Tobias: Das weiß ich noch nicht. Ich glaube, da _____ ich noch nichts _____. Warum fragst du?

Jenni: Ich möchte dich dann ganz _____ zu unserer Hochzeit _____.

Tobias: Du heiratest? Das ist ja eine Überraschung! War das eine _____ Entscheidung?

Jenni: Nein, Gregor und ich haben das schon lange geplant. Wir freuen uns schon sehr darauf, bei dem Fest alle unsere Freunde _____.

**E** Keine Zeit für Freizeit oder Beruf? Beantworten Sie die Fragen. Benutzen Sie dafür die Wörter dieses Kapitels.

Welche Termine können Sie verschieben, welche sind wichtig? Wie sagen Sie einen Termin auf Deutsch ab? Über welche Einladung haben Sie sich gefreut? Konnten Sie sie annehmen? Wann war das?

## 15.01 Aktuelles Geschehen

### Leipzig und die *Wende* 1989

1949 wurden zwei deutsche Staaten gegründet. Die Deutsche Demokratische Republik (DDR) und die Bundesrepublik Deutschland (BRD). Es dauerte vierzig Jahre bis zur *Wende*, nach der aus den beiden Staaten wieder ein Deutschland wurde. Im Herbst 1989 gingen anfangs einige hundert Leipziger auf die Straße, um gegen das DDR-*Regime* zu *demonstrieren*. Jeden Montag *versammelten* sie sich vor der Nikolaikirche und zogen dann durch die Stadt. Innerhalb weniger Wochen nahmen mehr als hunderttausend Menschen an den so genannten Montagsdemonstrationen teil. Die DDR-Regierung musste nach Wochen dem Druck dieser *bürgerlichen* Bewegung nachgeben und *veranlasste*, die Grenzen zur BRD zu öffnen. Man spricht von einer *friedlichen Revolution*, da die Demonstranten ohne Gewalt für politische Veränderungen kämpften. Die *friedliche Revolution* stellt den Beginn der deutschen *Wiedervereinigung* dar. An diesen Veränderungen hatten die Bürger Leipzigs *maßgeblichen* Einfluss.

### Wohin mit *radioaktivem* Abfall?

Strom kann auf unterschiedliche Art und Weise erzeugt werden. Vor einigen Jahrzehnten wurde in Deutschland sehr viel Strom durch Kohle produziert. Heute gibt es viele umweltfreundliche Alternativen, zum Beispiel durch Sonnen-, Wasser- oder Windenergie. Damals wie heute wird Strom auch durch *radioaktives* Material gewonnen, bei der auch *radioaktiver* Abfall entsteht. Die Lagerung des Abfalls ist *problematisch*, da er für Jahrhunderte an einem sicheren Ort aufbewahrt werden muss. Gegner der Atomkraft kritisieren, dass es keine endgültige sichere Lagerung geben kann. Alle Maßnahmen sind nur *vorläufig*. Sie befürchten, dass sich die *radioaktive* Strahlung im Laufe der Jahre erhöht und dann Grenzwerte *überschreitet*. Diese *Erhöhung* der Strahlung kann sich negativ auf die Umwelt und die Gesundheit der Bevölkerung *auswirken*. Diese *Problematik* ist nicht neu. Immer wieder *konfrontieren* Gegner Politiker mit den Nachteilen und fordern auf einen schnellen Stopp dieser Energiegewinnung. Die Zukunft wird zeigen, ob die alternativen Energien den Atomstrom überflüssig machen können.

### Aktuelles Geschehen

- Einbrüche sind leider in Städten *alltäglich*, d. h. jeden Tag brechen Kriminelle in fremde Wohnungen und Häuser ein. Deshalb soll man die Fenster und Türen immer schließen.
- Thomas möchte sich selbstständig machen. Doch es *mangelt* ihm an Geld. Bis er einen Kredit von der Bank bekommt, muss die *Realisierung* seiner Geschäftsidee noch etwas warten.
- Gibt es einen Zusammenhang zwischen dem sozialen *Status* und der Gesundheit eines Menschen? Ja, es *stellte* sich *heraus*, dass Menschen mit weniger Geld häufiger gesundheitliche Probleme haben.
- Nach dem Verbrechen hat die Polizei Informationen *zurückgehalten*, um die Ermittlungen nicht zu behindern. Die Polizei kündigte allerdings an, Details des Verbrechens schnellstmöglich bekannt zu geben.
- Heutzutage ist das Lernen einer anderen Sprache wichtig. Einige Firmen werben damit, dass man mit ihrem Programm eine Sprache in vier Wochen lernen kann. Das ist nicht *realistisch*.
- Die medizinische Versorgung auf dem Land ist schlechter als in der Stadt. Diese Tatsache *beruht* darauf, dass es in ländlichen Gegenden nicht genügend Ärzte gibt. Eine Verbesserung der Lage *zeichnet* sich nicht *ab*. Politiker überlegen nun, wie man dieses Problem lösen kann.

**A** Was passt? Finden Sie die Synonyme.

1 mangeln
2 vorläufig
3 problematisch
4 friedlich

a schwierig
b ohne Gewalt
c fehlen
d nicht endgültig

**B** Wende 1989/90. Interview mit einem Zeitzeugen. Ordnen Sie die Antworten den passenden Fragen zu.

1 Wo haben Sie zur Zeit der Wende gelebt?
2 Was war Ziel der Demonstrationen?
3 Haben Sie auch an den Demonstrationen teilgenommen?
4 Wie denken Sie heute über die friedliche Revolution?

a Wir wollten die DDR-Regierung auf friedliche Art und Weise veranlassen, ihre Politik zu verändern.
b Ich habe in Leipzig gewohnt.
c Ich bin stolz drauf, Teil der bürgerlichen Bewegung und damit der Geschichte gewesen zu sein.
d Ja, auch ich bin mit vielen anderen jeden Montag gegen das DDR-Regime demonstrieren gegangen.

**C** Ich brauche schnell einen Arzt. Ergänzen Sie die Sätze mit folgenden Wörtern.

Erhöhung ▪ konfrontiert ▪ stellte … heraus ▪ alltäglich ▪ realistisch ▪ Problematik

Wenn man auf dem Land schnell einen Arzt braucht, kann das schwierig werden, denn es gibt zu wenige Ärzte. Diese _____ ist nicht neu. Ärzte, Politiker und Krankenkassen werden _____ mit Beschwerden von Patienten _____. Es _____ sich allerdings _____, dass eine _____ der Anzahl der Landärzte schwieriger ist, als angenommen. Junge Mediziner haben kein Interesse daran, auf dem Land zu arbeiten. Eine Praxis in der Stadt ist für sie attraktiver. Es ist nicht _____, dass sich in den nächsten Jahren etwas daran ändert.

**D** Vor- und Nachteile des Atomstroms. Ergänzen Sie die Sätze mit folgenden Wörtern.

abzeichnet ▪ auswirken ▪ überschritten ▪ radioaktive(s) 2x

Seit vielen Jahrzehnten wird Strom auch durch _____ Material produziert. Zu den Vorteilen gehört, dass viel Energie günstig produziert werden kann. _____ Substanzen gelangen nach außen und können sich negativ auf die Umwelt und den Menschen _____, wenn Grenzwerte _____ werden. Gegner kritisieren auch, dass sich noch immer keine sichere Lösung für die Lagerung des Abfalls _____.

**E** Atomstrom – nein danke? Beantworten Sie die Fragen. Benutzen Sie dafür die Wörter dieses Kapitels.

Welche Art der Energieerzeugung ist in Ihrem Land dominant? Welche Rolle spielt die Energieerzeugung durch radioaktives Material und durch alternative umweltfreundliche Methoden? Nennen Sie Vor- und Nachteile der einzelnen Arten, Energie zu gewinnen.

## Wir protestieren

In der Stadt, in der ich lebe, werden Autos produziert. In dem Werk arbeiten über fünftausend Menschen. Jetzt soll die Hälfte der Arbeiter entlassen werden. Der *Abbau* der Arbeitsplätze bedeutet, dass viele Menschen arbeitslos werden. Deshalb *protestieren* wir gegen dieses *drastische* Vorhaben. Wir wollen mit dem *Protest bewirken*, dass wir unsere Arbeitsplätze behalten. Vertreter aus dem Vorstand der Autofirma und aus der Politik führen jetzt Gespräche. Unsere Interessen werden in die Verhandlungen mit *einbezogen*. Wir sind bereit, in den nächsten Jahren auf einen *Anstieg* unseres Gehalts zu verzichten, um Arbeitsplätze zu retten. In den nächsten Tagen wird über die Zukunft unseres Werkes entschieden. So lange werden wir weiter *protestieren*.

## Von-, mit- und übereinander lernen

Aisha und Lena wohnen in Berlin-Kreuzberg. Das ist ein Bezirk in der Hauptstadt, in dem Menschen aus vielen unterschiedlichen Nationen leben. Viele von ihnen sind türkischer Herkunft. Aber es gibt auch andere *Minderheiten*, so zum Beispiel Menschen aus dem Iran, Russland etc. Es gibt eine große *Vielfalt* an Sprachen, Kulturen und Traditionen. Um zu vermeiden, dass Menschen sich nur in ihrer Kultur bewegen und sich von anderen *abgrenzen*, ist es wichtig, sich zu integrieren. Aisha und Lena wollen mit einem Straßenfest einen Beitrag zur *Integration* leisten. Sie hoffen, dass auf dem Fest Menschen unterschiedlicher Herkunft von-, mit- und übereinander lernen. Es sollen Filme aus verschiedenen Ländern gezeigt und Speisen und Getränke angeboten werden. Kleine Sprachkurse wird es auch geben. Im *Vorfeld* muss viel vorbereitet werden. Da Aisha und Lena das Fest nicht alleine organisieren können, sind sie auf das *Engagement* vieler Helfer angewiesen. Sie hoffen auf einen interessanten *interkulturellen* Nachmittag.

## Armut, ein weltweites Problem

In vielen Ländern der Erde gibt es große *Armut*. Es fehlt den Menschen nicht nur an *materiellen* Dingen wie zum Beispiel Kleidung. Sie haben oft auch nicht genug zu essen. Das ist eigentlich ein *Skandal*, denn es gibt genug Nahrung für die gesamte *Menschheit*. Die *Verteilung* der Nahrung und anderer Güter muss allerdings anders organisiert werden. Diese Situation ist *Ausgangspunkt* eines Kongresses. Es treffen sich diverse Staatschefs, die ihr Land *repräsentieren*. Sie diskutieren über konkrete Probleme und mögliche Lösungen. Ziel ist eine weltweite *Reform*, mit deren Hilfe man die *Zunahme* der *Armut* einschränken kann. Dabei müssen sowohl wirtschaftliche Interessen als auch ein gewisses Maß an *Solidarität* der reichen Länder gegenüber den ärmeren Ländern *Berücksichtigung* finden. Sicherlich kann die *Reform* nur langfristig gelingen. Aber es sollte im Interesse aller liegen, dass ein *Wandel*, also eine Veränderung, stattfindet.

## Im *Wandel* der Zeit

Wenn man *Statistiken* aus den 1950er Jahren mit heutigen vergleicht, stellt man fest, dass es heutzutage weniger verheiratete Paare mit Kindern gibt. Mitte des Jahrhunderts waren traditionelle Familien, bestehend aus Mutter, Vater und Kindern, *vorherrschend*. Aus aktuellen *Statistiken geht hervor,* dass es nicht mehr so viele traditionelle Familien wie damals gibt. Das Bild hat sich *gewandelt*. Es gibt unter anderem mehr Paare, die nicht verheiratet sind, verheiratete Paare ohne Kinder oder Elternteile, die ihr Kind alleine erziehen. *Zurückzuführen* ist dieser *Wandel* darauf, dass der Einfluss der Gesellschaft auf den Einzelnen nachlässt. So ist eine Scheidung in Deutschland zum Beispiel kein *Skandal* mehr.

**A** Gegensätze. Finden Sie Wörter mit gegensätzlicher Bedeutung.

1 die Armut
2 die Minderheit
3 der Abbau
4 der Ausgangspunkt
5 die Integration

a die Zunahme
b der Reichtum
c die Abgrenzung
d der Endpunkt
e die Mehrheit

**B** Naturkatastrophen. Ergänzen Sie die Sätze mit folgenden Wörtern.

Engagement • wandel • Anstieg • Berücksichtigung • materiellen • Menschheit • Statistik • Solidarität • Vorfeld

Im Laufe der _____ kam und kommt es immer wieder zu schweren Naturkatastrophen.

Den Menschen in diesen Gebieten fehlt es dann vor allem an _____ Dingen wie Wasser,

Medikamenten oder Kleidung. Deshalb sind sie dann auf die _____ und das

_____ anderer angewiesen. Nach Einschätzung von Experten wird es in Zukunft durch den

Klima_____ und das Wachstum der Weltbevölkerung zu einem _____

von Naturkatastrophen kommen. Laut _____ sind vor allem sehr arme Länder betroffen.

Deshalb raten Experten dazu, im _____ Maßnahmen zu ergreifen. So sollen unter anderem

Hinweise zum Katastrophenschutz mehr _____ finden.

**C** Der Skandal. Ergänzen Sie den Dialog mit folgenden Wörtern.

protestieren • Skandal • einbeziehen • Reform • repräsentiert • drastisch

Leo: Die Arbeitslosigkeit ist wegen der Wirtschaftskrise _____ gestiegen. Um möglichst

viele Arbeitsplätze zu retten, brauchen wir eine _____. Aber daran scheint die

Geschäftsführung gar nicht zu denken. Heute haben wir erfahren, dass in unserem Betrieb Leute entlassen

werden sollen. Gleichzeitig sollen die Angestellten in der Geschäftsführung 10 % mehr Lohn bekommen.

Alisa: Das ist ja ein _____! Ihr müsst unbedingt dagegen _____.

Außerdem muss die Geschäftsführung euch in solche Gespräche _____. Nur so

werden auch eure Interessen _____.

**D** Gesellschaftlich relevant. Beantworten Sie die Fragen. Benutzen Sie dafür die Wörter dieses Kapitels.

Stellen Sie sich vor, Sie sind Politiker Ihres Landes und nehmen an einem Kongress zum Thema Armut teil.
Welche Gründe gibt es Ihrer Meinung nach für die Armut in Ihrem Land? Was kann man dagegen tun?
Welche Interessen muss man berücksichtigen?
Konnten Sie in den letzten Jahren Veränderungen in Ihrer Gesellschaft wahrnehmen? Welcher Art sind sie?
Worauf ist dieser Wandel zurückzuführen? Denken Sie unter anderem an Politik, Familie, Arbeitslosigkeit,
Technik etc.

## 15.03 Innenpolitik

### Wer macht was in der Politik?

- In jedem Bundesland gibt es eine *Landesregierung*. Das wichtigste Amt ist dort das des *Ministerpräsidenten*. Er ist der *Regierungschef* des Bundeslandes.
- Der *Bundesrat* ist ein politisches Organ in der Bundesrepublik Deutschland. Jedes Bundesland wird darin durch Mitglieder der jeweiligen *Landesregierung* vertreten. So können die Interessen der einzelnen Bundesländer besser berücksichtigt werden, wenn Gesetze für die Bundesrepublik verfasst werden.
- Der Bundestag ist das Parlament der Bundesrepublik Deutschland. Nach einer Wahl regieren die stärkste Partei oder mehrere Parteien in einer Koalition. Die übrigen Parteien bilden die *Opposition*. Sie üben Kritik an der Regierung und bieten Alternativen für Gesetzesvorschläge. Innerhalb des Bundestages können sich Parteien, die gemeinsame Ziele haben, auch zusammenschließen. Diesen Zusammenschluss nennt man *Fraktion*.
- Innerhalb jeder Partei gibt es einen *Generalsekretär*. Er hat eine führende Position in einer Partei. So vertritt er unter anderem die politischen Überzeugungen seiner Partei in der Öffentlichkeit.
- Ein Minister leitet innerhalb der Regierung im Bund oder in einem Bundesland ein *Ministerium*. So gibt es unter anderem ein Ministerium für Innenpolitik, für die Außenpolitik, für Finanzen etc. Der *Innenminister* kümmert sich um innere Angelegenheiten, d. h. um politische Belange des eigenen Landes. Dazu gehören unter anderem Fragen der Sicherheit. Der *Außenminister* ist für die Außenpolitik verantwortlich und vertritt sein Land im Ausland. Der *Finanzminister* verwaltet die Gelder eines Staates.

### Die Wahl

Das *Grundgesetz* ist die politische und gesetzliche Grundlage bzw. die *Verfassung* der Bundesrepublik Deutschland. Im *Grundgesetz* ist unter anderem festgelegt, dass alle vier Jahre Wahlen für den Bundestag stattfinden. Hier *treten* mehrere Parteien *an*. Schon Monate vorher beginnt der *Wahlkampf* der einzelnen Parteien. Deshalb kommen die Mitglieder einer Partei auf einem *Parteitag* zusammen und beschließen ihr Wahlprogramm. Sie werben in Städten und Dörfern um möglichst viele *Wähler*. Jeder Staatsbürger über 18 Jahre kann zur Wahl gehen und *abstimmen*, d. h. das Volk entscheidet, welche Partei die meisten Stimmen bekommt und später im Bundestag *regiert*. Die stärkste Partei stellt dann den *Regierungschef*. Der *Regierungschef* wird in Deutschland Bundeskanzler genannt.

### Geschichte des 20. Jahrhunderts

Peter ist Journalist. Er möchte ein Buch über den politischen Wandel im 20. Jahrhundert schreiben. Im Moment führt er Interviews mit *Einwohnern* aus kleinen Städten in Ostdeutschland durch. Sie erzählen Geschichten von ihren Großeltern. Diese haben bis zum Ende des ersten Weltkrieges noch unter der *Herrschaft* eines *Kaisers* gelebt. Seit 1918 gibt es diesen *Herrschaft*stitel nicht mehr. Ab 1933 regierten die *Nationalsozialisten* unter Hitler. Peter interessiert die politische *Ausrichtung* der damaligen Bewohner. Im *Rathaus* der Stadt stehen ihm alte Dokumente zur Verfügung, die er gründlich studiert. Nach dem Zweiten Weltkrieg wurden 1949 zwei deutsche Staaten gegründet. Peter spricht mit Menschen unterschiedlichen Alters. Er möchte wissen, wie der Alltag in einem *sozialistischen* Staat war. Außerdem ist er auf der Suche nach Zeitzeugen, die von der *Stasi* berichten. Die *Stasi* war der *Geheimdienst* in der DDR. Sie hat vor allem die Bevölkerung überwacht, um die Macht der *sozialistischen* Partei zu sichern. Nach 1989/90 gab es für die Bürger der ehemaligen DDR eine starke politische Veränderung. Peter möchte wissen, welche Probleme es bei der *Anpassung* an das neue politische System gab.

**A** Politische Ämter und Institutionen. Ordnen Sie die Wörter in die Tabelle ein.

der Außenminister • das Ministerium • der Ministerpräsident • der Innenminister • die Landesregierung • der Generalsekretär • der Regierungschef • der Bundesrat • der Finanzminister

| Politische Ämter | Politische Institutionen |
|---|---|
|  |  |

**B** Was ist das? Welches Wort passt zu welcher Erklärung?

1 Ein Herrschaftstitel, den es bis 1918 in Deutschland gab.
2 Ein Zusammenschluss zweier Parteien mit ähnlichen Zielen.
3 Die Zeit, in der Politiker für ihre Partei werben.
4 Eine Person, die innerhalb eines bestimmten Gebietes lebt.

a der Wahlkampf
b der Einwohner
c der Kaiser
d die Fraktion

**C** Der Wahlkampf. Ergänzen Sie die Sätze mit folgenden Wörtern.

Wähler • abstimmen • Parteitag • regieren • Opposition

Herr Janssen ist Politiker in Niedersachsen. Seine Partei hatte bei der letzten Wahl nicht die Mehrheit, deshalb ist sie in der _____. Aber seine Partei möchte nicht immer nur kritisieren, sie möchte _____. In Kürze gibt es Wahlen. Deshalb treffen sich die Mitglieder der Partei auf einem _____. Dort diskutieren sie über ihr Programm. Nicht immer sind alle einer Meinung, deshalb müssen sie _____. Am Tag der Wahl werden viele Parteien gegeneinander antreten. Herr Janssen ist davon überzeugt, dass sich viele _____ für seine Partei entscheiden werden.

**D** Ein Blick zurück. Ergänzen Sie die Sätze mit folgenden Wörtern.

Grundgesetz • sozialistisch • Nationalsozialisten • Ausrichtung

Nach Ende des Zweiten Weltkrieges und damit der Herrschaft der _____ galt es aus der Geschichte Konsequenzen zu ziehen. Diese Konsequenzen flossen in das _____ der BRD ein. Die neue _____ war nun demokratisch. In der DDR hingegen war sie _____.

**E** Innenpolitik in Ihrem Land. Beantworten Sie die Fragen. Benutzen Sie dafür die Wörter dieses Kapitels.

Wie oft finden in Ihrem Land Wahlen für die Regierung statt? Wie viele Parteien stellen sich zirka zur Wahl?
Wer darf ab welchem Alter wählen?
Welche politischen Veränderungen gab es während des 20. Jahrhunderts in Ihrem Land. Berichten Sie.

## 15.04 Politik, Staat und Internationales

### Gespräche über Politik

- Unser Bundespräsident ist heute von seinem Amt *zurückgetreten*. – Weiß man, warum er seinen *Posten* aufgibt? – Noch nicht, aber heute Nachmittag gibt es eine öffentliche *Stellungnahme*. Vielleicht erfahren wir dann die Gründe für diese Entscheidung. – Schade, eigentlich war ich mit seiner Politik sehr zufrieden. Ich bin gespannt, wer sein *Nachfolger*, also wer zukünftig Bundespräsident sein wird.
- Viele Menschen in *Entwicklungsländern* sind arm. Einige möchten ihr Land verlassen, um in reicheren *Industrieländern* mehr Geld zu verdienen. – Ja, aber viele verlassen ihr Land auch, weil sie aus z. B. politischen oder religiösen Gründen verfolgt werden oder die *Menschenrechte* nicht geachtet werden. Man spricht dann von *Flüchtlingen*.
- Die Europäische Union ist ein *Bündnis* verschiedener europäischer Staaten. Es ist eine Gemeinschaft, die immer größer wird. Im Rahmen der *Erweiterung* sind 2007 zehn neue Länder Teil der Europäischen Union geworden.

### Neues Wirtschaftsabkommen

Auf einer *Konferenz* mit wichtigen Politikern aus Frankreich und Deutschland hat man ein *Abkommen* über die zukünftige gemeinsame *Wirtschaftspolitik* beschlossen. *Beobachter* der *Konferenz* hatten von Anfang an mit einer *Einigung* zwischen Deutschland und Frankreich gerechnet, denn beide Staaten konnten auf Erfahrungen von Wirtschafts*abkommen* mit anderen Ländern *zurückgreifen*. Nun bilden Frankreich und Deutschland eine gemeinsame, *liberale* Wirtschafts*zone* ohne Zölle und Steuern. Auch über *Subventionen*, z. B. die Zuschüsse für die Bauern in beiden Ländern, wird zukünftig gemeinsam entschieden. Ein neu geschaffenes *Gremium* mit Experten wird die *Rahmenbedingungen* des *Abkommens* ständig überwachen. Das *Abkommen* ist ein gutes Beispiel für die *Tendenz* europäischer Länder, eine *liberalere*, auswärtige Wirtschaftspolitik zu betreiben.

### Deutsche Geschichte

In der ersten Hälfte des 19. Jahrhunderts gab es viele kleine deutsche Staaten mit eigenen Königen und eigener Politik. Das größte dieser Länder, Preußen, arbeitete aber daran, alle kleinen Länder in einem Reich zu vereinigen. Am Anfang bildete Preußen *Allianzen* mit vielen einzelnen kleinen Staaten. 1871 war es schließlich soweit. Das deutsche Kaiser*reich* wurde gegründet. Nachdem Deutschland den ersten Weltkrieg verloren hatte, wurde es 1918 zu einer *Republik* mit demokratischen Strukturen, der Weimarer *Republik*. Leider waren die Veränderungen hin zur Demokratie nicht sehr *nachhaltig*, denn schon 1933 begann in Deutschland die nationalsozialistische Diktatur.

### Öl in der Wüste

Eine *Mission* mit internationalen Forschern hat in der afrikanischen Wüste Öl gefunden. Diese *Entdeckung* hat bei einigen afrikanischen Staaten für große Freude gesorgt. *Seitens* der Forscher kam es in *Abgrenzung* dazu zu einer ruhigeren Reaktion. Sie wissen noch nicht, wie viel Öl unter der Wüste lagert und möchten nicht *vorgeben*, dass einige arme Staaten Afrikas nun keine Probleme mehr haben werden. Außerdem müssen sich die betreffenden Staaten nun einigen und eine *Allianz* bilden. *Diese Allianz* muss dann *anordnen*, dass weiter geforscht wird – und das muss bezahlt werden. Ob es zu der notwendigen *Vereinbarung* zwischen den Ländern kommt, ist noch unsicher. Im Moment streiten die Staaten darüber, wie viel Öl jeder bekommen soll. Für solche Verhandlungen gibt es keinen *Standard*, sie können also noch sehr lange dauern. Es sind also noch längst nicht alle *Komponenten* für das Projekt „Öl aus der Wüste" ausreichend besprochen.

**A** Demokratie, Armut und Gerechtigkeit. Ordnen Sie die Wörter den richtigen Erklärungen zu.

1 Recht auf Leben, Bildung, Essen und Trinken
2 ein Staat mit demokratischen Strukturen
3 etwas finden
4 eine Gruppe von Experten
5 jemand, der sein Heimatland verlassen muss
6 eine Vereinigung mehrerer Länder

a die Entdeckung
b die Allianz, das Bündnis
c der Flüchtling
d das Gremium
e die Republik
f die Menschenrechte

**B** Wirtschaft und Politik. Welches Wort passt zu welchem Satz? Ordnen Sie zu.

1 Hier treffen sich und diskutieren Politiker mehrerer Länder.
2 Dieses Geld vom Staat hilft den Bauern in Frankreich und Deutschland.
3 Viele Länder in Afrika und Asien sind sehr arm.
4 Die USA haben eine starke Wirtschaft.
5 Seit 2007 hat die EU zehn neue Mitglieder.
6 Er hat jetzt diesen Posten, weil jemand anderes zurückgetreten ist.

a das Industrieland
b der Nachfolger
c die Erweiterung
d die Subvention
e die Entwicklungsländer
f die Konferenz

**C** Deutschland im Wandel. Ergänzen Sie den Text mit den folgenden Wörtern.

Zone • reich • Einigung • vereinigt • Bündnissen • Beobachter • Republik • liberaler • auswärtigen • Mission • Nahrungsmittel • Rahmenbedingungen • Wirtschaftspolitik (2x)

1871 wurde das Deutsche Kaiser_____ gegründet. Es bestand bis 1918.

Dann wurde die Weimarer _____ gegründet. Von 1933 bis 1945 herrschte dann

die nationalsozialistische Diktatur. Danach wurde Deutschland in eine westliche und eine östliche

_____ geteilt. Beide Teile gehörten zu verschiedenen _____.

Der westliche Teil gehörte zur NATO, der Osten zum Warschauer Pakt. 40 Jahre war Deutschland geteilt.

Dann wurde es 1990 wieder _____. Während der Teilung war die _____

in beiden Teilen sehr verschieden. So gab es im Osten fast nie Bananen und andere _____,

die man im Westen immer kaufen konnte. Am Ende der Teilung wurde die _____

in beiden Teilen aber schon _____. Trotzdem hatte in dieser Zeit niemand geglaubt,

dass es so schnell zur _____ zwischen Ost und West kommt. Eine Veränderung in

der _____ Politik Russlands und der USA war ein wichtiger Grund für die schnelle

Wiedervereinigung. Diese beiden Staaten haben die _____ dafür geschaffen.

Selbst erfahrene _____ waren davon überrascht, dass es so schnell ging.

Dennoch war die Wiedervereinigung für alle Beteiligten eine sehr schwierige _____.

**D** Politische Ereignisse. Beantworten Sie die Fragen. Benutzen Sie dafür die Wörter dieses Kapitels.

Welche politischen Tendenzen unterstützten die deutsche Wiedervereinigung?
Beschreiben Sie ein anderes wichtiges politisches Ereignis Ihrer Wahl.

## 15.05 Krieg und Frieden

### Die Struktur der Bundeswehr

Die Armee in Deutschland nennt man die *Bundeswehr*. In ihr dienen etwa 230 000 Soldaten. Die Vorgesetzten der Soldaten nennt man *Offiziere*. Auch die *Offiziere* bekommen *Befehle* von Vorgesetzen, den *Generälen*. Ein Soldat muss alle *Anordnungen* von Vorgesetzten befolgen. Wenn ein Soldat einen *Befehl* nicht ausführt, bekommt er eine Strafe. Alle Soldaten tragen die gleiche Kleidung, eine *Uniform*. Sie ist grün. Sterne und Streifen auf der *Uniform* zeigen, ob es ein einfacher *Soldat*, ein *Offizier* oder ein *General* ist. Jeder Soldat bekommt auch ein *Gewehr* und lernt, damit zu schießen. Meistens benutzen die Soldaten die Gewehre nur zur Übung. Aber wenn Deutschland bedroht wird oder dabei hilft, ein fremdes Land zu *befreien*, müssen sie auch auf Menschen schießen. Diese Menschen sind dann die *Feinde* der deutschen Soldaten. Sie sind eine *Bedrohung* für die *Truppe*.

### Selbstzerstörung

Eigentlich macht man nichts kaputt, was einem selbst gehört. Das *Militär* trifft im Krieg aber manchmal genau diese Entscheidung. In manchen Situationen ist es *strategisch* sinnvoll, etwas zu *vernichten*, was einer Armee eigentlich gehört oder was sie beschützen soll. Ein Beispiel: Soldaten beschützen eine Brücke über einen Fluss. Von einer Seite kommen aber viele Soldaten des *Feindes*. Beschützen kann man die Brücke dann nicht mehr. Aber man kann den *Feind* dabei behindern über den Fluss zu kommen. Wie? Durch die *Zerstörung* der eigenen Brücke. Somit gibt es keinen Übergang mehr für den *Feind* und man kann *abziehen*, ohne dass der Gegner folgen kann.

### Einsatz im Ausland

In Deutschland gab es seit über 60 Jahren keinen Krieg. Trotzdem hat die *Bundeswehr* viel zu tun. Oft hilft sie ihren Partnern, Frieden im Ausland zu schaffen oder zu sichern. In den letzten Jahren war die deutsche Armee zum Beispiel in Afghanistan, dem Irak und im Kosovo aktiv. Bevor die *Bundeswehr* im Ausland *eingreift*, müssen die Politiker viel diskutieren. Ein Einsatz im Ausland, besonders wenn es dort gerade militärische Konflikte gibt, ist schließlich immer gefährlich. Man muss bei so einer Entscheidung viele Dinge in *Betracht* ziehen, zum Beispiel, dass deutsche Soldaten oder andere Menschen getötet werden können. Erst vor einigen Wochen ist im Ausland eine *Bombe* neben einem Haus mit deutschen Soldaten explodiert. Zum Glück wurden dabei nur drei Männer leicht verletzt.

### Wer trägt eine *Uniform*?

Nicht nur Soldaten tragen eine *Uniform*. Auch Polizisten tragen eine *Uniform*, die ist in Deutschland meistens blau oder grün. Auch Polizisten müssen die *Anordnungen* ihrer Vorgesetzten befolgen, aber es ist nicht so streng wie beim *Militär*. Polizisten haben meistens auch kein *Gewehr*, sondern eine Pistole. Sie sind nicht für die *Bedrohungen* im Ausland zuständig, sondern für die Sicherheit in Deutschland.

Aber wer trägt eigentlich noch eine *Uniform*?
Denken Sie doch mal an andere Berufe oder an bestimmte Schulen!

**A** Im Einsatz. Ordnen Sie die Wörter den richtigen Erklärungen zu.

1. die deutsche Armee
2. die Anordnung eines Vorgesetzen
3. etwas kaputt machen
4. über eine Möglichkeit nachdenken
5. eine einheitliche Kleidung

a. etwas in Betracht ziehen
b. die Uniform
c. die Bundeswehr
d. die Zerstörung
e. der Befehl

**B** Die Armee ist durcheinander. Welches Wort passt nicht dazu? Unterstreichen Sie dieses Wort.

1. Offizier – Feind – General
2. Bundeswehr – Truppe – Bombe
3. vernichten – Zerstörung – Uniform
4. Feind – Übergang – Bedrohung

**C** Politik mit dem Militär? Ergänzen Sie den Text mit den folgenden Wörtern.

abziehen ▪ befreien ▪ Militär ▪ Gewehren ▪ einzugreifen

Politische Probleme sollen eigentlich auch politisch gelöst werden. Nur im Notfall dürfen Politiker dem _____ befehlen, _____. Zum Beispiel dann, wenn ein Land zu Unrecht von einem anderen Land besetzt ist. Dann kann eine andere Armee helfen, das besetzte Land zu _____. Doch sobald in diesem Land wieder Frieden ist, müssen die Politiker die Armee wieder _____. Mit Waffen kann man keine nachhaltige Politik machen. Die Köpfe sind zum Denken da, mit _____ kann man nur töten.

**D** Strategisch sinnvoll? Ergänzen Sie den Dialog mit den folgenden Wörtern.

Offizier ▪ strategisch ▪ Feind ▪ Befehl

Harald: Es ist wirklich schön, meinen alten Freund Karl in meiner alten Heimatstadt wiederzusehen.

Karl: Ich freue mich auch, nach über 60 Jahren, es ist kaum zu glauben. Wann genau bist du hier weggegangen?

Harald: Kurz vorm Ende des Krieges, 1944. Sag mal, gab es früher nicht zwei Brücken über den Fluss?

Karl: Ja, aber als der _____ näher kam, hat ein _____ den _____ gegeben, die eine Brücke zu zerstören.

Harald: Warum denn das?

Karl: Das war wohl _____ wichtig, um den Gegner daran zu hindern, über den Fluss zu kommen.

**E** Krieg und Frieden. Beantworten Sie die Fragen. Benutzen Sie dafür die Wörter dieses Kapitels.

Kennen Sie Kriege, in denen eine Armee in einem fremden Land eingegriffen hat? Welche?
Bomben und Gewehre sind gefährliche Waffen. Sind sie notwendig? Wer sollte Waffen haben, wer nicht?

## Die *Börse*

Die wichtigste *Börse* in Deutschland befindet sich in Frankfurt am Main. Hier werden unter anderem Aktien, *Fonds* und *Anleihen* gehandelt. Herr Wagner hat vor kurzem Aktien gekauft. Er ist jetzt *Aktionär*. Bevor er einen Teil seines privaten *Kapitals* investierte, hat er sich gut informiert und verschiedene Aktiengesellschaften beobachtet. Er entschied sich für eine Aktiengesellschaft in der Automobilbranche, deren *Marktanteil* im letzten Jahr um zwölf Prozent gestiegen ist. Die Erhöhung des *Marktanteils* kam unter anderem *zustande*, weil es nach einer langen wirtschaftlichen *Rezession* wieder einen Aufschwung gab. Dank der guten *Konjunktur* stieg die Nachfrage an Automobilen wieder, so dass auch der Wert der Aktien stieg. Die Aktiengesellschaft plant in Kürze die *Übernahme* eines kleineren Konzerns, der hochwertige Sportwagen produziert. Herr Wagner hofft, dass die Aktien nach der *Fusion* weiter steigen.

## Herr Schmidt braucht mehr Geld

Herr Schmidt möchte eine Firma gründen. Sein eigenes *Kapital* reicht nicht aus, um alle Kosten zu decken. Er benötigt mehr Geld. Er geht zur Bank, um sich beraten zu lassen. Der *Berater* erklärt ihm unterschiedliche *Optionen*. Eine Möglichkeit ist ein Kredit bei der Bank. Wenn Herr Schmidt Geld von der Bank bekommt, muss er Zinsen zahlen. Der *Zinssatz*, also die Höhe der Zinsen, wird in Prozent angegeben. Eine weitere Möglichkeit ist ein *Investor*. Ein *Investor* investiert Geld in ein Projekt, z. B. Herr Schmidts Firma. Herr Schmidt schuldet dem *Investor* dann Geld und ist entsprechend der *Schuldner*. Der *Investor* hingegen wird *Gläubiger* genannt. *Gläubiger* und *Schuldner* können ihre Bedingungen selbst verhandeln, z. B. die Höhe der Zahlungen. Herr Wagner muss nun genau überlegen, welche *Option* besser für ihn ist.

## Das neue *Geschäftsjahr*

Größere Unternehmen haben in der Regel einen *Vorstand*. Dieser leitet das Unternehmen und regelt die Geschäfte. In Aktiengesellschaften gibt es nicht nur den *Vorstand* sondern auch den *Aufsichtsrat*. Dieser kontrolliert und berät den *Vorstand*. Frau Ladewig ist Mitglied in einem *Vorstand*. Dieser trifft sich, um über die *Bilanzen* des letzten *Geschäftsjahres* zu sprechen und um die *Zielsetzungen* für das kommende *Geschäftsjahr* festzulegen. Leider war die Nachfrage der *Verbraucher* nicht so hoch wie erwartet, so dass sie das letzte Jahr mit einem *Defizit* abgeschlossen haben. Nach diesem *Rückgang* soll es nun wieder einen *Zuwachs*, also eine größere Nachfrage an ihren Produkten geben. Die Firma möchte dieses Jahr wieder im *Plus* liegen und den *Marktanteil* erhöhen. Helfen sollen dabei die *Kooperation* mit einem anderen Konzern sowie ein neues *Marketing*, das mehr *Konsumenten* ansprechen soll.

## Alternative *Rohstoffe*

Der *Rohstoff* Erdöl wird in einigen Jahrzehnten *erschöpft* sein, d. h. es wird kaum noch oder kein Öl mehr geben. Deshalb gibt es *Sektoren* in der Wirtschaft, die sich auf alternative *Ressourcen* konzentrieren. Sie versuchen beispielsweise bei der *Herstellung* von Waren auf Erdöl zu verzichten oder zumindest stark einzuschränken. Es ist zu erwarten, dass sich dieser *Sektor* in den kommenden Jahren *ausdehnen* wird.

**A** Was passt? Ordnen Sie den Wörtern das passende Gegenteil zu.

1 das Plus
2 der Schuldner
3 der Zuwachs

a der Rückgang
b das Defizit
c der Gläubiger

**B** Der Kapitalmarkt. Welches Wort passt zu welcher Erklärung? Ordnen Sie zu.

1 Der Ort, an dem Aktien, Fonds und Anleihen ge- und verkauft werden.
2 Eine Person, die Aktien besitzt.
3 Die wirtschaftliche Entwicklung innerhalb eines Landes/der Welt.
4 Die Höhe der Zinsen, die in Prozent angegeben wird.

a die Konjunktur
b die Börse
c der Zinssatz
d der Aktionär

**C** Verhandlungen. Ersetzen Sie die unterstrichenen Wörter durch ähnliche Wörter.

die Übernahme ▪ entsteht ▪ Sektor ▪ Optionen ▪ Kapital ▪ Berater ▪ Rohstoffe

Bettina: Ich möchte mir ein Haus auf dem Land kaufen, aber ich habe nicht genug Geld _____.

Martin: Geh doch mal in eine Bank. Ein Angestellter _____ kann dir bestimmt weiterhelfen und dir verschiedene Möglichkeiten _____ erklären.

Herr Lehmann: Wann planen Sie den Kauf _____ des Konzerns?

Herr Klumm: Im Moment ist es nicht ratsam in diesen Bereich _____ zu investieren.

Frau Schneider: Ich habe gerade die Rechnungen geprüft. Ich frage mich, wie diese große Summe zustande kommt _____.

Herr Bülent: Das liegt daran, dass sich der Preis für unsere Materialien _____ fast verdoppelt hat.

**D** Der Vorstand berät. Ergänzen Sie die Sätze mit folgenden Wörtern.

Herstellung ▪ Verbraucher ▪ Rezession ▪ Marktanteil ▪ Geschäftsjahr ▪ Vorstandes ▪ Kooperationen

Frau Schmidt arbeitet in einer großen Firma. Dort ist sie Mitglied des _____. Wegen der weltweiten _____ sind die Bilanzen im laufenden _____ nicht so gut. Weniger _____ kaufen die Produkte der Firma. Der Vorstand berät nun darüber, wie sie bei der _____ ihrer Produkte Rohstoffe sparen können und ob sie durch _____ mit anderen Firmen den _____ wieder erhöhen können.

**E** Verdoppeln Sie Ihr Geld. Beantworten Sie die Fragen. Benutzen Sie dafür die Wörter dieses Kapitels.

Stellen Sie sich vor, Sie bekommen 10 000 Euro. Ihre Aufgabe ist es, dass Geld in fünf Jahren zu verdoppeln. Welche Optionen haben Sie? Wir würden Sie vorgehen? Erklären Sie.

## Ein Tag im Gericht

Herr Wagner ist Richter. Heute werden mehrere Fälle verhandelt. Herr Wagner wird jeden *Sachverhalt* genau prüfen. Zunächst nimmt er sich Zeit für die *Einsicht* der *Akten* mit Informationen zu jedem Fall. Im Laufe des Tages wird er *Verbote* aussprechen, *Beschlüsse* fassen, Urteile *aufheben* und mit Hilfe von Gesetzen für *Gerechtigkeit* sorgen. Nun betritt er das Gericht und *hört* er sich die Einzelfälle *an*.

### Fall I: Alkohol am Steuer

Herr Schulz ist *angeklagt*. Er hat zu viel Bier getrunken und ist dann Auto gefahren. Dabei hat er mit seinem Auto fremdes *Eigentum* beschädigt: Er ist gegen zwei andere Autos gefahren, bevor er von der Polizei gestoppt wurde. Herr Schulz *bestreitet* den Fall nicht, versucht sich aber zu *rechtfertigen*: „Ich trinke sonst nie, aber dieser Tag war so furchtbar. Meine Frau hat mich verlassen, deshalb habe ich Alkohol getrunken. Dann wollte ich plötzlich nach Hause und noch einmal mit meiner Frau reden. Es war nicht meine *Absicht* andere Autos zu beschädigen. Mein dummes Verhalten tut mir wirklich leid." Das Gericht entscheidet, dass Herr Schulz für die Schäden selbst *haften* muss. Außerdem muss er eine Strafe wegen Alkohol am Steuer zahlen und seinen Führerschein für zwei Monate abgeben.

### Fall II: Arbeitnehmer verklagt Arbeitgeber

Frau Liebig hat ihren Job verloren. Ihr Arbeitgeber teilte ihr mit, dass sie ab Ende des Monats arbeitslos ist, also in weniger als vier Wochen. Frau Liebig fühlt sich nicht *gerecht* behandelt. Deshalb geht Sie *juristisch* gegen diese kurzfristige Kündigung vor. Der Arbeitgeber ist der Meinung, dass die Kündigung *zulässig* ist, da es so *vertraglich* vereinbart ist. Aber die *Klage* von Frau Liebig ist *berechtigt*. Die Kündigungsfrist, die Arbeitgeber *einhalten* müssen, beträgt mindestens vier Wochen. Das ist vom *Gesetzgeber* so *vorgeschrieben*. Andere Angaben in Verträgen haben keine *Verbindlichkeit* und sind nicht *gestattet*.

### Fall III: Drogenbesitz

Daniel K. wird *vorgeworfen*, im *Besitz* von Drogen gewesen zu sein. Die Polizei hat in seiner Wohnung mehrere Kilo gefunden. Daniel K. *bestreitet*, dass ihm die Drogen gehören. Seiner Aussage nach hat ein Freund die Drogen in seiner Wohnung versteckt. Der Freund *verweigert* jedoch die Aussage. Für Daniel K. spricht, dass in seinem Blut keine Spuren von Drogen gefunden wurden. Sein Anwalt *plädiert* deshalb für nicht *schuldig*. Das Gericht wird den *Sachverhalt* erneut prüfen. Der Richter möchte Daniel K. nicht zu *Unrecht* verurteilen.

**A** Aufgaben eines Richters. Ergänzen Sie die fehlenden Wörter.

fassen ▪ sorgen ▪ einsehen ▪ prüfen

1 Akten _____
2 einen Sachverhalt _____
3 für Gerechtigkeit _____
4 Beschlüsse _____

**B** Vorsicht Alkohol. Ordnen Sie ähnliche Sätze zu.

1 Herr Schulz hat etwas beschädigt, was nicht ihm gehört.
2 Er gibt zu, dass er die Autos beschädigt hat.
3 Er möchte sein Handeln erklären.
4 Er muss die Rechnung für die kaputten Autos zahlen.

a Er rechtfertigt sich.
b Er haftet für den Schaden.
c Er hat fremdes Eigentum beschädigt.
d Er bestreitet es nicht.

**C** Gerechtigkeit in der Familie. Ergänzen Sie den Dialog mit folgenden Wörtern.

verbot ▪ einhältst ▪ Absicht ▪ vorschreiben

Lisa: Immer willst du mir _____, was ich zu tun und zu lassen habe.

Mutter: Das ist gar nicht meine _____. Ich möchte nur, dass du bestimmte Regeln _____. Dazu gehört auch, dass du dich an das Rauch_____ im Haus hältst. Es ist schlimm genug, dass du überhaupt rauchst.

**D** Vor Gericht. Ergänzen Sie den Text mit folgenden Wörtern.

zulässig ▪ Sachverhalt ▪ schuldig ▪ vertraglich ▪ Unrecht ▪ berechtigt ▪ wirft … vor

Frau Mieler arbeitet in einem Restaurant. Jetzt muss sie vor Gericht. Der Besitzer des Restaurants _____ ihr _____, sie hätte Geld gestohlen. Frau Mieler denkt, dass sie zu _____ angeklagt ist. Das Geld, das sie genommen hat, war ihr Trinkgeld. Sie ist der Meinung, es ist _____, Trinkgeld nach Hause zu nehmen, auch wenn es _____ anders vereinbart ist. Das Gericht prüft nun den _____ und kommt zu dem Entschluss, dass Frau Mieler _____ ist, ihr Trinkgeld zu behalten. Sie hat das Geld nicht gestohlen und ist nicht _____.

**E** Gerechtigkeit. Beantworten Sie die Fragen. Benutzen Sie dafür die Wörter dieses Kapitels.

Waren Sie selbst oder jemand, den Sie kennen, schon einmal vor Gericht? Berichten Sie.
Was war der Grund dafür? Wie war das Urteil?
Fühlten Sie sich schon einmal nicht gerecht behandelt? Erzählen Sie von der Situation.

## 16.01 Zeit allgemein • 16.02 Zeiteinteilungen

### Ein neues Lebensjahr

Im kommenden *Frühjahr* werde ich 18 Jahre alt. Das genaue *Datum* ist der fünfte April. An meinem Geburtstag muss ich am Vormittag noch in die Schule. Zu *Mittag* gehe ich mit meinen Eltern essen, abends werde ich mit meinen Freunden feiern. Dann bin ich erwachsen und darf Auto fahren. *Zukünftig* bin ich aber auch verantwortlich für alles, was ich tue. Es wird sicher ein spannendes neues *Lebensjahr*. Manchmal kann ich gar nicht glauben, wie schnell die Kindheit *vorübergegangen* ist. Nun beginnt ein neuer Abschnitt, eine neue *Epoche* in meinem Leben.

### Wie teilt man ein Jahr ein?

Ein Jahr kann man verschieden einteilen.
- Eine Möglichkeit sind die *Jahreszeiten*, der warme *Frühling*, der heiße Sommer, der nasse Herbst und der kalte Winter.
- Man kann das Jahr aber auch in Monate einteilen. Das Jahr beginnt mit dem Januar, danach kommt der *Februar* und ganz am Ende kommt der Dezember. Insgesamt hat ein Jahr zwölf Monate.
- Manchmal wird das Jahr auch in *Quartale* eingeteilt. Ein *Quartal* sind 25% eines Jahres, also drei Monate. Das erste *Quartal* eines Jahres besteht also aus Januar, Februar und März.
- Für viele Menschen ist die Einteilung nach Monaten die wichtigste, denn sie bekommen *monatlich* ihren Lohn für ihre Arbeit.

### Ein trockenes Frühjahr

In diesem Jahr ist der *Frühling* sehr trocken. Es hat viel weniger geregnet als im *Vorjahr*. Eine lange trockene *Periode* im Frühjahr ist nicht gut für die Pflanzen auf dem Feld. Die brauchen Regen im *Frühjahr* und Sonne im Sommer. *Heutzutage* ist eine lange Trocken*periode* nicht mehr so schlimm, aber vor einigen hundert Jahren, im *Mittelalter*, war das eine Katastrophe. Wenn die Pflanzen in einem Jahr nicht genügend Regen bekamen, mussten die Menschen das ganze Jahr hungern. Manchmal gab es dann so wenig zu essen, dass viele Menschen gestorben sind. In dieser *Epoche* war das Leben viel schwieriger als *heutzutage*.

### Zu spät im Restaurant

Heute Mittag um 12.30 Uhr war ich mit meiner Freundin zum Essen verabredet. Eigentlich hatte sie nur wenig Zeit. Deshalb hat sie am Anfang *gezögert*, sich mit mir zu verabreden. Am Ende war sie aber doch einverstanden. Leider ist mir dann etwas Komisches passiert. Ich wollte unbedingt pünktlich sein, trotzdem war ich zehn Minuten zu spät im Restaurant. Ich habe nicht verstanden, warum. Eigentlich bin ich rechtzeitig losgegangen. Aber dann haben wir es herausgefunden. Meine Uhr hat die falsche Zeit angegeben. Die Uhr ist zehn Minuten *nachgegangen*. Wenn eine Uhr *nachgeht*, zeigt sie zum Beispiel 12.00 Uhr an, obwohl es schon 12.10 Uhr ist. *Zukünftig* werde ich lieber ein bisschen eher losgehen, auch wenn meine Uhr jetzt wieder richtig geht.

A Gute Zeiten, schlechte Zeiten. Verbinden Sie die passenden Teile.

1 jeden Monat
2 Frühling, Sommer, Herbst und Winter
3 Quartal
4 das vergangene Jahr
5 eine trockene Zeit

a drei Monate
b das Vorjahr
c eine Periode ohne Regen
d die Jahreszeiten
e monatlich

B Es wird Frühling. Verbinden Sie die Satzteile.

1 Im Februar ist es …
2 Doch spätestens im März …
3 Das Frühjahr darf nicht …
4 Die Pflanzen auf dem Feld können …
5 Heutzutage ist das nicht so …
6 Das Mittelalter war eine …

a beginnt der Frühling.
b schlimm, aber im Mittelalter war das eine Katastrophe.
c zu kalt und nicht zu trocken sein.
d Epoche in der Geschichte, vor etwa 600 Jahren
e noch kalt, oft liegt sogar noch Schnee.
f dann nicht gut wachsen.

C Wichtige Tage, richtige Zeit. Ergänzen Sie die Dialoge mit den folgenden Wörtern.

Lebensjahr ▪ geht … nach ▪ Datum ▪ Zukünftig ▪ Vormittag ▪ vorübergeht ▪ Mittag ▪ gezögert

Janosch: An meinem Geburtstag werde ich zu _____ mit meinen Eltern essen gehen.

Bettina: Und was machst du am _____ und am Abend?

Janosch: Früh muss ich noch in die Schule und am Abend möchte ich eine Party machen.

Helmut: Es ist immer etwas Besonderes für mich, wenn am Geburtstag ein neues

_____ beginnt.

Karin: Wirklich? Für mich ist dieses _____ ein Tag wie jeder andere.

Helmut: Nein, ich finde, an diesem Tag sieht man, wie schnell ein Jahr _____ .

Wolfgang: Meine Uhr funktioniert nicht mehr richtig. Sie _____ zehn

Minuten _____ .

Martina: Ach, deshalb hast du _____ , als ich dich nach der Uhrzeit gefragt habe?

Wolfgang: Genau, ich musste erst zehn Minuten addieren. Gestern bin ich deshalb zu spät zu einem Termin

gekommen. _____ werde ich immer ein bisschen früher losgehen.

D Ein Jahr vergeht – mit sonnigen und mit kühlen Tagen. Beantworten Sie die Fragen.
Benutzen Sie dafür die Wörter dieses Kapitels.

Wie teilen Sie ein Jahr ein und warum? Welche Termine sind in einem Jahr wichtig für Sie?
Welche Jahreszeit mögen Sie am liebsten? Was ist besonders an dieser Jahreszeit?

## 16.03 Zeitangaben

### Wiedersehen

Lisa: Hallo Mario, können wir uns heute *kurzfristig* treffen? Ich bin *zufällig* in der Nähe von deinem Büro.

Mario: So eine Überraschung! Schön, dass du dich meldest. Ich habe um 14 Uhr und um 17 Uhr Termine, aber *zwischendurch* habe ich eine halbe Stunde Zeit, so gegen 16.30 Uhr. *Spätestens* um 19 Uhr habe ich Feierabend und dann habe ich den ganzen Abend frei.

Lisa: Verabreden wir uns *vorerst* für 16.30 Uhr? Bis dahin prüfe ich, ob ich auch zum Abendessen bei dir bleiben kann.

Mario: Super. Ich sorge dafür, dass mein Termin *rechtzeitig* zu Ende ist. Bis dann.

### *Momentan* glücklich?

Susi: Hast du *jemals* daran gedacht, dich von deinem Freund zu trennen?

Julia: Nein, wir führen jetzt schon *jahrelang* eine glückliche Beziehung. *Kürzlich* hat mir mein Freund sogar einen Ring geschenkt. Wir wollen zwar *vorerst* nicht heiraten, aber auch nach einer so *langjährigen*, glücklichen Beziehung kann ich mir keinen besseren Freund vorstellen.

Susi: Das klingt schön. Ich überlege *momentan*, ob ich wirklich mit meinem Freund glücklich bin. Mit dem *jetzigen* Zustand unserer Beziehung bin ich nicht zufrieden. Wir streiten zu oft. Von unserer *einstigen* Harmonie spüre ich gar nichts mehr.

Julia: Oh, hast du mir nicht auch erzählt, dass er *demnächst* für drei Monate ins Ausland geht?

Susi: Ja, und obwohl es gerade nicht so gut läuft, finde ich drei Monate ohne ihn schon jetzt *endlos*.

Julia: Ja, drei Monate sind eine lange Zeit. Aber *unterdessen* kannst du dir klar werden, ob er der richtige Mann für dich ist. Sich immer wieder *endlos* mit jemandem zu streiten ist schließlich auch nicht schön.

### Wo ist der Präsident?

Man hat entdeckt, dass der Präsident des Landes heimlich Geld behalten hat. *Seither* sieht man ihn nicht mehr in der Öffentlichkeit. Niemand weiß, wo er sich *derzeitig* aufhält. *Indes* wurde er von verschiedenen Personen bei der Polizei angezeigt. Einige Politiker haben den Präsidenten über die Medien dazu aufgefordert, sich *unverzüglich* zu melden. *Vorerst* soll man jedoch nicht schlecht über den Präsidenten sprechen. *Momentan* gibt es noch keine offiziellen Beweise und es darf keine *vorzeitige* Verurteilung des *langjährigen* Präsidenten geben. *Momentan* glaubt zwar niemand wirklich an seine Unschuld, aber vielleicht gibt es ja für alles auch eine gute Erklärung. In diesem Jahr sind schließlich schon viele seltsame politische Ereignisse passiert. Warum sollte es *heuer* nicht noch ein weiteres geben? Im *Voraus* sollte man nie jemanden verurteilen.

### Termin beim Professor

Anke: Weißt du, ob Prof. Schlage heute noch an die Universität kommt?

Phillip: Ja, ich habe ihn *vorhin zufällig* vor der Tür getroffen.

Anke: Super. Ich muss nämlich *kurzfristig* ganz dringend mit ihm sprechen.

Phillip: Viel Glück. Prof. Schlage ist doch immer total beschäftigt und hat einen Termin nach dem anderen. Ich sage dir *voraus*, dass das schwierig wird.

Anke: Ich weiß. Wann hat er eigentlich Sprechstunde?

Phillip: Moment, das steht in meinem Kalender. – Oh, er hat ja *momentan* Sprechstunde, noch 10 Minuten bis 16 Uhr. Da solltest du dich aber *unverzüglich* auf den Weg machen.

Anke: Vielen Dank, Phillip. Ich gehe *sogleich* zu ihm.

**A** Wann genau? Welches Wort passt zu welchem Wort? Ordnen Sie die Wörter einander zu.

1. momentan
2. sogleich
3. bald
4. indes
5. jahrelang

a. unterdessen
b. langjährig
c. derzeitig, jetzig
d. unverzüglich
e. demnächst

**B** Immer etwas zu tun! Wie gehen die Sätze weiter? Ordnen Sie zu.

1. Ich hoffe, ich schaffe es …
2. Hast du jemals daran gedacht, …
3. In spätestens zehn Jahren …
4. Ich esse 3 x pro Tag eine große Portion und …
5. Ich habe Zahnschmerzen. Zum Glück …

a. zwischendurch immer mal ein Stück Obst.
b. rechtzeitig in die Sprechstunde von Prof. Schlage.
c. dich von deinem Freund zu trennen?
d. bekam ich kurzfristig einen Termin beim Arzt.
e. möchte ich ein eigenes Haus haben.

**C** Paul fährt Zug. Ergänzen Sie den Text mit den folgenden Wörtern.

zufällig • vorhin • seither • endlos • kürzlich

In diesem Jahr bin ich oft auf Reisen. Erst _____ bin ich mit dem Zug über zehn Stunden in die Schweiz gefahren. Am Anfang dachte ich, die Fahrt ist _____. Aber dann ist mir im Zug _____ eine nette junge Frau begegnet. Wir haben uns so gut unterhalten, dass die Zugfahrt eher zu kurz als zu lang war. Wir haben unsere Telefonnummern ausgetauscht und _____ telefonieren wir regelmäßig. Auch _____ haben wir telefoniert und uns für nächstes Wochenende in Hamburg verabredet. Vor ein paar Wochen dachte ich noch, in diesem Jahr passiert nichts als Arbeit.

**D** Ein neuer Präsident. Ergänzen Sie den Text mit den folgenden Wörtern.

vorerst • vorzeitig • Voraus • einstige

Der Präsident hat sein Amt _____ aufgegeben. Er hatte das _____ Vertrauen seines Volkes endgültig verloren. Er hat viel staatliches Geld auf sein privates Konto gebracht. Das hat im _____ niemand von ihm gedacht. Bis es neue Wahlen gibt, regiert das Land nun _____ der Vizepräsident.

**E** Kurzfristig, langjährig und zwischendurch eine Pause. Beantworten Sie die Fragen. Benutzen Sie dafür die Wörter dieses Kapitels.

Beschreiben Sie Ereignisse, die ganz kurzfristig passieren können. Und wofür braucht man viel Zeit? Momentan lernen Sie fleißig Deutsch, aber machen Sie demnächst auch mal eine kleine Pause! Denken Sie unterdessen einfach an die Wörter in dieser Lektion.

# 16.04 Mengenangaben

## Wasserqualität

Die Qualität des Wassers in deutschen Flüssen und Seen hat sich im letzten Jahr, wie schon in den drei Jahren davor, *nochmals* verbessert. 75 % der Flüsse und Seen, die schon im letzten Jahr mit „gut" bewertet wurden, konnten wieder mit „gut" eingestuft werden. Das restliche *Viertel* hat sich sogar von „gut" zu „sehr gut" verbessert. Bei den *unzähligen Messungen* konnte *mehrfach* festgestellt werden, dass *vermehrt* wieder mehr Pflanzen und Tiere in deutschen Gewässern leben. Noch vor wenigen Jahren waren die fast *gänzlich* verschwunden. Eine *Vielzahl* der zurückgekommenen Pflanzen und Tiere war noch vor wenigen Jahren vom Aussterben bedroht. Dieses Risiko hat sich für viele der Arten *teils* erheblich verringert, *teils* ist es inzwischen sogar *minimal*. Die Forscher hoffen, dass dieser Trend nun bald auch bei den *restlichen* Flüssen und Seen zu beobachten ist.

## Waldbrandgefahr

Im letzten Sommer hat es in Europa *mehrmals* große Feuer in Wäldern gegeben. Bei den Bränden wurde eine *beträchtliche* Fläche Wald *samt unendlich* vieler Säugetiere und Insekten vernichtet. Die Schuld an den schrecklichen Bränden trägt *vorwiegend* der Mensch. Brennende Zigaretten, Feuer im Wald und Abfall sind *vielfach* die Ursache für Waldbrände. Aber wenn man vorsichtig ist, kann man sie leicht vermeiden. Wenn man sich beim Besuch in der Natur an einige Regeln hält, kann man die Waldbrandgefahr deutlich *vermindern*. Es muss nicht zu diesen *überflüssigen* Waldbränden kommen.

## Neuer Vertrag

Ich habe jetzt einen neuen Arbeitsvertrag bis *einschließlich* nächstes Jahr Dezember bekommen. Bisher hatte ich immer nur kürzere Verträge. Aber meine Firma hat in den letzten Wochen *lauter* neue Aufträge bekommen. Jetzt muss die Firma *vergrößert* werden. Am Anfang haben in meiner Firma nur zwei Leute gearbeitet und es gab kein Büro. Sie war also nicht nur klein, sondern *winzig*. Aber die Firma lief gut und nach kurzer Zeit gab es zwanzig Angestellte. Jetzt wird die Zahl der Angestellten von zwanzig auf vierzig *verdoppelt*. Ich bin eine der neuen Angestellten. Nun kommen *lauter* neue Aufgaben auf mich zu. Vieles davon habe ich zwar schon einmal gemacht, aber einiges kommt wirklich ganz neu *hinzu*.

## Bayern besuchen

Jörg: Warst Du eigentlich schon mal in Bayern?
Nadja: Nein, noch nicht. Aber ich habe gelesen, dass es dort eine *Fülle* an Sehenswürdigkeiten gibt.
Jörg: Das stimmt. Es gibt viele Schlösser und Museen. *Extra* viele davon natürlich in Bayerns schöner Hauptstadt, München. *Unendlich* schön ist natürlich auch die Natur in Bayerns Bergen.
Nadja: Muss man *extra* bezahlen, wenn man die Berge sehen möchte?
Jörg: Natürlich nicht. Du kannst *beliebig* viele Kilometer durch die Berge wandern und es kostet keinen Cent. Die schönsten Dinge im Leben kosten kein Geld. In den bayrischen Bergen kannst du zum Beispiel eine *Fülle* von Tieren und Pflanzen sehen.
Nadja: Du hast mir ja wirklich Lust auf Bayern gemacht. Bis jetzt war ich *vorwiegend* in Nord- und Ostdeutschland unterwegs. Nun werde ich wohl auch eine Reise in den Süden machen.

**A** Gefährliche Feuer und neue Jobs. Wie gehen die Sätze weiter? Ordnen Sie zu.

1. Zu Waldbränden kommt es …
2. In Bayerns Bergen …
3. Bei einem Waldbrand ist der Wald samt …
4. Waldbrände haben im letzten Jahr …
5. Die Zahl der Angestellten in meiner Firma …
6. In meinem Job mache …

a einem kleinen Dorf verbrannt.
b beträchtliche Schäden verursacht.
c hat sich von fünf auf zehn verdoppelt.
d kann man beliebig viele Kilometer wandern.
e ich lauter interessante Sachen.
f vorwiegend im warmen, trockenen Sommer.

**B** Was gehört hier zusammen? Ordnen Sie ähnliche Sätze einander zu.

1. Die Firma ist sehr klein.
2. Die Flüsse sind heute sauberer als früher.
3. Die Ursache für Waldbrände sind oft Zigaretten oder Abfall.
4. Unsere Firma wächst.
5. Es ist nicht notwendig, jede E-Mail auszudrucken.

a Das Unternehmen ist winzig.
b Die Firma vergrößert sich.
c Es ist überflüssig, jede E-Mail auf Papier zu drucken.
d Der Mensch hat oft Schuld an Waldbränden.
e Die Verschmutzung der Flüsse konnte vermindert werden.

**C** Unterwegs in Bayern. Ergänzen Sie den Text mit den folgenden Wörtern.

Fülle ▪ unendlich ▪ samt ▪ extra

In Bayern gibt es _____ viele Wege zum Wandern. Bei einem Spaziergang durch

die Berge kann man eine _____ verschiedener Tiere und Pflanzen beobachten.

Das Beste daran ist: man muss dafür nichts _____ bezahlen. Man kann den

bayrischen Wald _____ all seiner kleinen Wunder kostenlos besuchen.

**D** Kein kleines Dorf am Wald. Ergänzen Sie die folgenden Wörter in den Sätzen.

mehrfach ▪ hinzu ▪ einschließlich

Bei einem großen Feuer ist ein ganzer Wald _____ einem kleinen Dorf, das am Rand

des Waldes stand, abgebrannt. Am Anfang haben die Bewohner des Dorfes selbst versucht, das Feuer zu löschen.

Später kam auch noch die Feuerwehr aus der nächsten Stadt _____. Doch für die

meisten Häuser kam jede Hilfe zu spät. Die Feuerwehr musste dieses Jahr schon _____

Waldbrände löschen.

**E** Kleine Ursache, große Wirkung. Beantworten Sie die Fragen. Benutzen Sie dafür die Wörter dieses Kapitels.

Beschreiben Sie die Ursachen und Folgen von Waldbränden. Was können Sie tun, um Brände zu verhindern?
Was passiert, wenn eine Firma wächst? Warum werden Firmen größer? Was bedeutet das für die Mitarbeiter?

## 16.05 Mengeneinteilung

### Zahlen und Einheiten

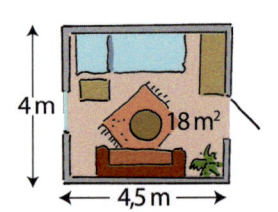

Mein Zimmer ist 4,5 Meter lang und 4 Meter breit. Dementsprechend ist es *achtzehn Quadratmeter* groß.

Ich mache heute Eis aus Früchten. Ich brauche u. a. 400 *Gramm* Zucker, 800 *Gramm* Früchte, zwei *Liter* Milch, und ein *Dutzend* (12) Eier.

Sie sehen hier ein Modell des Brandenburger Tors im *Maßstab* 1 : 200, d. h. ein Zentimeter entspricht in der Wirklichkeit 200 Zentimeter.

Unser Planet Erde hat einen *Durchmesser* von über 12 700 Kilometer.

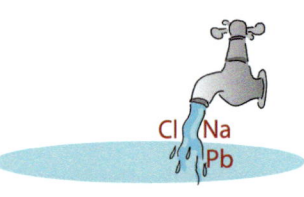

Das Trinkwasser wird in Deutschland streng kontrolliert. Festgelegte *Grenzwerte* für chemische Stoffe dürfen nicht überschritten werden.

Deutschland spielte gegen Spanien *null* zu *null*.

### Das metrische System

Fast auf der ganzen Welt benutzt man das metrische System. Es gibt unter anderem Einheiten für Gewichte, Längen, Flächen und das *Volumen*.
- Gewichte werden zum Beispiel so angegeben: 1000 *Milligramm* sind ein *Gramm*. 1000 *Gramm* sind ein Kilogramm. 1000 Kilogramm sind eine *Tonne*.
- Für kleinere Flächen benutzt man *Quadratmeter*. Man kann damit zum Beispiel die Größe von Wohnungen und Häusern angeben. Bei größeren Flächen wie die einer Stadt oder eines Landes wird die Einheit Quadratkilometer verwendet.
- Um das *Volumen* von Flüssigkeiten anzugeben, benutzt man beispielsweise die Einheit *Liter*.

### Wie viele Getränke brauchen wir?

Andreas: Zu unserem Empfang morgen Abend kommen zirka *vierzig* (40) Gäste. Welche und wie viele Getränke wollen wir einkaufen?

Sandra: Ich gehe davon aus, dass jeder Gast im *Durchschnitt* einen halben *Liter* Wasser trinkt. *Etliche* Gäste möchten sicherlich auch Wein trinken. Hier sollten wir mit *anderthalb* Gläsern pro Person rechnen. *Sechzehn* Flaschen sollten genügen.

Andreas: Was, so wenig? Es ist im Moment sehr heiß und der Abend ist lang. Deshalb würde ich *dreimal* so viel Wasser einkaufen. Außerdem fährt ein *Großteil* der Gäste mit dem Taxi nach Hause. Aus diesem Grund sollten wir mindestens *fünfundzwanzig* Flaschen Wein kaufen. Lieber zu viel, als zu wenig.

### Meine Familie

Ich selbst bin *vierzehn* Jahre alt. Meine jüngere Schwester ist *dreizehn*, mein älterer Bruder *siebzehn*. Meine Eltern sind beide gerade *vierzig* geworden. Meine Oma ist noch recht jung. Sie ist *sechzig* und mein Opa ist zehn Jahre älter als sie, also *siebzig*. Meine Uroma ist schon *neunzig* Jahre alt, aber immer noch fit.

**A** Alles im Kopf. Schreiben Sie die Zahlen und das Ergebnis als Wort.

1  60 – 14  = _____

2  13 + 17  = _____

3  80 : 40  = _____

**B** Mein Leben in Zahlen. Ergänzen Sie die Lücken mit folgenden Wörtern.

Durchschnitt ▪ Durchmesser ▪ Liter ▪ Quadratmeter

1  Ich trinke jeden Tag zwei _____ Wasser.

2  Meine Wohnung ist neunzig _____ groß.

3  Der _____ meines Rings beträgt siebzehn Millimeter.

4  Im _____ brauche ich fünfundzwanzig Minuten bis zur Arbeit.

**C** Von Deutschland nach Spanien und zurück. Ergänzen Sie den Text mit folgenden Wörtern.

dreimal ▪ Großteil ▪ anderthalb ▪ etliche

Als ich _____ Jahre alt war, sind wir von Deutschland nach Spanien gezogen.

Einen _____ meiner Kindheit habe ich dort verbracht. Mit achtzehn bin ich zurück nach

Deutschland gegangen. Dort habe ich in Berlin, Leipzig und Köln gearbeitet. Entsprechend bin

ich _____ Male umgezogen, allein _____ in Berlin.

**D** Schloss Neuschwanstein. Ergänzen Sie den Text mit folgenden Wörtern.

Gramm ▪ Tonne ▪ Dutzend ▪ Maßstab

Das Modell des berühmten Schlosses kann man im Moment in einer Ausstellung sehen. Es ist im

_____ 1 : 30. Es ist viereinhalb Meter lang und drei Meter hoch und aus Papier. Jedes Stück

Papier wiegt nur ein paar _____ . Ein _____ Künstler haben daran

monatelang gearbeitet. Ein ähnliches Modell ist in einer anderen Stadt aus Sand gebaut worden. Es hat zwar die

gleiche Größe, ist aber bedeutend schwerer. Es wiegt über eine _____ .

**E** Zahlen bitte. Beantworten Sie die Fragen. Benutzen Sie dafür die Wörter dieses Kapitels.

Sie haben Geburtstag. Wie viele Gäste laden Sie ein? Wie viel trinkt ein Gast im Durchschnitt?
Welche Getränke kaufen Sie in welcher Menge ein?
Beschreiben Sie Ihre Familie in Zahlen. Wie viele Geschwister haben Sie? Wie alt sind Ihre Verwandten? etc.

## 16.06 Eigenschaften, Art und Weise

### Fragen und Antworten

– Wie viel Geld möchtest du für die neue Hose ausgeben?
– Ich habe *maximal* 70 Euro dafür.

– Wie geht es deiner Schwester nach dem *schrecklichen* Unfall?
– Sie hatte *ungeheures* Glück. Sie wurde sofort ins Krankenhaus gebracht und *optimal* versorgt. Die Ärzte sagen, ihr Zustand ist *stabil*. Wir hoffen, dass sie bald wieder nach Hause kommen kann.

– Findest du das Kleid nicht zu langweilig?
– Nein, es ist zwar *schlicht,* aber du siehst darin *großartig* aus. Ich würde es auf jeden Fall kaufen.

### Der Aufstieg

Timo: Was für *herrliches* Wetter und diese *wunderschöne* Landschaft.
Ulrike: Ja, wirklich *großartig*. Das Wetter ist für diese Jahreszeit eher *ungewöhnlich*. Normalerweise ist es schon viel kälter.
Timo: Der Aufstieg hat sich auf jeden Fall gelohnt, auch wenn es *furchtbar anstrengend* war.
Ulrike: Ja, *mühsam* war es, aber ich würde jederzeit wieder hierher wandern, solange es *einigermaßen* warm ist.
Timo: Auch im Winter kann man hier herkommen. Wenn Schnee liegt, kann man *hervorragend* Ski fahren.
Ulrike: Das klingt *super*. Das müssen wir auch unbedingt ausprobieren. Wir sollten hier wieder Urlaub machen.

### Abnehmen leicht gemacht

Es ist schon *seltsam*: Obwohl man das Gefühl hat, sich genug zu bewegen und gesund zu ernähren, nimmt man ständig zu. In unserem Buch stellen wir Ihnen die Ergebnisse *umfangreicher* Studien vor. Auf Basis dieser wissenschaftlichen Erkenntnisse erfahren Sie, wie Sie *systematisch* abnehmen und ihr Gewicht längerfristig halten können. Es werden nicht nur *herkömmliche*, sondern auch *alternative* Wege zu Ihrem Wunschgewicht beschrieben. Dazu gehört zum Beispiel ein Ernährungs- und Bewegungstagebuch und vieles mehr. Sie erhalten *nützliche* Informationen und *wertvolle* Hinweise, die das Abnehmen leicht machen. Probieren Sie es aus!

### Im Museum

Dieses Bild ist wirklich *außerordentlich*. So etwas *Wunderschönes* habe ich schon lange nicht mehr gesehen. All diese *präzisen* Details – jede Einzelheit kann man genau erkennen. Das Bild muss *ungeheuer wertvoll* sein. Es kostet bestimmt über eine Million Euro. Am liebsten würde ich *heimlich* ein Foto davon machen, aber im Museum ist fotografieren nicht erlaubt.

A  Was passt nicht? Unterstreichen Sie das Wort, das nicht passt.

1  Das Wetter in den Bergen war  hervorragend / großartig / umfangreich.
2  Die Temperaturen waren für die Jahreszeit  ungewöhnlich / nützlich / optimal.
3  Der Aufstieg war  mühsam / stabil / anstrengend.

B  Selbstgespräch. Ergänzen Sie den Text mit folgenden Wörtern.

wunderschön ▪ einigermaßen ▪ schlicht

Das Kleid ist schön _____. Ich sehe _____ darin aus und es

ist _____ günstig. Genügend Gründe, um es zu kaufen.

C  Der beste Koch. Ergänzen Sie den Text mit folgenden Wörtern.

hervorragender ▪ seltsam ▪ heimlich ▪ schrecklich ▪ außerordentlich

Wenn mein Mann früher gekocht hat, schmeckte es _____. Manchmal bin ich nach dem Essen in

die Stadt gegangen und habe mir _____ eine Bratwurst gekauft, weil ich noch großen Hunger

hatte. Jetzt ist er ein _____ Koch. Alles was er zubereitet, schmeckt _____

gut. Irgendwie ist es _____, aber mittlerweile kann er besser kochen als ich.

D  Schreckliche Kopfschmerzen. Ergänzen Sie den Dialog mit folgenden Wörtern.

umfangreiche ▪ alternative ▪ nützlichen ▪ maximal ▪ herkömmliche ▪ furchtbare

A:  Herr Doktor, ich habe seit Wochen _____ Kopfschmerzen. Ich weiß nicht mehr was ich tun soll.

B:  Ich gebe Ihnen zunächst Tabletten gegen Ihre Schmerzen. Nehmen Sie bitte _____ drei pro

Tag. Aber damit lösen wir nicht das Problem. Mir liegen _____ Ergebnisse von Studien von

Patienten mit chronischen Kopfschmerzen vor. Es gibt unterschiedliche Wege, Kopfschmerzen langfristig zu

behandeln. Der _____ Weg ist meistens nur die Behandlung durch Tabletten. In Ihrem Fall

denke ich, es ist besser, auch _____ Möglichkeiten zu probieren. Zum Beispiel Entspannung

durch Musik oder Bewegung. Ich habe hier ein Heft mit vielen Informationen zum Thema Kopfschmerzen und

_____ Tipps, was sie dagegen tun können. Ich wünsche Ihnen gute Besserung und wir sehen

uns dann in einer Woche wieder.

E  Herrliches Wetter und eine wunderschöne Landschaft. Beantworten Sie die Fragen.
   Benutzen Sie dafür die Wörter dieses Kapitels.

Berichten Sie von Ihrem letzten Urlaub. Wie war das Wetter? Was haben Sie unternommen?
Was hat Ihnen besonders gut gefallen? Beschreiben Sie.

## 16.07 Raum

### Die Mitte von Deutschland

Wo ist eigentlich die Mitte von Deutschland? Es gibt verschiedene Möglichkeiten, den genauen *Mittelpunkt* Deutschlands zu berechnen. Deshalb gibt es auch unterschiedliche Lösungen. Bei einer Lösung liegt der Punkt bei dem kleinen Ort Niederdorla im Westen von Thüringen. *Südlich* davon liegt ein Nationalpark mit viel Wald. *Östlich* davon liegt die Stadt Bad Langensalza und *nördlich* die Stadt Mühlhausen. Weiter in *östlicher* Richtung befindet sich die Großstadt Halle und auf dem Weg *dazwischen* liegt ein Gebiet, in dem Wein gemacht wird. Man kann diese Gegend auch sehr gut mit dem Fahrrad entdecken. Dazu kann man in Mühlhausen beginnen und dem Fluss Unstrut in *östlicher* Richtung folgen. Nach einiger Zeit fließt die Unstrut in den größeren Fluss Saale. Hier befindet sich das Weingebiet und auch die Stadt Halle ist nicht mehr *fern*. Wenn man eine Pause braucht, kann man das *lokale* Essen und den Wein probieren.

### Wer oder was ist wo?

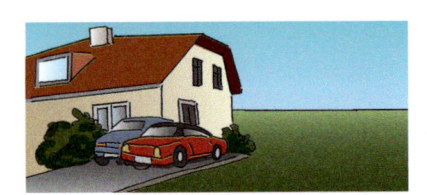

Vor dem Haus stehen zwei Autos *nebeneinander*.

Es ist 23 Uhr. Einige Gäste der Bar sitzen noch draußen. Als es zu regnen beginnt, *kommen* auch sie *herein*.

Die Katze hörte ein Geräusch und bekam Angst. Sie sprang schnell über die Mauer *hinweg*.

Vor dem Haus stehen meine Eltern. Das Mädchen *dazwischen* ist meine kleine Schwester.

Dieses Haus sieht von außen sehr hübsch aus. Ich möchte wissen, ob es *innen* auch so schön ist.

Die Höhle ist sehr groß. Sie führt tief in den Berg *hinein*.

### Geografische Angaben

- Südlich von Japan erreicht der Ozean mit elf Kilometern seine größte *Tiefe*.
- Der Rio de la Plata in Südamerika ist der breiteste Fluss der Welt. Am Meer erreicht er eine *Breite* von 45 Kilometern.
- Im Westen von Frankreich befindet sich der Atlantische Ozean. *Jenseits* des Ozeans liegt Amerika.
- Manche Gegenden wie Gebirge oder Wüsten sind so schwer *zugänglich*, dass dort kaum Menschen leben.
- Unser Planet Erde ist ein Teil des *Universums*.
- Ob es *außerhalb* des *Universums* noch etwas gibt, wissen wir nicht.

### Der Sturm

Leo: Hast du schon gehört? Gestern hat ein starker Sturm im Südwesten Deutschlands schwere Schäden verursacht.

Bert: Ja, na klar habe ich das gehört. Über den Sturm wurde ja überall berichtet, nicht nur in den *lokalen* Nachrichten der betroffenen Regionen.

Leo: Ich habe Freunde in dieser Gegend. Sie sagen, bei ihnen war es besonders schlimm. Es scheint *nirgendwo* so viel zerstört zu sein, wie in ihrer Region.

Bert:: Das kann ich mir vorstellen. Ich habe auch Bilder von so einem Ort gesehen. Der *untere* Teil lag geschützt in einem Tal und die Schäden waren nicht so stark. Aber der obere Teil befand sich auf einem Berg. Dort waren mehrere Bäume auf die Straße gestürzt. Es wird Tage dauern, bis man alle Bäume *beiseite* geschafft hat und die Straße wieder frei ist.

**A** Hier, da und dort. Aber wo genau? Ergänzen Sie die Sätze durch folgende Wörter.

nebeneinander • Dazwischen • fern • innen • Universums • jenseits

1 In der Ferne sieht man zwei Berge. _____ liegt ein Tal.

2 Wir haben unsere Reise bald beendet. Das Ziel unserer Reise ist nicht mehr _____.

3 Im Haus steht ein Ofen. Der Ofen befindet sich _____.

4 Zwei Kinder laufen gemeinsam zur Schule. Sie laufen _____.

5 Auf der anderen Seite des Berges befindet sich eine Stadt. Sie liegt _____ des Gebirges.

6 Den Mittelpunkt des _____ hat er noch nicht gefunden.

**B** Wie gut kennen Sie Deutschlands Nachbarn? Ordnen Sie den Ländern die passenden Richtungen zu.

1 Schweiz    3 Frankreich    a südlich    c nördlich
2 Dänemark   4 Polen         b östlich    d westlich

**C** Mit dem Schiff auf der Elbe. Ergänzen Sie den Text durch folgende Wörter.

Tiefe • Breite • nirgendwo • unteren

Die Elbe ist einer der größten Flüsse Deutschlands. Sie ist _____ so breit wie an der Stelle, an der sie in die Nordsee fließt. Dort hat sie eine _____ von etwa 18 Kilometern. Bei Hamburg hat die Elbe eine _____ von etwa fünfzehn Metern. Damit können auch viele größere Schiffe noch auf diesem _____ Teil der Elbe fahren und so den Hamburger Hafen erreichen.

**D** Aus dem Zentrum von Asien. Ergänzen Sie den Dialog durch die folgenden Wörter.

Mittelpunkt • lokalen • herein • beiseite • zugänglich • hinweg

Hey Mascha, komm doch mal _____! Sieh mal, uns hat jemand eine Karte vom _____ Asiens geschickt. – Was? Bestimmt nicht. Das ist doch irgendwo in der Wüste Gobi und nur schwer _____. Von solchen Orten bekommt man keine Karten. Dort gibt es keine Post. Über solche Orte fliegt man höchstens _____. – Nein, jetzt leg doch mal dein Buch _____ und sieh selbst. Der Punkt liegt im Süden Russlands bei der Stadt Kysyl und die ist gar nicht so schwer zu erreichen. Es gibt dort sogar einen _____ Flughafen.

**E** Ihre Heimat. Beantworten Sie die Fragen. Benutzen Sie dafür die Wörter dieses Kapitels.

Beschreiben Sie die Lage Ihres Heimatortes und seine Umgebung. Wo ist der Mittelpunkt Ihres Landes? Beschreiben Sie seine Lage. Beschreiben Sie den Verlauf einen Flusses Ihrer Wahl.

16.08 Farben/Formen • 16.09 Gemeinsamkeiten/Unterschiede • 16.10 Häufigkeit/Reihen...

### Erde und Sonne

Unser Planet, die Erde, hat in etwa die Form einer *Kugel*. Die Erde dreht sich *kontinuierlich* um die Sonne und einmal pro Tag um sich selbst. Dort wo die nördliche und die südliche Hälfte der Erde sich treffen, scheint die Sonne am direktesten auf die Erde. In diesen Regionen ist es relativ heiß. Umso weiter man nach Norden geht, desto flacher wird der *Winkel*, mit dem die Sonne auf die Oberfläche der Erde trifft. Im Norden scheint die Sonne *schräg* auf die Erde und es ist *vergleichsweise* kühl. Von der Erde gesehen *gleicht* die Sonne einer *goldenen Kugel*, die jeden Tag in einem großen *Bogen* über den Himmel wandert – immer von Osten nach Westen.

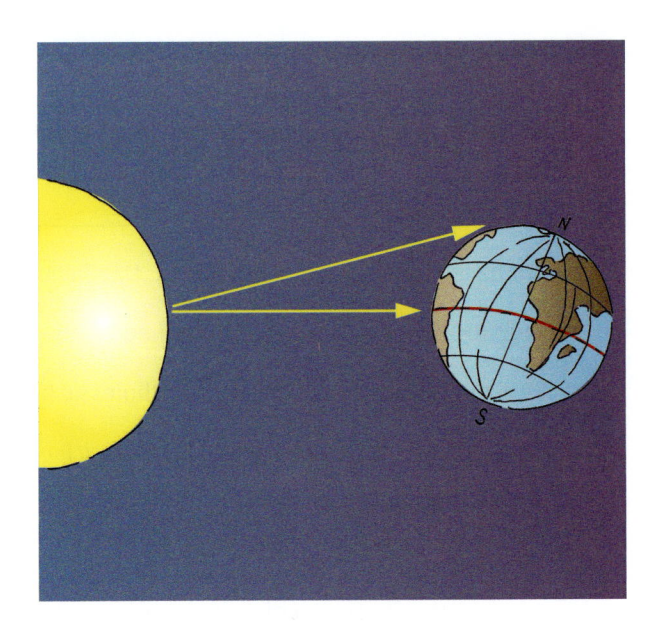

### Beschreiben, vergleichen, bewerten

- Der Mensch ist das Lebewesen, bei dem das Gehirn am stärksten *ausgeprägt* ist.
- Der starke Regen lässt die Straße *gleichsam* zu einem Fluss werden.
- Er schafft es einfach nicht, rechtzeitig im Büro zu sein. Er kommt *dauernd* zu spät.
- Wir wussten, dass ein Sturm kommt, aber wir dachten nicht, dass er *derartig* schlimm wird.
- In manchen Ländern ist es üblich, dass die Schüler in der Schule *einheitliche* Kleidung tragen – eine Art Uniform.
- Der Aufstieg zu diesem Berg war anstrengend. Mehrere Stunden ging es langsam aber *stetig* nach oben. Aber *hinterher* freuten wir uns, dass wir es geschafft hatten.
- Wir haben zwar morgen nur wenig Arbeit. *Gleichwohl* ist es besser, früh anzufangen.

### Sport ist Mord

Herr Fleischer ist zu dick. Deshalb hat ihm sein Arzt empfohlen, Sport zu treiben. *Vorige* Woche ist Herr Fleischer eine halbe Stunde mit dem Rad gefahren. Das war anstrengend. Diese Woche hat er keine Lust. Vielleicht nächste Woche wieder? Sein Arzt sagt ihm, dass ein *einmaliges* Training noch keine Wirkung hat. Wenn er wenig Zeit hat, dann kann er *gelegentlich* trainieren. Aber besser ist es, wenn er regelmäßig trainiert. Erst dann hat das Training eine *dauerhafte* Wirkung. *Anfangs* wird es sicher besonders schwer sein. Darum ist es auch *oftmals* so, dass viele Menschen gleich am Anfang wieder aufgeben. Deshalb muss Herr Fleischer einen starken Willen zeigen. Wenn er immer *kontinuierlich* weiter trainiert, dann wird er dem Doktor *nachträglich* noch dankbar sein.

### Wir kommen, um zu kritisieren

- Du hast das Bild nicht ordentlich an die Wand gehängt. Es ist *schief*!
- Paulchen, wo bist du denn wieder gewesen? Deine Hose ist ganz schmutzig. Überall sind *braune* Flecken von der Erde!
- Du kannst *jederzeit* zu mir kommen, wenn du ein Problem hast. Aber wenn ich dich mal brauche, dann hast du keine Zeit!
- Was gibt es denn an meiner Arbeit zu kritisieren? Versuch doch mal, ob du das in einer *vergleichbaren* Zeit besser machen kannst!

**A** Angaben zur Zeit. Ordnen Sie die folgenden Wörter der passenden Kategorie zu.

kontinuierlich · oftmals · anfangs · nachträglich · vorige · gelegentlich · stetig · hinterher

| davor / zu Beginn | danach / am Ende | während / Wiederholung |
|---|---|---|
|  |  |  |

**B** Die Gemeinsamkeiten von Mensch und Katze. Ergänzen Sie den Dialog durch folgende Wörter.

vergleichsweise · gleichsam · ausgeprägt · gleicht · jederzeit

Maika: Das Bedürfnis deiner Katze nach Schlaf scheint sehr _____ zu sein.

Lea: Ja, Schlafen ist _____ ihr Hobby. Sie kann _____ schlafen.

Maika: Darin _____ sie manchen Menschen.

Lea: Ja, stimmt. Obwohl – heute ist sie _____ aktiv. Sie hat sogar den Kopf gehoben.

**C** Was wird hier beschrieben? Ordnen Sie den Erklärungen die passenden Wörter zu.

1 Aus der Ferne sieht die Erde aus wie ein Ball.
2 Diese beiden Autos sind sich in Preis Größe und Ausstattung sehr ähnlich.
3 Die Spitze der Russischen Kirche in Leipzig glänzt hell in der Sonne.
4 Diese Reise nach Afrika war meine erste und letzte.
5 Beim Fußball tragen alle Spieler einer Mannschaft die gleiche Kleidung.
6 Hier verläuft die Straße nicht gerade, sondern in einer Kurve.
7 Das Regal steht nicht richtig an der Wand, weil diese Wand nicht ganz gerade ist.

a vergleichbar
b Kugel
c einheitlich
d Bogen
e schief
f golden
g einmalig

**D** In der neuen Wohnung. Ergänzen Sie den Dialog durch folgende Wörter.

Winkel · dauernd · braunen · schräg · dauerhafte

Habt Ihr schon Euer neues Wohnzimmer eingerichtet? – Ja, fast. Wir suchen noch einen Platz für den Fernseher.

Abends fällt das Licht _____ ins Zimmer. Da müssen wir einen günstigen _____

finden, um den Fernseher aufzustellen. – Und, habt Ihr einen Platz für den _____ Schrank

gefunden? – Wir haben ihn ins Zimmer von unserem Sohn gestellt. Aber das ist auch keine _____

Lösung. Er fragt schon _____, wann er wieder weg kommt. Er ist einfach zu groß.

**E** Ihr Alltag. Beantworten Sie die Fragen. Benutzen Sie dafür die Wörter dieses Kapitels.

Erzählen Sie von Dingen, die Sie selten und von Dingen, die Sie regelmäßig tun.
Beschreiben Sie, wie oft und in welcher Art und Weise Sie eine Fremdsprache lernen bzw. üben.

## 17.01 Pronomen, Adverbien und Artikel • 17.02 Konjunktionen und Partikel

### Was sucht Laura?

Maria: Hallo Laura, *wonach* suchst du denn?
Laura: Ich suche nach einem Artikel, den ich vor kurzem in der Zeitung gelesen habe.
Maria: *Wovon* handelt denn der Artikel und *wozu* brauchst du ihn?
Laura: Der Artikel handelt von einer Reise nach Island. Es standen viele nützliche Informationen darin. Die Informationen brauche ich, um meine eigene Reise zu planen. Ich möchte auch nach Island reisen.
Maria: Das ist bestimmt nicht ganz billig. *Womit* willst du denn die Reise bezahlen?
Laura: Mit dem Geld, das ich in den letzten zwei Monaten verdient habe. Ich hatte einen Job in einem Telefoncenter.

### Fragen über Fragen

- *Wofür* verwendet man dieses Werkzeug? – Das verwendet man für die Reparatur von Fahrrädern.
- Wollen wir heute etwas zusammen unternehmen? – *Worauf* hast du denn Lust? – Ich habe Lust darauf, ins Kino zu gehen.
- *Woran* denkst du? – Ich denke die ganze Zeit an meine Prüfung, die ich nächste Woche habe. Hoffentlich wird sie nicht so schwer.
- Sie haben dieses Jahr die Weltmeisterschaft gewonnen. Was glauben Sie, *wodurch* Sie das geschafft haben? – Durch meinen neuen Trainer und seine Methoden. Das hat mein Training viel effektiver gemacht.

### Die Polizei bittet um Unterstützung

In der letzten Nacht gab es schon wieder einen Einbruch in eine Bank. Die Polizei geht davon aus, dass der Täter der*selbe* ist, wie bei den beiden Einbrüchen in der letzten Woche. Bisher gibt es noch *keinerlei* Hinweise auf die Identität des Täters. Die Polizei bittet deshalb um die Unterstützung der Bevölkerung. *Jegliche* Informationen, die in Zusammenhang mit den Einbrüchen stehen könnten, sind wichtig. *Hierfür* hat die Polizei eine extra Telefonnummer eingerichtet.

### Im Gespräch

- Hallo Ralf, ich habe gehört, jemand hat dir deinen Computer gestohlen. – Ja stimmt. Aber das macht nichts, der war *eh* schon total alt.
- *Ehe* er angefangen hat, bei der neuen Firma zu arbeiten, hat er zuerst noch eine große Reise durch halb Amerika gemacht.
- Ich sehe dich schon die ganze Woche immer in diesem Buch lesen. Ich dachte, du magst Bücher überhaupt nicht? – *Tja*, ich habe eben plötzlich mein Interesse für Bücher entdeckt.
- Wir sollten jetzt bald fahren. *Umso* länger wir hier warten, *umso* schneller wird es dunkel.

**A** Aus dem Interview. Auf welche Frage haben die Leute geantwortet? Finden Sie das richtige Fragewort.

1. Ich habe eine Reise in den Norden von Nepal gemacht, um die höchsten Berge der Welt zu sehen.
2. Ich denke, als Künstler kommt es besonders darauf an, seine Kreativität zu behalten und immer wieder neue Ideen zu haben.
3. Ich habe die ganze Reise mit dem Fahrrad gemacht.
4. Ich habe früher immer beim Fußball zugesehen. Dadurch bin ich selbst zu diesem Sport gekommen.

a worauf
b wodurch
c wozu
d womit

**B** Mein Auto, dein Auto. Ergänzen Sie den Dialog durch folgende Wörter.

Wovon ▪ ehe ▪ selbe ▪ eh

Hast du immer noch das _____ alte Auto wie schon vor fünf Jahren? – Ja, es sieht zwar nicht mehr besonders gut aus, aber es fährt immerhin noch. _____ ich mir ein neues Auto kaufe, kann ich dieses noch eine Weile benutzen. Ich habe _____ nicht genug Geld für ein neues. Aber wie ich sehe, hast du ein tolles neues Auto. _____ hast du denn das bezahlt?

**C** Wo ist der Schlüssel? Ergänzen Sie den Dialog durch folgende Wörter.

jegliche ▪ umso ▪ wonach

_____ suchst du denn da? – Ich suche den Schlüssel für mein Fahrrad. Ich habe ihn verloren. – Soll ich dir beim Suchen helfen? – Ja, gerne. Ich bin für _____ Unterstützung dankbar. Ich habe heute noch viel zu tun. Je früher ich nach Hause komme, _____ mehr kann ich heute noch tun.

**D** In der Schule. Ergänzen Sie die Sätze durch die folgenden Wörter.

woran ▪ keinerlei ▪ wofür ▪ hierfür

1. Hat Euer Sohn nicht auch bald seine Prüfungen für das Abitur? – Ja, aber ich habe _____ Bedenken, dass er es schaffen wird.
2. Guten Tag Herr Krause. Haben Sie schon zu Mittag gegessen? – Nein, ich hatte noch keine Zeit. Ich bin gerade dabei, für die Schüler ein Experiment vorzubereiten und muss _____ noch etwas besorgen.
3. Paul! _____ denkst du schon wieder? – Ich habe die Tage bis zu den Ferien gezählt.
4. Warum soll ich das lernen? Ich kann mir nicht vorstellen, _____ ich das später brauche.

**E** Welche Fragen haben Sie? Beantworten Sie die Fragen. Verwenden Sie dazu die Wörter des Kapitels.

Mit welcher bekannten Persönlichkeit möchten Sie ein Interview führen? Warum?
Welche Fragen wollen Sie stellen?

# Lösungen

## 1.01 • 1.02

A [1 j] – 2 c – 3 f – 4 i – 5 g – 6 h – 7 a – 8 d – 9 b – 10 e

B 1 Europäer – 2 Indianer – 3 Franzosen, Italiener – 4 Araber – 5 sowjetischen – 6 Palästinenser – 7 heimisch – 8 namens

C [1 b] – 2 d – 3 a – 4 c

## 1.03

A 1 Arzt – 2 Oma – 3 Onkel – 4 Angestellte

B [1 d] – 2 a – 3 e – 4 f – 5 c – 6 b

C 1 Bube – 2 aufkommen – 3 aufpassen – 4 erziehen – 5 aufbringen

D 1 hinterlassen – 2 versorgen – 3 aufbringen – 4 aufpassen – 5 Nachwuchs – 6 aufkommen

## 1.04 • 1.05 I

A [1 b] – 2 d – 3 e – 4 c – 5 a

B 1 charakterisieren – 2 neugierig – 3 auffälliger – 4 dynamische – 5 unsicher – 6 Brille – 7 intellektuelles – 8 vernünftig – 9 Geduld – 10 Schönheit – 11 übertreiben – 12 Erscheinung

C [1 c] – 2 a – 3 e – 4 f – 5 d – 6 b

## 1.05 II

A [1 c] – 2 e – 3 d – 4 f – 5 b – 6 a

B 1 verlegen – 2 optimistisch – 3 hilflos – 4 nachdenklich – 5 durcheinander – 6 lustig

C 1 bescheiden – 2 moralische – 3 verrückt – 4 konservativ – 5 treu – 6 sorgfältig

D [1 h] – 2 g – 3 c – 4 d – 5 e – 6 b – 7 a – 8 f

## 1.06

A 1 g – 2 f – 3 b – 4 d – 5 e – 6 a – 7 c

B 1 ein ruhiges Lied – 2 eine CD – 3 viele neue Ideen – 4 einen Traum – 5 sich an klassischer Musik – 6 sich von der Arbeit

C [1 c] – 2 f – 3 e – 4 g – 5 b – 6 d – 7 a

D 1 Kreativität – 2 Talent – 3 Ausgleich – 4 Leidenschaft – 5 musikalisches

## 1.07

A [1 c] – 2 d – 3 e – 4 b – 5 a

B 1 evangelischen – 2 geistlicher – 3 islamische – 4 kirchlichen

C 1 Wunder – 2 Bibel – 3 angehört – 4 beten – 5 Glauben – 6 erweckt

D 1 d – 2 a – 3 b – 4 c

## 2.01 I

A 1 b – 2 e – 3 c – 4 a – 5 d – 6 f

B [1 c] – 2 d – 3 a – 4 b

C 1 Stock – 2 Blocks – 3 Viertel – 4 Keller – 5 unterstellen – 6 umziehen – 7 Grundstück

D 1 daheim – 2 einschließen – 3 Fassade – 4 Front – 5 umgeben – 6 solide

## 2.01 II • 2.02 I

A 1 putzen – 2 einziehen – 3 abreißen – 4 aufräumen

B [1 d] – 2 e – 3 f – 4 a – 5 c – 6 b

C 1 ausbauen – 2 isolieren – 3 Staub – 4 Oberfläche – 5 reinigen – 6 ausziehen – 7 Ausbau

D 1 Benutzung – 2 gemütlich – 3 Oberfläche – 4 Abfall

## 2.02 II

A 1 der Ofen – 2 die Kerze – 3 die Steckdose – 4 die Heizung – 5 der Griff – 6 der Schlüssel

B 1 Griff – 2 Schlüssel – 3 aufhalten – 4 Wäsche

C 1 Wärme, auszuschalten – 2 Nutzen – 3 einschalten, trocknet – 4 ausgestattet – 5 Gebrauch

D 1 Auflösung – 2 anbringen – 3 aufbewahrt – 4 Nutzen

## 2.03

A 1 Katze – 2 Umzug – 3 Stufe – 4 Salon

B [1 c] – 2 f – 3 a – 4 e – 5 d – 6 b

C 1 eingeschlagen, Haustür – 2 Saal – 3 entwirft, Wohnzimmer – 4 komplette, umstellen

D 1 Eingang – 2 klingelt – 3 Ausgang – 4 Flur – 5 Kammer – 6 klopft – 7 Umzug

## 3.01 ▪ 3.02 I

A [1 b] – 2 d – 3 a – 4 e – 5 c
B 1 Kommune – 2 durchzieht – 3 erstreckt – 4 Kanton – 5 Bewohner – 6 Provinz
C [1 c] – 2 d – 3 a – 4 b
D 1 Gelände – 2 ländliche – 3 erschlossen – 4 Infrastruktur – 5 industrielle

## 3.02 II

A 1 c – 2 d – 3 b – 4 a
B [1 b] – 2 e – 3 f – 4 a – 5 c – 6 d
C 1 Strand – 2 Sand – 3 Kontinent – 4 bedeckt – 5 flach – 6 Felsen – 7 steile – 8 Küsten – 9 Ozean
D 1 reflektiert – 2 spiegeln – 3 angestiegen – 4 Strömung – 5 rauscht – 6 Hang

## 3.03

A 1 e – 2 f – 3 a – 4 b – 5 d – 6 c
B [1 b] – 2 e – 3 f – 4 a – 5 g – 6 c
C 1 Nebel – 2 Katastrophe – 3 regnete – 4 überzugehen – 5 Dunkelheit – 6 Ausmaß – 7 schweben – 8 Wahrscheinlichkeit
D 1 unverändert – 2 wehen – 3 Strahl – 4 Klima – 5 Strahlung

## 3.04

A *Die Welt der Tiere:* die Kuh, die Schlange, die Maus, das Schwein, der Bär, die Koralle
*Die Welt der Pflanzen:* das Gras, die Rose, der Stamm, die Wurzel, die Blüte, die Blume
B 1 blühten – 2 Flügel – 3 schlich – 4 fressen – 5 lockten – 6 aussetzen
C 1 aufziehen – 2 zuordnen – 3 ansiedeln – 4 gießen – 5 entfalten – 6 anpassen
D 1 Erhaltung, einheimischen – 2 gentechnisch, Verbreitung – 3 Substanz, Organismus – 4 Zuordnung, Lebewesen, Entstehung

## 4.01 ▪ 4.02 I

A [1 b] – 2 d – 3 a – 4 c
B 1 dorthin – 2 hinfahren – 3 hinüber – 4 parallel – 5 quer
C [1 c] – 2 a – 3 f – 4 g – 5 d – 6 e – 7 b
D 1 hierher – 2 vorbeigin – 3 Aussicht – 4 Fluggesellschaft – 5 Ferien – 6 touristisch

## 4.02 II

A [1 c] – 2 d – 3 a – 4 e – 5 h – 6 g – 7 f – 8 b
B 1 Ferien – 2 Zelt – 3 Erlebnisse – 4 Ausflug – 5 Aufstieg – 6 Aussicht – 7 Anblick – 8 Rückkehr
C 1 Abenteuer – 2 Ferne – 3 Reisebüro – 4 Aufenthalt – 5 Fluggesellschaft – 6 Flug – 7 Koffer – 8 Linse – 9 willkommen
D 1 beinhalten – 2 vorangehen – 3 touristisch – 4 Pension

## 4.03

A 1 transportieren – 2 einsteigen – 3 aussteigen – 4 sperren – 5 freigeben – 6 entgegenkommen – 7 ausweichen – 8 rollen
B [1 b] – 2 g – 3 a – 4 e – 5 f – 6 c – 7 d
C 1 Tempo – 2 verkehrt – 3 fort – 4 Transport – 5 Bord – 6 einholen – 7 verpasst
D 1 stoppen – 2 Unfall – 3 Signal – 4 Station – 5 Vorsicht – 6 Ticket

## 4.04

A [1 c] – 2 d – 3 a – 4 b
B 1 lenken – 2 beschleunigen – 3 schalten – 4 abstellen – 5 überholen – 6 bremsen
C 1 beschädigten – 2 Räder – 3 Achse – 4 Anhänger – 5 Batterie – 6 Reparaturen – 7 Öl
D 1 Motoren – 2 Steuerung – 3 mechanisches – 4 Werkstatt – 5 beseitigen – 6 Ersatz

## Lösungen

### 5.01 ▪ 5.02 I

A *Essen:* Gemüse, Käse, Kartoffel, Ei
*Trinken:* Bier, Getränk, Milch, Tee

B 1 Frühstück – 2 Zwiebel – 3 Butter – 4 brät – 5 Salz – 6 Zucker – 7 gebratenes – 8 Tasse – 9 Lebensmittel

C [1 c] – 2 d – 3 a – 4 b

D 1 Eis – 2 Ernährung – 3 Früchte – 4 Vitamine – 5 Nahrungsmittel – 6 Eis

### 5.02 II

A 1 Lampe – 2 Bad – 3 Reparatur

B [1 d] – 2 e – 3 a – 4 c – 5 f – 6 b

C 1 ausnehmen – 2 Lokal – 3 einseitig – 4 lagern

D 1 bäckt – 2 bereiten – 3 zusammensetzt – 4 Mischung – 5 Topf – 6 rührst – 7 Backofen – 8 Hunger

### 6.01

A 1 d – 2 b – 3 a – 4 c

B [1 a] – 2 c – 3 d – 4 e – 5 b

C 1 erhältlich – 2 beschaffen – 3 vertrieben – 4 diverse – 5 Verkauf – 6 garantiert

D 1 entnehmen – 2 verfügbar – 3 gewährleistet – 4 verhandeln

### 6.02

A [1 d] – 2 g – 3 b – 4 f – 5 c – 6 h – 7 e – 8 a

B 1 ausgegeben – 2 Konto – 3 überzogen – 4 überwiesen – 5 Berechnung – 6 ausgleichen – 7 Finanzierung – 8 Kredit

C 1 finanzieren – 2 festsetzen – 3 Zinsen – 4 Zahlung – 5 fällig – 6 kostenlos

D 1 b – 2 e – 3 a – 4 f – 5 d – 6 c

### 6.03

A 1 Kästen, aufeinander – 2 Center, belebt – 3 zerrissen – 4 Kiste, abgestellt

B 1 c – 2 a – 3 b – 4 f – 5 d – 6 e

C 1 Kunststoff – 2 Bedarf – 3 Gründung – 4 Erträge – 5 Aufwand – 6 Existenz

D 1 schmutzig – 2 Marke – 3 identisch – 4 Gewebe

### 6.04

A *Kopf und Hals:* der Hut, die Kette, das Tuch
*Beine und Füße:* die Hose, die Schuhe, der Rock
*Arme, Bauch, Rücken:* die Jacke, das Top, das Hemd

B [1 b] – 2 a – 3 f – 4 g – 5 h – 6 c – 7 e – 8 d

C 1 Kleidung – 2 Anzüge – 3 Verarbeitung – 4 Schnitt – 5 Mode – 6 Trends – 7 Streifen – 8 Muster – 9 Flecken

D 1 Mantel – 2 Design – 3 Ring – 4 Gold

### 7.01

A 1 Arbeitsamt – 2 Verordnungen – 3 gültig – 4 Unterschrift – 5 registriert

B 1 Bescheid – 2 formale – 3 Beschränkung – 4 Zulassung – 5 amtlich – 6 Unterlagen – 7 Einzelfall – 8 statistisch

C 1 Angelegenheit – 2 beantragen – 3 angewiesen – 4 ausfüllen – 5 einreichen – 6 unterschreiben – 7 Überprüfung

### 7.02

A 1 Feuer – 2 wandern – 3 Not

B [1 d] – 2 c – 3 a – 4 b

C 1 Not, abgelöst – 2 ausstellen – 3 Auskunft – 4 Schalter – 5 Empfängers – 6 aufreißen

D 1 psychologische – 2 Betreuung – 3 Erfahrungen – 4 Vermittlung

### 7.03

A [1 c] – 2 d – 3 a – 4 b

B 1 E-Mail – 2 Netzwerk – 3 Dateien – 4 markieren – 5 Version – 6 Benutzer – 7 Rechner – 8 Taste

C 1 im Chip – 2 eine Taste – 3 zur Schnittstelle – 4 Handy – 5 einen Nutzer

D 1 analoges – 2 Handy – 3 telefonieren – 4 digitale – 5 Bildschirm 6 – Taste – 7 speichern – 8 senden – 9 erreichbar

## 7.04

A 1 anrichten – 2 aufnehmen – 3 überwachen – 4 befragen – 5 bekämpfen – 6 gründen
B [3] – 6 – 2 – 5 – 4 – 1
C 1 b – 2 a – 3 c
D 1 Anweisung – 2 mutmaßliche, Bekämpfung, Vorgehen – 3 Zugriff, gefangen

## 7.05

A 1 bedrohen – 2 mithilfe – 3 Leiche – 4 Strafe – 5 Frucht
B *Mord:* Mörder, Leiche, Schuss; *Einbruch:* aufbrechen, stehlen, eindringen
C 1 täuscht – 2 stehlen – 3 mit einem Auto erwischt
D 1 illegale – 2 erwischt – 3 wehren – 4 ausbrechen – 5 geschädigt – 6 radikal

## 8.01 • 8.02 I

A 1 Leib – 2 nackt – 3 Bauch – 4 Magen – 5 Organe
B 1 Zigaretten– 2 rauchen – 3 zugelegt – 4 Muskeln – 5 Proteine – 6 Droge – 7 tödlich – 8 chronischen
C 1 b – 2 d – 3 a – 4 c
D 1 Pflege – 2 Nerven – 3 Wunde – 4 Faust – 5 Zunge – 6 Nacken

## 8.02 II

A 1 d – 2 a – 3 b – 4 c
B 1 Infektion – 2 Fieber – 3 blass – 4 verbrennen – 5 Bakterien
Senkrecht: krank
C 1 ausgebreitet – 2 blind, Einschränkungen, stumm – 3 Symptome, Virus, infiziert – 4 Immunsystem, aktivieren – 5 vorbeugen, überwinden
D 1 Genen – 2 geraucht – 3 Missbrauch – 4 hervorrufen – 5 ertragen – 6 erleide – 7 klagen

## 8.02 III • 8.03 I

A 1 c – 2 f – 3 e – 4 d – 5 b – 6 a
B 1 Diagnose – 2 Schlaf – 3 Erholung – 4 Zwang – 5 Kreislauf – 6 Individuum – 7 Schwangerschaft – 8 Atem – 9 Prognose
C 1 übel – 2 Gleichgewicht – 3 aufrecht – 4 ruhen – 5 Gewicht – 6 organische
D 1 c – 2 b – 3 a

## 8.03 II • 8.04

A 1 c – 2 b – 3 a – 4 d
B 1 b – 2 e – 3 a – 4 d – 5 c
C 1 Arzneimittel – 2 Tabletten – 3 Wechselwirkungen – 4 Versorgung – 5 Krankenkassen – 6 Klinik – 7 optischen – 8 aufsuchen
D 1 Unruhe – 2 befriedigen – 3 zittern – 4 Zusammensetzung

## 9.01 • 9.02 I

A 1 a – 2 e – 3 d – 4 b – 5 c
B 1 Sehnsucht – 2 übersehen – 3 faszinieren
C 1 Spannung – 2 unerträglich – 3 erkennbar – 4 gewöhnlich – 5 reizt – 6 real – 7 spürbar – 8 Laune
D 1 Gedächtnis – 2 Reiz – 3 Wahrnehmung– 4 Impuls – 5 lausche – 6 vernehmen
Senkrecht: Geruch

## 9.02 II

A 1 c – 2 d – 3 b – 4 a
B 1 d – 2 e – 3 c – 4 f – 5 a – 6 b
C 1 Mut – 2 unglücklich – 3 Hass – 4 grinst – 5 Aufregung – 6 Gewissen – 7 verwirrt
D 1 d erhoffe – 2 c besorgt – 3 b seufze – 4 a nervös

## 9.03 I • 9.04 I

A 1 f – 2 e – 3 c – 4 b – 5 a – 6 d
B 1 massiv – 2 kriechen – 3 düster – 4 rutschen – 5 kühl – 6 schwingen – 7 anstellen
Senkrecht: mischen
C 1 d lehne – 2 c biegen – 3 a befestigen – 4 b winkt
D 1 zusammenstellen – 2 grob – 3 aufzurichten

## 9.03 II • 9.04 II

A  1 e – 2 d – 3 c – 4 a – 5 b
B  1 aufspringen – 2 spannen – 3 zucken – 4 grob
C  1 gezielt – 2 spannt, gleichmäßig beugst – 3 glänzende, herausnehmen
D  1 unsichtbar – 2 aufspringen – 3 glänzende – 4 anstellen – 5 versehe

## 10.01 I • 10.02 I

A  1 Gliederung – 2 Bewertung – 3 Zeugnis – 4 Aufsatz
B  1 Übung – 2 ausfallen – 3 erteilen – 4 benehmen – 5 Bewertung – 6 Aufmerksamkeit
C  [1 b] – 2 e – 3 a – 4 d – 5 f – 6 c
D  1 Interpretation – 2 überfordert – 3 versetzt – 4 pädagogisch

## 10.01 II • 10.02 II

A  1 Biologie – 2 das Atom – 3 die Flüssigkeit – 4 das Experiment – 5 die Übersicht
B  1 weitermachen – 2 beibringen – 3 ableiten
C  1 Experiment – 2 Differenz – 3 Überblick – 4 Austausch – 5 Gleichung
D  1 Chemie – 2 lineare – 3 mathematisch – 4 Flüssigkeit – 5 Teilchen – 6 unklar – 7 notieren – 8 elementar

## 10.03

A  1 These – 2 Materie – 3 motivieren – 4 kognitiv
B  1 d – 2 a – 3 b – 4 c
C  1 befasst – 2 erforscht – 3 Vortrag – 4 Germanistik – 5 Seminar
D  1 einbringen – 2 Skala – 3 naturwissenschaftlichen – 4 Differenzierung – 5 akademische – 6 Hypothese

## 10.04

A  1 b – 2 d – 3 a – 4 c
B  1 bewerben – 2 absolvieren – 3 bekommen – 4 teilnehmen
C  1 eigenständig – 2 nebenbei – 3 Bestandteil, bewährt – 4 spezialisiert
D  1 beworben – 2 verschafft – 3 Qualifikationen – 4 Volkshochschule – 5 fachlich – 6 Praktika

## 10.05

A  1 e – 2 b – 3 c – 4 d – 5 a
B  *Student:* 1, 2, 3, 6
   *Professor:* 4, 5
C  1 zutreffenden – 2 ausgezeichnet – 3 erbringen – 4 einzuschätzen – 5 abschneiden – 6 teste

## 11.01 I

A  1 d – 2 f – 3 a – 4 e – 5 b – 6 c
B  1 d – 2 f – 3 a – 4 e – 5 c – 6 b
C  1 Profis – 2 Architekt – 3 Physiker – 4 Ingenieur – 5 Maler – 6 Juristen – 7 Spezialist – 8 Unternehmer – 9 Angestellten
D  1 Übersetzer – 2 Schauspieler – 3 Regisseur – 4 Schauspielern

## 11.01 II • 11.02 I

A  1 b – 2 a – 3 d – 4 c
B  1 d – 2 c – 3 b – 4 a
C  1 Verkäufer – 2 Vorhaben – 3 Händler – 4 Karriere – 5 konzipiert – 6 Personal – 7 übergeben
D  1 Handwerk – 2 verarbeitet – 3 Handwerker – 4 beauftragen

## 11.02 II

A 1 Vorlage – 2 ergehen – 3 Vorgänger

B 1 e – 2 c – 3 a – 4 b – 5 d

C 1 Versammlung – 2 Vertretung – 3 bearbeiten – 4 berufstätig – 5 verknüpfen – 6 Bearbeitung – 7 erfindet – 8 dokumentieren – 9 Sitzungen – 10 Vorlagen – 11 Profil

D 1 Wie soll die Vorlage für die Gutachten sein? – 2 Vertreten Sie auf dieser Sitzung unsere gesamte Abteilung? – 3 Ist die Last ungleich verteilt?


## 11.03

A 1 f – 2 c – 3 e – 4 a – 5 b – 6 d

B 1 d – 2 e – 3 a – 4 b – 5 c

C 1 Werkzeuge – 2 Ausstattung – 3 bewältigen – 4 Werkzeuge – 5 Einkommen – 6 Bereitschaft – 7 überlässt – 8 Selbstständigkeit

D 1 betriebliche – 2 Ausstattung – 3 steuerlichen – 4 Gehalt – 5 zusteht


## 12.01

A 1 d – 2 c – 3 a – 4 b

B 1 d – 2 a – 3 c – 4 b

C 1 deutschsprachigen – 2 Dialekte – 3 Dialekte – 4 verständlich – 5 erlernen – 6 Übersetzung – 7 Kontext – 8 Bezeichnung – 9 Variante – 10 Buchstaben

D 1 vorlesen – 2 Dialogen – 3 weitergegeben – 4 klären


## 12.02

A 1 e – 2 f – 3 g – 4 d – 5 a – 6 c – 7 b

B 1 a – 2 c – 3 d – 4 b

C 1 besprechen – 2 Bemerkung – 3 demonstriert – 4 unglaublich – 5 beklagen – 6 schimpfst – 7 demonstrieren – 8 beklagst


## 12.03 I ▪ 12.04 I

A 1 d – 2 e – 3 b – 4 a – 5 c

B 1 unterstellen – 2 Unsinn – 3 resultieren – 4 umstritten

C 1 einig – 2 einverstanden – 3 ausgerechnet – 4 sieht – 5 ein – 6 Argumente – 7 stattdessen – 8 meinetwegen

D 1 ernsthaft – 2 Zustimmung – 3 Begründung – 4 objektiv – 5 stimme – 6 überein – 7 prinzipiell – 8 vollkommen – 9 Annahme – 10 Ausführung


## 12.03 II ▪ 12.04 II

A 1 b – 2 a – 3 d – 4 c

B 1 e – 2 a – 3 c – 4 b – 5 d – 6 f

C 1 einleiten – 2 primäres – 3 indirekt – 4 dementsprechend – 5 Hinblick – 6 reflektiert – 7 hinnehmen – 8 hierbei – 9 zugrunde – 10 abschließend


## 12.05

A 1 f – 2 d – 3 b – 4 c – 5 e – [6 a]

B 1 c – 2 a – 3 b

C 1 unerwartet – 2 quasi – 3 zwangsläufig – 4 Zufall – 5 mitunter

D 1 Vermutung – 2 scheinbar – 3 inwieweit – 4 zumeist


## 13.01

A 1 d – 2 a – 3 b – [4 c]

B [1 d] – 2 e – 3 c – 4 b – 5 a

C 1 Motto – 2 Kongress – 3 Veranstalter – 4 spannend – 5 Helfer – 6 Teilnahme – 7 beliebt

D 1 verlängert – 2 bedeutsam – 3 verliehen – 4 Höhepunkt


## 13.02

A 1 Geschenk – 2 Weihnachten – 3 Hochzeit – 4 Tanz

B 1 d – 2 c – 3 a – 4 b

C 1 weggehen, Party – 2 langweilig, Chaos – 3 Empfang, verlegt

## Lösungen

### 13.03
A [1 d] – 2 c – 3 b – 4 a
B 1 f – 2 d – 3 e – 4 g – 5 c – 6 a – 7 b
C 1 errichtet – 2 ausgestellt – 3 permanent – 4 abgebildet
D 1 Säulen – 2 Vordergrund – 3 Malereien – 4 Symbol – 5 Architektur

### 13.04
A 1 Kino – 2 Orchester – 3 Klavier
B 1 aufführen – 2 flüstern – 3 dramatisches – 4 Chor
C [1 b] – 2 c – 3 a – 4 f – 5 e – 6 d
D 1 Premiere – 2 Stars – 3 gespannt – 4 Ensemble – 5 Klang – 6 entgehen

### 13.05
A 1 e – 2 c – 3 a – 4 d – 5 b
B 1 Meldung – 2 Medium – 3 Video – 4 Erzähler
C 1 Sender – 2 kommentiert – 3 werben – 4 Radio, Reichweite
D 1 Sendung – 2 Übertragung – 3 Werbung – 4 Video – 5 Kassette

### 13.06
A 1 Kommentar – 2 Gerücht – 3 Fakten
B 1 vortragen – 2 hervorheben – 3 aufschlagen
C 1 e – 2 c – 3 d – 4 b – 5 a
D 1 literarischen – 2 herausgegeben – 3 Zitate – 4 verfasst – 5 Veröffentlichung

### 13.07
A 1 d – 2 c – 3 a – 4 b
B 1 e – 2 d – 3 b – 4 c – 5 a
C 1 klettern – 2 Sprung – 3 Fans – 4 gleitet – 5 zielen – 6 Schweiß – 7 rennen – 8 Schlag
D 1 tauchen – 2 trainiert – 3 Fan – 4 klettern – 5 Anstrengung – 6 rennt – 7 Konkurrent

### 13.08
A 1 c – 2 a – 3 d – 4 b
B 1 c – 2 d – 3 a – 4 b
C 1 Rang – 2 Weltmeister – 3 Partie – 4 Turnier – 5 Champion
D 1 Bundesliga – 2 zugesehen – 3 gesteigert – 4 angegriffen – 5 unterlag – 6 Partie

### 14.01 I • 14.02 I
A 1 e – 2 d – 3 a – 4 b – 5 c
B 1 b – 2 a – 3 h – 4 f – 5 g – 6 d – 7 c – 8 e
C 1 d – 2 b – 3 c – 4 a
D 1 verliebt – 2 küssen – 3 abhalten – 4 Bindung – 5 vertraut – 6 sexuell – 7 Freundschaft

### 14.01 II • 14.02 II
A 1 e – 2 d – 3 f – 4 c – 5 b – 6 a
B 1 traue – 2 zuwenden – 3 beeindruckt – 4 untereinander – 5 vermag
C 1 e – 2 a – 3 c – 4 d – 5 b
D 1 Bemühungen – 2 symbolische – 3 beeindrucken – 4 zuwendet – 5 Ablehnung

### 14.03
A 1 a – 2 d – 3 b – 4 c
B 1 d – 2 a – 3 b – 4 c
C 1 Mitteilung – 2 Entschuldigung – 3 abwarten – 4 Verbleiben
D 1 habe – 2 vor – 3 herzlich – 4 einladen – 5 spontane – 6 wiederzusehen

### 15.01
A 1 c – 2 d – 3 a – 4 b
B 1 b – 2 a – 3 d – 4 c
C 1 Problematik – 2 alltäglich – 3 konfrontiert – 4 stellte – 5 heraus – 6 Erhöhung – 7 realistisch
D 1 radioaktives – 2 radioaktive – 3 auswirken – 4 überschritten – 5 abzeichnet

## 15.02

A  1 b – 2 e – 3 a – 4 d – 5 c

B  1 Menschheit – 2 materiellen – 3 Solidarität – 4 Engagement – 5 wandel – 6 Anstieg – 7 Statistik – 8 Vorfeld – 9 Berücksichtigung

C  1 drastisch – 2 Reform – 3 Skandal – 4 protestieren – 5 einbeziehen – 6 repräsentiert

## 15.03

A  *Politische Ämter:* der Außenminister, der Ministerpräsident, der Innenminister, der Generalsekretär, der Regierungschef, der Finanzminister
*Politische Institutionen:* das Ministerium, die Landesregierung, der Bundesrat

B  1 c – 2 d – 3 a – 4 b

C  1 Opposition – 2 regieren – 3 Parteitag – 4 abstimmen – 5 Wähler

D  1 Nationalsozialisten – 2 Grundgesetz – 3 Ausrichtung – 4 sozialistisch

## 15.04

A  1 f – 2 e – 3 a – 4 d – 5 c – 6 b

B  1 f – 2 d – 3 e – 4 a – 5 c – 6 b

C  1 reich – 2 Republik – 3 Zone – 4 Bündnissen – 5 vereinigt – 6 Wirtschaftspolitik – 7 Nahrungsmittel – 8 Wirtschaftspolitik – 9 liberaler – 10 Einigung – 11 auswärtigen – 12 Rahmenbedingungen – 13 Beobachter – 14 Mission

## 15.05

A  1 c – 2 e – 3 d – 4 a – 5 b

B  1 Feind – 2 Bombe – 3 Uniform – 4 Übergang

C  1 Militär – 2 einzugreifen – 3 befreien – 4 abziehen – 5 Gewehren

D  1 Feind – 2 Offizier – 3 Befehl – 4 strategisch

## 15.06

A  1 b – 2 c – 3 a

B  1 b – 2 d – 3 a – 4 c

C  1 Kapital – 2 Berater – 3 Optionen – 4 die Übernahme – 5 Sektor – 6 entsteht – 7 Rohstoffe

D  1 Vorstandes – 2 Rezession – 3 Geschäftsjahr – 4 Verbraucher – 5 Herstellung – 6 Kooperationen – 7 Marktanteil

## 15.07

A  1 einsehen – 2 prüfen – 3 sorgen – 4 fassen

B  1 c – 2 d – 3 a – 4 b

C  1 vorschreiben – 2 Absicht – 3 einhältst – 4 verbot

D  1 wirft – 2 vor – 3 Unrecht – 4 zulässig – 5 vertraglich – 6 Sachverhalt – 7 berechtigt – 8 schuldig

## 16.01 ▪ 16.02

A  1 e – 2 d – 3 a – 4 b – 5 c

B  1 e – 2 a – 3 c – 4 f – 5 b – 6 d

C  1 Mittag – 2 Vormittag – 3 Lebensjahr – 4 Datum – 5 vorübergeht – 6 geht – 7 nach – 8 gezögert – 9 Zukünftig

## 16.03

A  1 c – 2 d – 3 e – 4 a – 5 b

B  1 b – 2 c – 3 e – 4 a – 5 d

C  1 kürzlich – 2 endlos – 3 zufällig – 4 seither – 5 vorhin

D  1 vorzeitig – 2 einstige – 3 Voraus – 4 vorerst

## 16.04

A  1 f – 2 d – 3 a – 4 b – 5 c – 6 e

B  1 a – 2 e – 3 d – 4 b – 5 c

C  1 unendlich – 2 Fülle – 3 extra – 4 samt

D  1 einschließlich – 2 hinzu – 3 mehrfach

## 16.05

A 46, sechsundvierzig – 30, dreißig – 2, zwei
B 1 Liter – 2 Quadratmeter – 3 Durchmesser – 4 Durchschnitt
C 1 anderthalb – 2 Großteil – 3 etliche – 4 dreimal
D 1 Maßstab – 2 Gramm – 3 Dutzend – 4 Tonne

## 16.06

A 1 umfangreich – 2 nützlich – 3 stabil
B 1 schlicht – 2 wunderschön – 3 einigermaßen
C 1 schrecklich – 2 heimlich – 3 hervorragender – 4 außerordentlich – 5 seltsam
D 1 furchtbare – 2 maximal – 3 umfangreiche – 4 herkömmliche – 5 alternative – 6 nützlichen

## 16.07

A 1 Dazwischen – 2 fern – 3 innen – 4 nebeneinander – 5 jenseits – 6 Universums
B 1 a – 2 c – 3 d – 4 b
C 1 nirgendwo – 2 Breite – 3 Tiefe – 4 unteren
D 1 herein – 2 Mittelpunkt – 3 zugänglich – 4 hinweg – 5 beiseite – 6 lokalen

## 16.08 ▪ 16.09 ▪ 16.10

A *davor/zu Beginn*: anfangs, vorige
  *danach/am Ende*: nachträglich, hinterher
  *während/Wiederholung*: kontinuierlich, oftmals, gelegentlich, stetig
B 1 ausgeprägt – 2 gleichsam – 3 jederzeit – 4 gleicht – 5 vergleichsweise
C 1b – 2a – 3f – 4g – 5c – 6d – 7e
D 1 schräg – 2 Winkel – 3 braunen – 4 dauerhafte – 5 dauernd

## 17.01 ▪ 17.02

A 1 c – 2 a – 3 d – 4 b
B 1 selbe – 2 ehe – 3 eh – 4 Wovon
C 1 wonach – 2 jegliche – 3 umso
D 1 keinerlei – 2 hierfür – 3 woran – 4 wofür